U0717313

編纂工作指導委員會

主　　任　盛閱春（二〇二二年九月至二〇二三年一月在任）

　　　　　温　暖　施惠芳　肖啓明　熊遠明

第一副主任　丁如興

副 主 任　陳偉軍　汪俊昌　馮建榮

成　　員（按姓氏筆畫排序）

　　　　　王静静　朱全紅　沈志江　金水法　俞正英

　　　　　胡華良　茹福軍　徐　軍　陳　豪　黄旭榮

　　　　　裘建勇　樓　芳　魯霞光　魏建東

學術顧問

（按姓氏筆畫排序）

安平秋　李　岩　吴　格

袁行霈　張志清　葛劍雄

樓宇烈

圖書在版編目(CIP)數據

(萬曆)蕭山縣志 / (明)劉會修；(明)戴文明等纂. —北京：中華書局，2024.6. —(紹興大典). — ISBN 978-7-101-16750-4

Ⅰ. K295.54

中國國家版本館 CIP 數據核字第 20242F5Y59 號

書　　名　(萬曆)蕭山縣志
叢 書 名　紹興大典·史部
修　　者　〔明〕劉　會
纂　　者　〔明〕戴文明 等
項目策劃　許旭虹
責任編輯　梁五童
助理編輯　任凱龍
裝幀設計　許麗娟
責任印製　管　斌
出版發行　中華書局
(北京市豐臺區太平橋西里38號 100073)
http: // www. zhbc. com. cn
E-mail: zhbc@zhbc. com. cn
圖文制版　禾風雅藝文化發展有限公司
印　　刷　天津藝嘉印刷科技有限公司
版　　次　2024年6月第1版
2024年6月第1次印刷
規　　格　開本787×1092毫米　1/16
印張39 ¼　插頁1
國際書號　ISBN 978-7-101-16750-4
定　　價　600.00元

萬曆蕭山縣志

紹興大典

史部

中華書局

編纂委員會

主　　編　馮建榮

副 主 編　黄錫雲　尹　濤　王静静　李聖華　陳紅彦

委　　員（按姓氏筆畫排序）

王静静　尹　濤　那　艷　李聖華　俞國林

陳紅彦　陳　誼　許旭虹　馮建榮　葉　卿

黄錫雲　黄顯功　楊水土

史部主編　黄錫雲　許旭虹

序

紹興是國務院公布的首批中國歷史文化名城，是中華文明的多點起源地之一和越文化的發祥、壯大之地。從嵊州小黄山遺址迄今，已有一萬多年的文化史；從大禹治水迄今，已有四千多年的文明史；從越國築句踐小城和山陰大城迄今，已有兩千五百多年的建城史。建炎四年（一一三〇），宋高宗駐蹕越州，取義「紹奕世之宏庥，興百年之丕緒」，次年改元紹興，賜名紹興府，領會稽、山陰、蕭山、諸暨、餘姚、上虞、嵊、新昌等八縣。元改紹興路，明初復爲紹興府，清沿之。

紹興坐陸面海，嶽峙川流，風光綺麗，物産富饒，民風淳樸，士如過江之鯽，彬彬稱盛。春秋末越國有「八大夫」佐助越王卧薪嘗膽，力行「五政」，崛起東南，威續戰國，四分天下有其一，成就越文化的第一次輝煌。秦漢一統後，越文化從尚武漸變崇文。晉室東渡，北方士族大批南遷，王、謝諸大家紛紛遷居於此，一時人物之盛，雲蒸霞蔚，學術與文學之盛冠於江左，給越文化注入了新的活力。唐時的越州是詩人行旅歌詠之地，形成一條江南唐詩之路。至宋代，尤其是宋室南遷後，越中理學繁榮，文學昌盛，領一時之先。明代陽明心學崛起，這一時期的越文化，宣導致良知、知行合一，重於事功，伴隨而來的是越中詩文、書畫、戲曲的興盛。明清易代，有劉宗周等履忠蹈義，慷慨赴死，亦有黄宗羲率其門人，讀書窮經，關注世用，成其梨洲一派。至清中葉，會稽章學誠等人紹承梨洲之學而開浙東史學之新局。晚清至現代，越中知識分子心懷天下，秉持先賢「膽劍精神」，再次站在歷史變革的潮頭，蔡元培、魯迅等人「開拓越學」，使紹興成爲新文化運動和新民主主義革命的重要陣地。越文化兼容並包，與時偕變，勇於創新，隨着中國社會歷史的變遷，無論其内涵和特質發生何種變化，均以其獨特、强盛的生命力，推動了中華文明的發展。

文獻典籍承載着廣博厚重的精神財富，生生不息的歷史文脉。紹興典籍之富，甲於東南，號爲文獻之邦。從兩漢到魏晋再至近現代，紹興人留下了浩如煙海、綿延不斷的文獻典籍。陳橋驛先生在《紹興地方文獻考録·前言》中説：「紹興是我國歷史上地方文獻最豐富的地方之一。」有我國地方志的開山之作《越絶書》，有唯物主義的哲學巨著《論衡》，有書法藝術和文學價值均登峰造極的《蘭亭集序》，有詩爲「中興之冠」的陸游《劍南詩稿》，有輯録陽明心學精義的儒學著作《傳習録》等，這些文獻，不僅對紹興一地具有重要價值，對浙江乃至全國來説，也有深遠意義。

紹興藏書文化源遠流長。歷史上的藏書家多達百位，知名藏書樓不下三十座，其中以澹生堂最爲著名，藏書十萬餘卷。近現代，紹興又首開國内公共圖書館之先河。光緒二十六年（一九〇〇），紹興鄉紳徐樹蘭獨力捐銀三萬餘兩，圖書七萬餘卷，創辦國内首個公共圖書館——古越藏書樓。越中多名士，自也與藏書聚書風氣有關。

習近平總書記强調，「我們要加强考古工作和歷史研究，讓收藏在博物館裏的文物、陳列在廣闊大地上的遺産、書寫在古籍裏的文字都活起來，豐富全社會歷史文化滋養」。黨的十八大以來，黨中央站在實現中華民族偉大復興的高度，對傳承和弘揚中華優秀傳統文化作出一系列重大決策部署。中共中央辦公廳、國務院辦公廳二〇一七年一月印發了《關於實施中華優秀傳統文化傳承發展工程的意見》，二〇二二年四月又印發了《關於推進新時代古籍工作的意見》。

盛世修典，是中華民族的優秀傳統，是國家昌盛的重要象徵。近年來，紹興地方文獻典籍的利用呈現出多層次、多方位探索的局面，從文史界到全社會都在醞釀進一步保護、整理、開發、利用紹興歷史文獻的措施，形成了廣泛共識。中共紹興市委、市政府深入學習貫徹習近平總書記重要指示精神，積極響應國家重大戰略部署，以提振紹興人文氣運的文化自覺和存續一方文脉的歷史擔當，作出了編纂出版《紹興大典》的重大決定，計劃用十年時間，系統、全面、客觀梳理紹興文化傳承脉絡，收集、整理、編纂、出版紹興地方歷史文獻。二〇二二年十月，中共紹興市委辦公室、紹興市人民政府辦公室印發《關於〈紹興大典〉編纂出版工作實施方案的通知》。自此，《紹興大典》編纂出版各項工作開始有序推進。

百餘年前，魯迅先生提出「開拓越學，俾其曼衍，至於無疆」的願景，今天，我們繼先賢之志，實施紹興歷史上前無古人的文化工程，希冀通過《紹興大典》的編纂出版，從浩瀚的紹興典籍中尋找歷史印記，從豐富的紹興文化中挖掘鮮活資源，從悠遠的紹興歷史中把握發展脉絡，古爲今用，繼往開來，爲新時代「文化紹興」建設注入强大動力。我們將懷敬畏之心，以古人「三不朽」的立德修身要求，爲紹興這座中國歷史文化名城和「東亞文化之都」立傳畫像，爲全世界紹興人築就恒久的精神家園。

是爲序。

温暖

二〇二三年十月

前言

越國故地，是中華文明的重要起源地，中華優秀傳統文化的重要貢獻地，中華文獻典籍的重要誕生地。紹興，是越國古都，國務院公布的第一批歷史文化名城。編纂出版《紹興大典》，是綿延中華文獻之大計，弘揚中華文化之良策，傳承中華文明之壯舉。

一

紹興有源遠流長的文明，是中華文明的縮影。

中國有百萬年的人類史，一萬年的文化史，五千多年的文明史。中華文明，是中華民族長期實踐的積累，集體智慧的結晶，不斷發展的産物。各個民族，各個地方，都爲中華文明作出了自己獨具特色的貢獻。紹興人同樣爲中華文明的起源與發展，作出了自己傑出的貢獻。

現代考古發掘表明，早在約十六萬年前，於越先民便已經在今天的紹興大地上繁衍生息。二〇一七年初，在嵊州崇仁安江村蘭山廟附近，出土了於越先民約十六萬年前使用過的打製石器〔一〕。這是曹娥江流域首次發現的舊石器遺存，爲探究這一地區中更新世晚期至晚更新世早期的人類活動、

〔一〕陸瑩等撰《浙江蘭山廟舊石器遺址網紋紅土釋光測年》，《地理學報》英文版，二〇二〇年第九期，第一四三六至一四五〇頁。

華南地區與現代人起源的關係、小黃山遺址的源頭等提供了重要綫索。

距今約一萬至八千年的嵊州小黃山遺址〔一〕，於二〇〇六年與上山遺址一起，被命名爲上山文化。該遺址中的四個重大發現，引人矚目：一是水稻實物的穀粒印痕遺存，以及儲藏坑、鐮形器、石磨棒、石磨盤等稻米儲存空間與收割、加工工具的遺存；二是種類與器型衆多的夾砂、夾炭、夾灰紅衣陶與黑陶等遺存；三是我國迄今發現的最早的立柱建築遺存，以及石杵立柱遺存；四是我國新石器時代遺址中迄今發現的最早的石雕人首。

蕭山跨湖橋遺址出土的山茶種實，表明於越先民在八千多年前已開始對茶樹及茶的利用與探索〔二〕。距今約六千年前的餘姚田螺山遺址發現的山茶屬茶樹根遺存，有規則地分布在聚落房屋附近，特别是其中出土了一把與現今茶壺頗爲相似的陶壺，表明那時的於越先民已經在有意識地種茶用茶了〔三〕。

對美好生活的嚮往無止境，創新便無止境。於越先民在一萬年前燒製出世界上最早的彩陶的基礎上〔四〕，經過數千年的探索實踐，終於在夏商之際，燒製出了人類歷史上最早的原始瓷〔五〕；繼而又在東漢時，燒製出了人類歷史上最早的成熟瓷。現代考古發掘表明，漢時越地的窑址，僅曹娥江兩岸的上虞，就多達六十一處〔六〕。

中國是目前發現早期稻作遺址最多的國家，是世界上最早發現和利用茶樹的國家，更是瓷器的故

〔一〕浙江省文物考古研究所編《上山文化：發現與記述》，文物出版社二〇一六年版，第七一頁。
〔二〕浙江省文物考古研究所、蕭山博物館編《跨湖橋》，文物出版社二〇〇四年版，彩版四五。
〔三〕北京大學中國考古學研究中心、浙江省文物考古研究所編《田螺山遺址自然遺存綜合研究》，文物出版社二〇一一年版，第一一七頁。
〔四〕孫瀚龍、趙曄著《浙江史前陶器》，浙江人民出版社二〇二二年版，第三頁。
〔五〕鄭建華、謝西營、張馨月著《浙江古代青瓷》，浙江人民出版社二〇二二年版，上册，第四頁。
〔六〕宋建明主編《早期越窑——上虞歷史文化的豐碑》，中國書店二〇一四年版，第二四頁。

鄉。《（嘉泰）會稽志》卷十七記載「會稽之産稻之美者，凡五十六種」，稻作文明的進步又直接促成了紹興釀酒業的發展。同卷又單列「日鑄茶」一條，釋曰「日鑄嶺在會稽縣東南五十五里，嶺下有僧寺名資壽，其陽坡名油車，朝暮常有日，産茶絶奇，故謂之日鑄」。可見紹興歷史上物質文明之發達，真可謂「天下無儔」。

二

紹興有博大精深的文化，是中華文化的縮影。

文化是一條源遠流長的河，流過昨天，流到今天，還要流向明天。悠悠萬事若曇花一現，唯有文化與日月同輝。

大量的歷史文獻與遺址古迹表明，四千多年前，大禹與紹興結下了不解之緣。大禹治平天下之水，漸九川，定九州，至於諸夏乂安，《史記·夏本紀》載：「禹會諸侯江南，計功而崩，因葬焉，命曰會稽。會稽者，會計也。」裴駰注引《皇覽》曰：「禹冢在山陰縣會稽山上。會稽山本名苗山，在縣南，去縣七里。」《（嘉泰）會稽志》卷六「大禹陵」：「禹巡守江南，上苗山，會稽諸侯，死而葬焉。……劉向書云：禹葬會稽，不改其列，謂不改林木百物之列也。苗山自禹葬後，更名會稽。是山之東，有隴隱若劍脊，西嚮而下，下有窆石，或云此正葬處。」另外，大禹在以會稽山爲中心的越地，還有一系列重大事迹的記載，包括娶妻塗山、得書宛委、畢功了溪、誅殺防風、禪祭會稽、築治邑室等。

以至越王句踐，「其先禹之苗裔，而夏后帝少康之庶子也，封於會稽，以奉守禹之祀」（《史記·越王句踐世家》）。句踐的功績，集中體現在他一系列的改革舉措以及由此而致的强國大業上。

他創造了「法天象地」這一中國古代都城選址與布局的成功範例，奠定了近一個半世紀越國號稱天下强國的基礎，造就了紹興發展史上的第一個高峰，更實現了東周以來中國東部沿海地區暨長江下游地區的首次一體化，讓人們在數百年的分裂戰亂當中，依稀看到了一統天下的希望，爲後來秦始皇統一中國，建立真正大一統的中央政權，進行了區域性的準備。因此，司馬遷稱：「苗裔句踐，苦身焦思，終滅强吴，北觀兵中國，以尊周室，號稱霸王。句踐可不謂賢哉！蓋有禹之遺烈焉。」

千百年來，紹興涌現出了諸多譽滿海内、雄稱天下的思想家，他們的著述世不絶傳、遺澤至今，他們的思想卓犖英發、光彩奪目。哲學領域，聚諸子之精髓，啓後世之思想。政治領域，以家國之情懷，革社會之弊病。經濟領域，重生民之生業，謀民生之大計。教育領域，育天下之英才，啓時代之新風。史學領域，創史志之新例，傳千年之文脉。

紹興是中國古典詩歌藝術的寶庫。四言詩《候人歌》被稱爲「南音之始」。於越《彈歌》是我國文學史上僅存的二言詩。《越人歌》是越地的第一首情歌、中國的第一首譯詩。山水詩的鼻祖，是上虞人謝靈運。唐代，這裏涌現出了賀知章等三十多位著名詩人。宋元時，這裏出了别開詩歌藝術天地的陸游、王冕、楊維楨。

紹興是中國傳統書法藝術的故鄉。鳥蟲書與《會稽刻石》中的小篆，影響深遠。中國的文字成爲藝術品之習尚，文字由書寫轉向書法，是從越人的鳥蟲書開始的。而自王羲之《蘭亭序》之後，紹興更是成爲中國書法藝術的聖地。翰墨碑刻，代有名家精品。

紹興是中國古代繪畫藝術的重鎮。世界上最早彩陶的燒製，展現了越人的審美情趣。「文身斷髮」與「鳥蟲書」，實現了藝術與生活最原始的結合。戴逵與戴顒父子、僧仲仁、王冕、徐渭、陳洪綬、趙之謙、任熊、任伯年等在中國繪畫史上有開宗立派的地位。

一九一二年一月，魯迅爲紹興《越鐸日報》創刊號所作發刊詞中寫道：「於越故稱無敵於天下，海岳精液，善生俊異，後先絡繹，展其殊才；其民復存大禹卓苦勤勞之風，同句踐堅確慷慨之志，力作治生，綽然足以自理。」可見，紹興自古便是中華文化的重要發源地與傳承地，紹興人更是世代流淌着「卓苦勤勞」「堅確慷慨」的精神血脉。

三

紹興有琳琅滿目的文獻，是中華文獻的縮影。

自有文字以來，文獻典籍便成了人類文明與人類文化的基本載體。紹興地方文獻同樣爲中華文明與中華文化的傳承發展，作出了傑出的貢獻。

中華文明之所以成爲世界上唯一没有中斷、綿延至今、益發輝煌的文明，在於因文字的綿延不絶而致的文獻的源遠流長、浩如煙海。中華文化之所以成爲中華民族有别於世界上其他任何民族的顯著特徵並流傳到今天，靠的是中華兒女一代又一代的言傳身教、口口相傳，更靠的是文獻典籍一代又一代的忠實書寫、守望相傳。

無數的甲骨、簡牘、古籍、拓片等中華文獻，無不昭示着中華文明的光輝燦爛、欣欣向榮，無不昭示着中華文化的廣博淵綜、蒸蒸日上。它們既是中華文明與中華文化的基本載體，又是中華文明與中華文化的重要組成部分，是十分重要的物質文化遺産。

紹興地方文獻作爲中華文獻重要的組成部分，積澱極其豐厚，特色十分明顯。

（一）文獻體系完備

紹興的文獻典籍根基深厚，載體體系完備，大體經歷了四個階段的歷史演變。

一是以刻符、紋樣、器型爲主的史前時代。代表性的，有作爲上山文化的小黄山遺址中出土的彩陶上的刻符、印紋、圖案等。

二是以金石文字爲主的銘刻時代。代表性的，有越國時期玉器與青銅劍上的鳥蟲書等銘文、秦《會稽刻石》、漢「大吉」摩崖、漢魏六朝時的會稽磚甓銘文與會稽青銅鏡銘文等。

三是以雕版印刷爲主的版刻時代。代表性的，有中唐時期越州刊刻的元稹、白居易的詩集。唐長慶四年（八二四），浙東觀察使兼越州刺史元稹，在爲時任杭州刺史的好友白居易《白氏長慶集》所作的序言中寫道：「揚、越間多作書模勒樂天及予雜詩，賣於市肆之中也。」這是有關中國刊印書籍的最早記載之一，説明越地開創了「模勒」這一雕版印刷的風氣之先。宋時，兩浙路茶鹽司等機關和紹興府、紹興府學等，競相刻書，版刻業快速繁榮，紹興成爲兩浙乃至全國的重要刻書地，所刻之書多稱「越本」「越州本」。明代，紹興刊刻呈現出了官書刻印多、鄉賢先哲著作和地方文獻多、私家刻印特色叢書多的特點。清代至民國，紹興整理、刊刻古籍叢書成風，趙之謙、平步青、徐友蘭、章壽康、羅振玉等，均有大量輯刊，蔡元培早年應聘於徐家校書達四年之久。

四是以機器印刷爲主的近代出版時期。這一時期呈現出傳統技術與西方新技術並存、傳統出版物與維新圖强讀物並存的特點。代表性的出版機構，在紹興的有徐友蘭於一八六二年創辦的墨潤堂等。另外，吴隱於一九〇四年參與創辦了西泠印社；紹興人沈知方於一九一二年參與創辦了中華書局，還於一九一七年創辦了世界書局。代表性的期刊，有羅振玉於一八九七年在上海創辦的《農學報》，杜亞泉於一九〇一年在上海創辦的《普通學報》，羅振玉於一九〇一年在上海發起、王國維主筆的《教育世界》，杜亞泉等於一九〇二年在上海編輯的《中外算報》，秋瑾於一九〇七年在上海創辦的《中國女報》等。代表性的報紙，有蔡元培於一九〇三年在上海創辦的《俄事警聞》等。

紹興文獻典籍的這四個演進階段，既相互承接，又各具特色，充分彰顯了走在歷史前列、引領時代潮流的特徵，總體上呈現出了載體越來越多元、內涵越來越豐富、傳播越來越廣泛、對社會生活的影響越來越深遠的歷史趨勢。

（二）藏書聲聞華夏

紹興歷史上刻書多，便爲藏書提供了前提條件，因而藏書也多。大禹曾「登宛委山，發金簡之書，案金簡玉字，得通水之理」（《吴越春秋》卷六），還「巡狩大越，見耆老，納詩書」（《越絶書》卷八），這是紹興有關采集收藏圖書的最早記載。句踐曾修築「石室」藏書，「晝書不倦，晦誦竟旦」（《越絶書》卷十二）。

造紙術與印刷術的發明和推廣，使得書籍可以成批刷印，爲藏書提供了極大便利。王充得益於藏書資料，寫出了不朽的《論衡》。南朝梁時，山陰人孔休源「聚書盈七千卷，手自校治」（《梁書·孔休源傳》），成爲紹興歷史上第一位有明文記載的藏書家。唐代時，越州出現了集刻書、藏書、讀書於一體的書院。五代十國時，南唐會稽人徐鍇精於校勘，雅好藏書，「江南藏書之盛，爲天下冠，鍇力居多」（《南唐書·徐鍇傳》）。

宋代雕版印刷術日趨成熟，爲書籍的化身千百與大規模印製創造了有利條件，也爲藏書提供了更多來源。特别是宋室南渡、越州升爲紹興府後，更是出現了以陸氏、石氏、李氏、諸葛氏等爲代表的藏書世家。陸游曾作《書巢記》，稱「吾室之内，或棲於櫝，或陳於前，或枕藉於床，俯仰四顧，無非書者」。《（嘉泰）會稽志》中專設《藏書》一目，説明了當時藏書之風的盛行。元時，楊維楨「積書數萬卷」（《鐵笛道人自傳》）。

明代藏書業大發展，出現了鈕石溪的世學樓等著名藏書樓。其中影響最大的藏書家族，當數山陰祁氏；影響最大的藏書樓，當數祁承㸁創辦的澹生堂，至其子彪佳時，藏書達三萬多卷。

清代是紹興藏書業的鼎盛時期，有史可稽者凡二十六家，諸如章學誠、李慈銘、陶濬宣等。上虞王望霖建天香樓，藏書萬餘卷，尤以藏書家之墨迹與鈎摹鐫石聞名。徐樹蘭創辦的古越藏書樓，以存古開新爲宗旨，以資人觀覽爲初心，成爲中國近代第一家公共圖書館。

民國時，代表性的紹興藏書家與藏書樓有：羅振玉的大雲書庫、徐維則的初學草堂、蔡元培創辦的養新書藏、王子餘開設的萬卷書樓、魯迅先生讀過書的三味書屋等。

根據二〇一六年完成的古籍普查結果，紹興全市十家公藏單位，共藏有一九一二年以前産生的中國傳統裝幀書籍與民國時期的傳統裝幀書籍三萬九千七百七十七種、二十二萬六千一百二十五册，分别占了浙江省三十三萬七千四百零五種的百分之十一點七九、二百五十萬六千六百三十三册的百分之九點零二。這些館藏的文獻典籍，有不少屬於名人名著，其中包括在别處難得見到的珍稀文獻。這是紹興這個地靈人傑的文獻名邦確實不同凡響的重要見證。

一部紹興的藏書史，其實也是一部紹興人的讀書、用書、著書史。歷史上的紹興，刻書、藏書、讀書、用書、著書，良性循環，互相促進，成爲中國文化史上一道亮麗的風景。

（三）著述豐富多彩

紹興自古以來，論道立説、卓然成家者代見輩出，創意立言、名動天下者繼踵接武，歷朝皆有傳世之作，各代俱見槃槃之著。這些文獻，不僅對紹興一地有重要價值，而且也是浙江文化乃至中國古代文化的重要組成部分。

一是著述之風，遍及各界。越人的創作著述，文學之士自不待言，爲政、從軍、業賈者亦多喜筆耕，屢有不刊之著。甚至於鄉野市井之口頭創作、謡歌俚曲，亦代代敷演，蔚爲大觀，其中更是多有内藴厚重、哲理深刻、色彩斑斕之精品，遠非下里巴人，足稱陽春白雪。

二是著述整理，尤爲重視。越人的著述，包括對越中文獻乃至我國古代文獻的整理。宋孔延之的《會稽掇英總集》，清杜春生的《越中金石記》，近代魯迅的《會稽郡故書雜集》等，都是收輯整理地方文獻的重要成果。陳橋驛所著《紹興地方文獻考録》，是另一種形式的著述整理，其中考録一九四九年前紹興地方文獻一千二百餘種。清代康熙年間，紹興府山陰縣吴楚材、吴調侯叔侄選編的《古文觀止》，自問世以來，一直是古文啓蒙的必備書，也深受古文愛好者的推崇。

三是著述領域，相涉廣泛。越人的著述，涉及諸多領域。其中古代以經、史與諸子百家研核之作爲多，且基本上涵蓋了經、史、子、集的各個分類，近現代以文藝創作爲多，當代則以科學研究論著爲多。這也體現了越中賢傑經世致用、與時俱進的家國情懷。

四

盛世修典，承古啓新，以「紹興」之名，行紹興之實。

紹興這個名字，源自宋高宗的升越州爲府，並冠以年號，時在紹興元年（一一三一）的十月廿六日。這是對這座城市傳統的畫龍點睛。紹興這兩個字合在一起，蘊含的正是承繼前業而壯大之、開創未來而昌興之的意思。數往而知來，今天的紹興人正賦予這座城市、這個名字以新的意蘊，那就是繼承中華優秀傳統文化，建設中華民族現代文明，爲實現中華民族偉大復興，作出自己新的史大的貢獻。

編纂出版《紹興大典》，正是紹興地方黨委、政府文化自信、文化自覺的體現，是集思廣益、精心實施的德政，是承前啓後、繼往開來的偉業。

（一）科學的決策

《紹興大典》的編纂出版，堪稱黨委、政府科學決策的典範。二〇二〇年十二月十一日，中共紹興市委八届九次全體（擴大）會議審議通過了關於紹興市「十四五」規劃和二〇三五年遠景目標的建議，其中首次提出要啓動《紹興大典》的編纂出版工作。

二〇二一年二月五日，紹興市第八届人民代表大會第六次會議批准了市政府根據市委建議編製的紹興市「十四五」規劃和二〇三五年遠景目標綱要，其中又專門寫到要啓動《紹興大典》的編纂出版工作。二月八日，紹興市人民政府正式印發了這個重要文件。

二〇二二年二月二十八日的中共紹興市第九次代表大會市委工作報告與三月三十日的紹興市九届人大一次會議政府工作報告，均對編纂出版《紹興大典》提出了要求。

二〇二二年九月十五日，紹興市人民政府第十一次常務會議專題聽取了《〈紹興大典〉編纂出版工作實施方案》起草情況的匯報，決定根據討論意見對實施意見進行修改完善後，提交市委常委會議審議。九月十六日，中共紹興市委九届二十次常委會議專題聽取《〈紹興大典〉編纂出版工作實施方案》起草情況的匯報，並進行了討論，決定批准這個方案。十月十日，中共紹興市委辦公室、紹興市人民政府辦公室正式印發了《〈紹興大典〉編纂出版工作實施方案》。

（二）嚴謹的體例

在中共紹興市委、紹興市人民政府研究批准的實施方案中，《紹興大典》編纂出版的各項相關事宜，均得以明確。

一是主要目標。系統、全面、客觀梳理紹興文化傳承脉絡，收集、整理、編纂、研究、出版紹興地方文獻，使《紹興大典》成爲全國鄉邦文獻整理編纂出版的典範和紹興文化史上的豐碑，爲努力打造「文獻保護名邦」「文史研究重鎮」「文化轉化高地」三張紹興文化的金名片作出貢獻。

二是收録範圍。《紹興大典》收録的時間範圍爲：起自先秦時期，迄至一九四九年九月三十日，部分文獻酌情下延。地域範圍爲：今紹興市所轄之區、縣（市），兼及歷史上紹興府所轄之蕭山、餘姚。内容範圍爲：紹興人的著述，域外人士有關紹興的著述，歷史上紹興刻印的古籍善本和紹興收藏的珍稀古籍善本。

三是編纂方法。對所録文獻典籍，按經、史、子、集和叢五部分類方法編纂出版。

根據實施方案明確的時間安排與階段劃分，在具體編纂工作中，采用先易後難、先急後緩，邊編纂出版、邊深入摸底的方法。即先編纂出版情況明瞭、現實急需的典籍，與此同時，對面上的典籍情況進行深入的摸底調查。這樣的方法，既可以用最快的速度出書，以滿足保護之需、利用之需，又可以爲一些難題的破解争取時間；既可以充分發揮我國實力最强的專業古籍出版社中華書局的編輯出版優勢，又可以充分借助與紹興相關的典籍一半以上收藏於我國古代典籍收藏最爲宏富的國家圖書館的優勢。這是最大限度地避免時間與經費上的重複浪費的方法，也是地方文獻編纂出版工作方法上的創新。

另外，還將適時延伸出版《紹興大典·要籍點校叢刊》《紹興大典·文獻研究叢書》《紹興大典·善本影真叢覽》等。

（三）非凡的意義

正如紹興的文獻典籍在中華文獻典籍史上具有重要的影響那樣，編纂出版《紹興大典》的意義，同樣也是非同尋常的。

一是編纂出版《紹興大典》，對於文獻典籍的更好保護——活下來，具有非同尋常的意義。歷史上的文獻典籍，是中華文明歷經滄桑留下的最寶貴的東西。然而，這些瑰寶或因天災人禍，或因自然老化，或因使用過度，或因其他緣故，有不少已經處於岌岌可危甚至奄奄一息的境況。

編纂出版《紹興大典》，可以爲系統修復、深度整理這些珍貴的古籍争取時間；可以最大限度呈現底本的原貌，緩解藏用的矛盾，更好地方便閱讀與研究。這是文獻典籍眼下的當務之急，最好的續命之舉。

二是編纂出版《紹興大典》，對於文獻典籍的更好利用——活起來，具有非同尋常的意義。歷史上的文獻典籍，流傳到今天，實屬不易，殊爲難得。它們雖然大多保存完好，其中不少還是善本，但分散藏於公私，積久塵封，世人難見；也有的已成孤本，或至今未曾刊印，僅有稿本、抄本，秘不示人，無法查閱。

編纂出版《紹興大典》，將穿越千年的文獻、深庋密鎖的秘藏、散落全球的珍寶匯聚起來，化身萬千，走向社會，走近讀者，走進生活，既可防它們失傳之虞，又可使它們嘉惠學林，也可使它們古爲今用，文旅融合，還可使它們延年益壽，推陳出新。這是於文獻典籍利用一本萬利、一舉多得的好事。

三是編纂出版《紹興大典》，對於文獻典籍的更好傳承——活下去，具有非同尋常的意義。歷史上的文獻典籍，能保存至今，是先賢們不惜代價，有的是不惜用生命爲代價换來的。對這些傳承至今的古籍本身，我們應當倍加珍惜。

編纂出版《紹興大典》，正是爲了述録先人的開拓，啓迪來者的奮鬥，使這些珍貴古籍世代相傳，使藴藏在這些珍貴古籍身上的中華優秀傳統文化世代相傳。這是中華文化創造性轉化、創新性發展的通途所在。

編纂出版《紹興大典》，是紹興文化發展史上的曠古偉業。編成後的《紹興大典》，將成爲全國範圍内的同類城市中，第一部收録最爲系統、内容最爲豐贍、品質最爲上乘的地方文獻集成。

紹興這個地方，古往今來，都在不懈超越。超乎尋常，追求卓越。超越自我，超越歷史。《紹興大典》的編纂出版，無疑會是紹興文化發展史上的又一次超越。

道阻且長，行則將至；行而不輟，成功可期。「後之視今，亦猶今之視昔」；「後之覽者，亦將有感於斯文」（《蘭亭集序》）。讓我們一起努力吧！

馮建榮

二〇二三年六月十日，星期六，成稿於寓所

二〇二三年中秋、國慶假期，校改於寓所

編纂説明

紹興古稱會稽，歷史悠久。

大禹治水，畢功了溪，計功今紹興城南之茅山（苗山），崩後葬此，此山始稱會稽，此地因名會稽，距今四千多年。

大禹第六代孫夏后少康封庶子無餘於會稽，以奉禹祀，號曰「於越」，此爲吾越得國之始。《竹書紀年》載，成王二十四年，於越來賓。是亦此地史載之始。

距今兩千五百多年，越王句踐遷都築城於會稽山之北（今紹興老城區），是爲紹興建城之始，於今城不移址，海内罕有。

秦始皇滅六國，御海内，立郡縣，成定制。是地屬會稽郡，郡治爲吴縣，所轄大率吴越故地。東漢順帝永建四年（一二九），析浙江之北諸縣置吴郡，是爲吴越分治之始。會稽名仍其舊，郡治遷山陰。由隋至唐，會稽改稱越州，時有反復，至中唐後，「越州」遂爲定稱而至於宋。所轄時有增減，至五代後梁開平二年（九〇八），吴越析剡東十三鄉置新昌縣，自此，越州長期穩定轄領會稽、山陰、蕭山、諸暨、餘姚、上虞、嵊縣、新昌八邑。

建炎四年（一一三〇），宋高宗趙構駐蹕越州，取「紹奕世之宏庥，興百年之丕緒」之意，下詔從建炎五年正月改元紹興。紹興元年（一一三一）十月己丑升越州爲紹興府，斯地乃名紹興，沿用至今。

歷史的悠久，造就了紹興文化的發達。數千年來文化的發展、沉澱，又給紹興留下了燦爛的文化載體——鄉邦文獻。保存至今的紹興歷史文獻，有方志著作、家族史料、雜史輿圖、文人筆記、先賢文集、醫卜星相、碑刻墓誌、摩崖遺存、地名方言、檔案文書等不下三千種，可以説，凡有所録，應有盡有。這些文獻從不同角度記載了紹興的山川地理、風土人情、經濟發展、人物傳記、著述藝文等各個方面，成爲人們瞭解歷史、傳承文明、教育後人、建設社會的重要參考資料，其中許多著作不僅對紹興本地有重要價值，也是江浙文化乃至中華古代文化的重要組成部分。

紹興歷代文人對地方文獻的探尋、收集、整理、刊印等都非常重視，並作出過不朽的貢獻，陳橋驛先生就是代表性人物。正是在他的大力呼籲下，時任紹興縣政府主要領導作出了編纂出版《紹興叢書》的決策，爲今日《紹興大典》的編纂出版積累了經驗，奠定了基礎。

時至今日，爲貫徹落實習近平總書記系列重要講話精神，奮力打造新時代文化文明高地，重輝「文獻名邦」，中共紹興市委、市政府毅然作出編纂出版《紹興大典》的決策部署。延請全國著名學者樓宇烈、袁行霈、安平秋、葛劍雄、吴格、李岩、熊遠明、張志清諸先生參酌把關，與收藏紹興典籍最豐富的國家圖書館等各大圖書館以及專業古籍出版社中華書局展開深度合作，成立專門班子，精心規劃組織，扎實付諸實施。《紹興大典》是地方文獻的集大成之作，出版形式以紙質書籍爲主，同步開發建設數據庫。其基本内容，包括以下三方面：

一、《紹興大典》影印精裝本文獻大全。這方面内容囊括一九四九年前的紹興歷史文獻，收録的原則是「全而優」，也就是文獻求全收録；同一文獻比對版本優劣，收優斥劣。同時特別注重珍稀性、孤罕性、史料性。

《紹興大典》影印精裝本收録範圍：

時間範圍：起自先秦時期，迄至一九四九年九月三十日，部分文獻可酌情下延。

地域範圍：今紹興市所轄之區、縣（市），兼及歷史上紹興府所轄之蕭山、餘姚。

内容範圍：紹興人（本籍與寄籍紹興的人士、寄籍外地的紹籍人士）撰寫的著作，非紹興籍人士撰寫的與紹興相關的著作，歷史上紹興刻印的古籍珍本和紹興收藏的古籍珍本。

《紹興大典》影印精裝本編纂體例，以經、史、子、集、叢五部分類的方法，對收録範圍内的文獻，進行開放式收録，分類編輯，影印出版。五部之下，不分子目。

經部：主要收録經學（含小學）原創著作；經校勘校訂，校注校釋，疏、證、箋、解、章句等的經學名著；爲紹籍經學家所著經學著作而撰的著作，等等。

史部：主要收録紹興地方歷史書籍，重點是府縣志、家史、雜史等三個方面的歷史著作。

子部：主要收録專業類書，比如農學類、書畫類、醫卜星相類、儒釋道宗教類、陰陽五行類、傳奇類、小説類，等等。

集部：主要收録詩賦文詞曲總集、别集、專集，詩律詞譜，詩話詞話，南北曲韻，文論文評，等等。

叢部：主要收録不入以上四部的歷史文獻遺珍、歷史文物和歷史遺址圖録彙總、戲劇曲藝脚本、報章雜志、音像資料等。不收傳統叢部之文叢、彙編之類。

《紹興大典》影印精裝本在收録、整理、編纂出版上述文獻的基礎上，同時進行書目提要的撰寫，並細編索引，以起到提要鉤沉、方便實用的作用。

二、《紹興大典》點校研究及珍本彙編。主要是《紹興大典》影印精裝本的延伸項目，形成三個成果，即《紹興大典·要籍點校叢刊》《紹興大典·文獻研究叢書》《紹興大典·善本影真叢覽》三叢。選取影印出版文獻中的要籍，組織專家分專題開展點校等工作，排印出版《紹興大典·要籍點校叢刊》；及時向社會公布推出出版文獻書目，開展《紹興大典》收録文獻研究，分階段出版研究成果《紹興大典·文獻研究叢書》；選取品相完好、特色明顯、内容有益的優秀文獻，原版原樣綫裝影印出版《紹興大典·善本影真叢覽》。

三、《紹興大典》文獻數據庫。以《紹興大典》影印精裝本和《紹興大典·要籍點校叢刊》《紹興大典·文獻研究叢書》《紹興大典·善本影真叢覽》三叢爲基幹構建。同時收録大典編纂過程中所涉其他相關資料，未用之版本，書佚目存之書目等，動態推進。

《紹興大典》編纂完成後，應該是一部體系完善、分類合理、全優兼顧、提要鮮明、檢索方便的大型文獻集成，必將成爲地方文獻編纂的新範例，同時助力紹興打造完成「歷史文獻保護名邦」「地方文史研究重鎮」「區域文化轉化高地」三張文化金名片。

《紹興大典》在中共紹興市委、市政府領導下組成編纂工作指導委員會，組織實施並保障大典工程的順利推進，同時組成由紹興市爲主導、國家圖書館和中華書局爲主要骨幹力量、各地專家學者和圖書館人員爲輔助力量的編纂委員會，負責具體的編纂工作。

《紹興大典》編纂委員會
二〇二三年五月

史部編纂説明

紹興自古重視歷史記載，在現存數千種紹興歷史文獻中，史部著作占有極爲重要的位置。因其内容豐富、體裁多樣、官民兼撰的特點，成爲《紹興大典》五大部類之一，而别類專纂，彙簡成編。

按《紹興大典·編纂説明》規定：「以經、史、子、集、叢五部分類的方法，對收録範圍内的文獻，進行開放式收録，分類編輯，影印出版。五部之下，不分子目。」「史部：主要收録紹興地方歷史書籍，重點是府縣志、家史、雜史等三個方面的歷史著作。」

紹興素爲方志之鄉，纂修方志的歷史較爲悠久。據陳橋驛《紹興地方文獻考録》（浙江人民出版社，一九八三年版）統計，僅紹興地區方志類文獻就「多達一百四十餘種，目前尚存近一半」。在最近三十多年中，紹興又發現了不少歷史文獻，堪稱卷帙浩繁。

據《紹興大典》編纂委員會多方調查掌握的信息，府縣之中，既有最早的府志——南宋二志《（嘉泰）會稽志》和《（寶慶）會稽續志》，也有最早的縣志——宋嘉定《剡録》；既有耳熟能詳的《（萬曆）紹興府志》，也有海内孤本《（嘉靖）山陰縣志》；更有寥若晨星的《永樂大典》本《紹興府志》，等等。存世的紹興府縣志，明代纂修並存世的萬曆爲最多，清代纂修並存世的康熙爲最多。

家史資料是地方志的重要補充，紹興地區家史資料豐富，《紹興家譜總目提要》共收録紹興相關家譜資料三千六百七十九條，涉及一百七十七個姓氏。據二〇〇六年《紹興叢書》編委會對上海圖書館藏紹興文獻的調查，上海圖書館館藏的紹興家史譜牒資料有三百多種，據紹興圖書館最近提供的信息，其館藏譜牒資料有二百五十多種，一千三百七十八册。紹興人文薈萃，歷來重視繼承弘揚耕讀傳統，家族中尤以登科進仕者爲榮，每見累世科甲、甲第連雲之家族，如諸暨花亭五桂堂黄氏、山陰狀元坊張氏，等等。家族中每有中式，必進祠堂，祭祖宗，禮神祇，乃至重纂家乘。因此纂修家譜之風頗盛，聯宗聯譜，聲氣相通，呼應相求，以期相將相扶，百世其昌，因此留下了浩如煙海、簡册連編的家史譜牒資料。家史資料入典，將遵循「姓氏求全，譜目求全，譜牒求優」的原則遴選。

雜史部分是紹興歷史文獻中内容最豐富、形式最多樣、撰者最衆多、價值極珍貴的部分。記載的内容無比豐富，撰寫的體裁多種多樣，留存的形式面目各異。其中私修地方史著作，以東漢袁康、吴平所輯的《越絶書》及稍後趙曄的《吴越春秋》最具代表性，是紹興現存最早較爲系統完整的史著。

雜史部分的歷史文獻，有非官修的專業志、地方小志，如《三江所志》《倉帝廟志》《螭陽志》等；有以韻文形式撰寫的如《山居賦》《會稽三賦》等；有碑刻史料如《會稽刻石》《龍瑞宫刻石》等；有詩文游記如《沃洲雜詠》等；有珍貴的檔案史料如《明浙江紹興府諸暨縣魚鱗册》等；有名人日記如《祁忠敏公日記》《越縵堂日記》等；有綜合性的歷史著作如海内外孤本《越中雜識》等；也有鉤沉稽古的如《虞志稽遺》等。既有《救荒全書》《欽定浙江賦役全書》這樣專業的經濟史料，也有《越中八景圖》這樣的圖繪史料等。舉凡經濟、人物、教育、方言風物、名人日記等，應有盡有，不勝枚舉。尤以地理爲著，諸如山川風物、名勝古迹、水利關津、衛所武備、天文医卜等，莫不悉備。

這些歷史文獻，有的是官刻，有的是坊刻，有的是家刻。有特別珍貴的稿本、鈔本、寫本，也有珍稀孤罕首次面世的史料。由於《紹興大典》的編纂出版，這些文獻得以呈現在世人面前，俾世人充分深入地瞭解紹興豐富多彩的歷史文化。受編纂者學識見聞以及客觀條件之限制，難免有疏漏錯訛之處，祈望方家教正。

《紹興大典》編纂委員會

二〇二三年五月

萬曆蕭山縣志 六卷

〔明〕劉會修，〔明〕戴文明等纂

明萬曆十七年（一五八九）刻本

影印説明

《（萬曆）蕭山縣志》六卷，明劉會修，明戴文明等纂，明萬曆十七年（一五八九）刻本。書前有羅萬化序，書末有劉會後序。半葉十行行二十字，小字雙行同，白口，單魚尾，四周雙邊，有圖。原書版框尺寸高21.4釐米，寬14.7釐米。

劉會，字逢甲，號望海，福建惠安縣人。萬曆十一年（一五八三）進士，授蕭山縣令。在任五年餘，興利除弊，安撫流民，減輕賦税傜役，興修水利，主持修建西興堰等工程，政績頗著。萬曆十七年（一五八九），率博士弟子戴文明、蔡大績、張諒編修《蕭山縣志》，時任南京禮部右侍郎的羅萬化稱該志爲「其詞核，其義正，酌古而凖今，綱舉而目張，詳哉其言之矣」，可見修纂之審慎，增補之精詳。

蕭山地方素有重視修志的傳統。有明一代，蕭山志經歷了多次編修，浙江乃至全國幾無出其右者。有學者認爲，如此頻繁的修纂，不僅由於蕭邑山川明麗，民物茂繁，更因俊才輩出，留意志業。當然，萬曆志在内容上仍有自身的發展。據《明清蕭山縣志》記載，「除補載自嘉靖至萬曆間歷史本身的變革之外，尚考鏡前志未收之佚事，增録大量相關詩文」。就此而言，亦可見其作爲方志典範的參考價值。

此次影印，以國家圖書館藏本爲底本。其中，卷四第三十六葉缺失。另據《中國地方志聯合目録》，上海圖書館和天一閣亦有收藏，但非完帙。

重修蕭山縣志序

蕭故有志明興而書六易焉何若是亟也夫志識也所以信今而徵後也人材之有盛衰也風俗之有淳漓也戶賦之有登耗也物產之有消長也山原川澤之有改移通塞也率數十年而一變變而不時識之而謹輯之

散佚遺亡蔑以徵矣此文獻之不足吾夫子重有慨於杞宋也志胡可以緩邪邑侯劉君會來尹茲土五閱歲政通人和百廢具舉以其暇率博士弟子戴生文明孫生大績張生諒取邑志而裒輯之例準其舊彰前軌也兼搜其佚詳考鏡也政紀其績垂後

憲也論引其端戒先事也其詞核其
彖正酌古而準今綱舉而目張詳哉
其言之矣余三復斯志而嘆侯之用
心勤而注意遠也夫天下者一邑之
積也治天下者一邑之推也將欲見
諸行事先必質之典冊舍志無繇矣
故披冊而校之目擊心融無非學也

循法而措之經世宰物無非教也遇變而通之順時達化無非道也俟今以

召行矣朝且弭筆青瑣否且冠豸冠立

殿陛凡天下利弊政治得失得言而言得為而為必鑿鑿乎率吾志而行之無弗售焉又不特蕭一邑之志已

也則是志固經世之書與余不佞竊
自附於不朽之林序諸簡端
賜進士及第嘉議大夫南京禮部右侍
郎前國子監祭酒右春坊右諭德兼
翰林院侍讀同修
兩朝實錄　大明會典記注
起居理　誥勑

經筵講官會稽羅萬化撰

萬曆十七年己丑六月望吉

蕭山縣志目録

五卷

列傳

六卷

雜志

餘姚宋禮寫

蕭山縣志圖

徐安刊

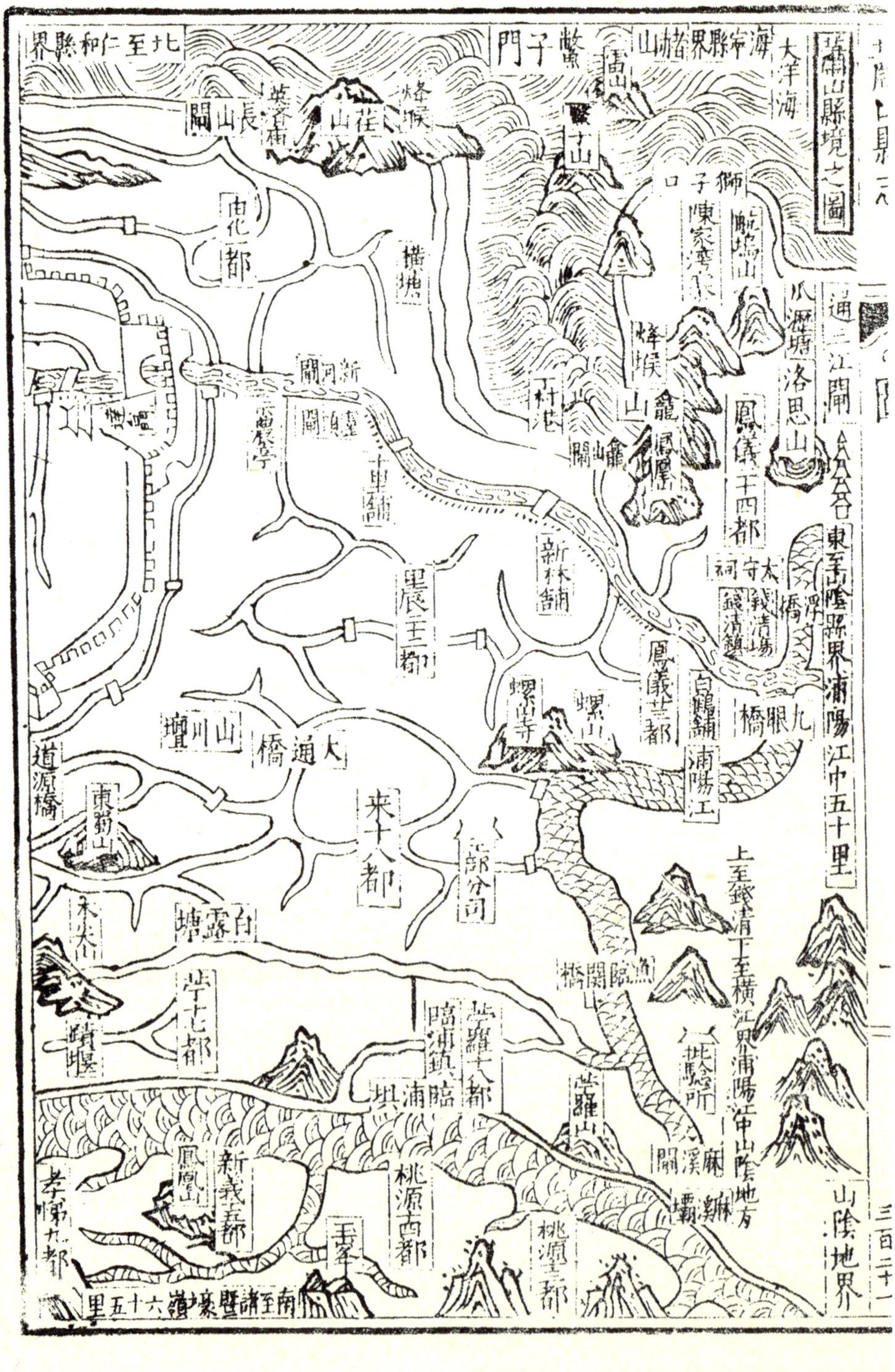

蕭山縣志

蕭山縣境之圖

北至仁和縣界
鱉子門
海寧縣界赭山
大洋海
長山閘
英濟廟
茬山
烽堠
龕山
獅子口
航塢山
陳家湾
由化都
横塘
通三江閘
瓜瀝塘
洛思山
烽堠
丁村港
龕山閘
龍鳳山
鳳儀十四都
新河閘
臺泊閘
夢筆亭
十里舖
新林舖
太守祠
錢清場
錢清鎮
浮橋
東至山陰縣界浦陽江中五十里
里仁三都
鳳儀十三都
白鶴舖
九眼橋
螺山寺
螺山
山川壇
大通橋
浦陽江
道源橋
東蜀山
來十八都
部分司
上至錢清下至横江界浦陽江中山陰地方
白露塘
木尖山
漁臨關橋
崇七都
踏堰
臨浦鎮
崇羅十八都
臨浦壩
苧羅山
峙驛所
麻溪閘
麻溪壩
鳳凰山
新義五都
桃源西都
桃源三都
孝悌九都
玉峯
山陰地界
南至諸暨縣界六十五里

三百二十一

浙江潮
上海三十五里
北海塘
龍王塘
北幹山
邑厲壇
西興渡
營房
靜海門
運河
蕭山縣
布政司
按察司
城隍廟
養濟院
儒學
社稷壇
西至錢塘界浙江中二十五里
越王臺
湘湖
跨湖橋
上湘湖
夏孝三都
長興四都
安養五都
西江塘
崇化十九都
周家湖
黃竹塘
漁浦
漁浦巡檢司
漁浦鎮
許賢七都
朱村港
富陽沙地
江通金衢嚴
長山十一都
和尚店
富陽界

安刊

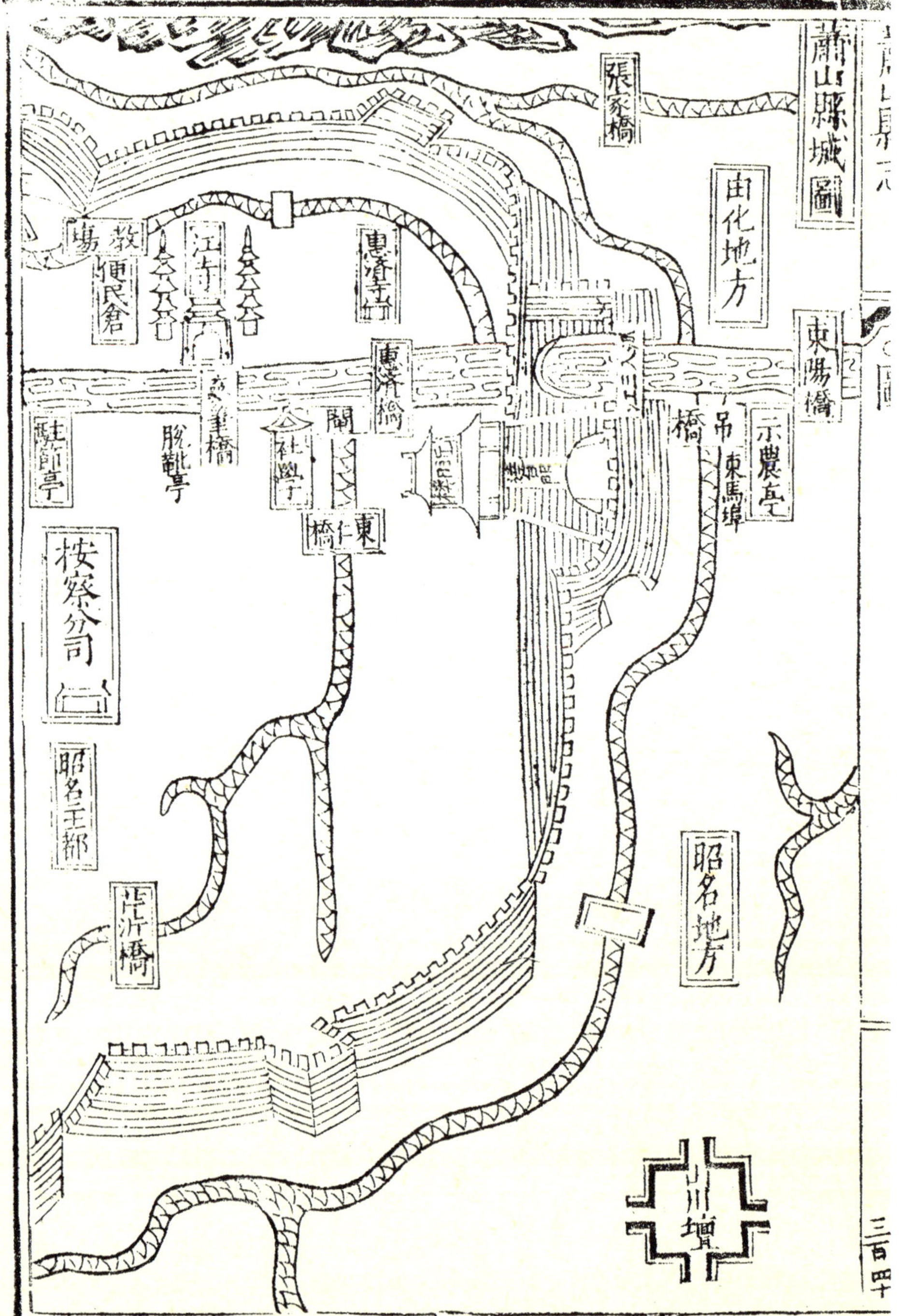
蕭山縣城圖
張家橋
由化地方
東陽橋
教場
便民倉
江寺
惠濟寺
東濟橋
夢筆橋
駐節亭
社學
東仁橋
吊橋
按察分司
昭名地方
山川壇

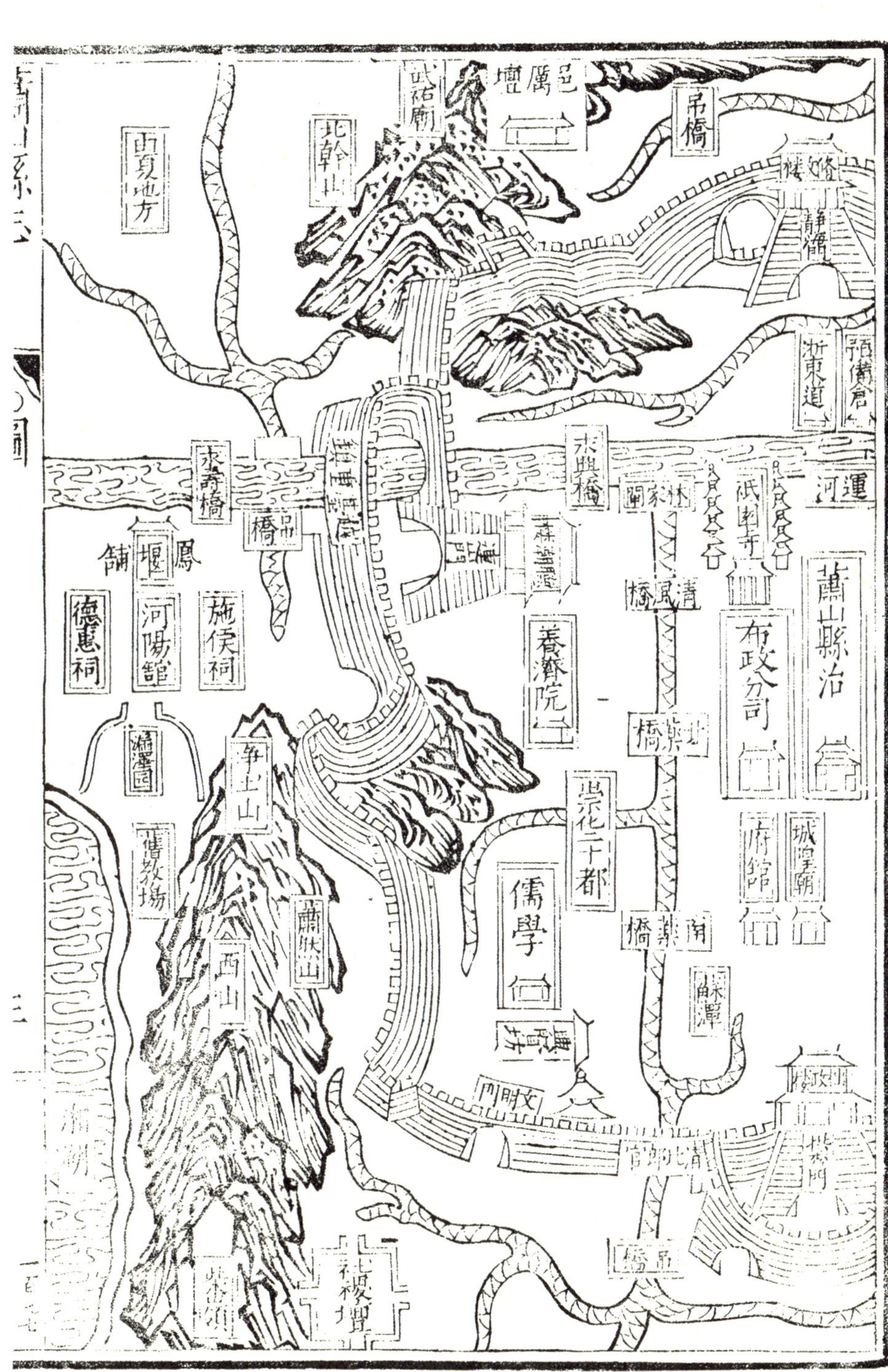
邑厲壇
武祐廟
北幹山
吊橋
預備倉
浙東道
永興橋
運河
蕭山縣治
布政分司
清風橋
養濟院
崇化二十都
儒學
城隍廟
府館
德惠祠
河陽館
施侯祠
舊教場
西山
文明門
社稷壇

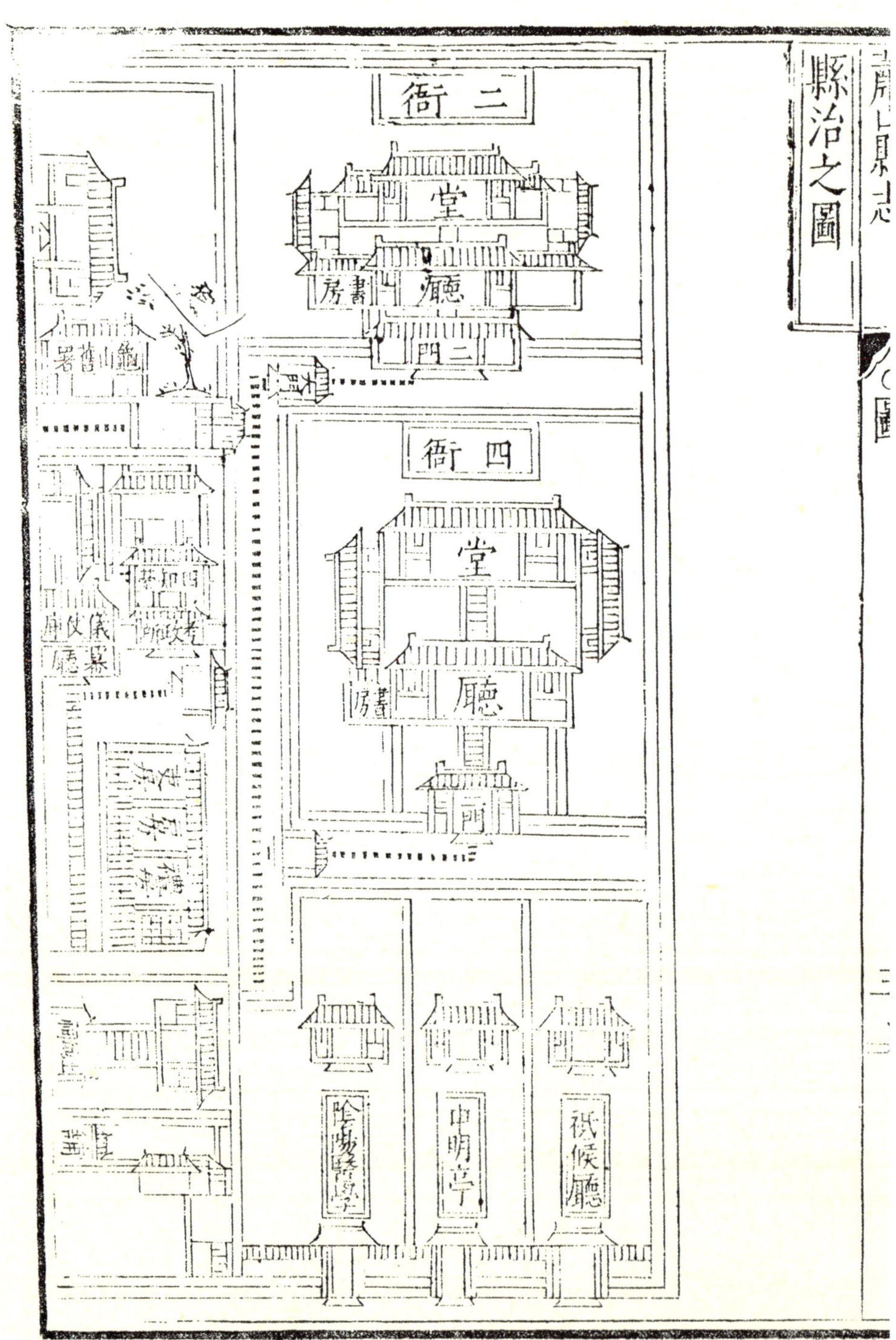

縣治之圖
二衙
堂
廳
書房
二門
四衙
堂
廳
書房
陰陽醫學
申明亭
祇候廳

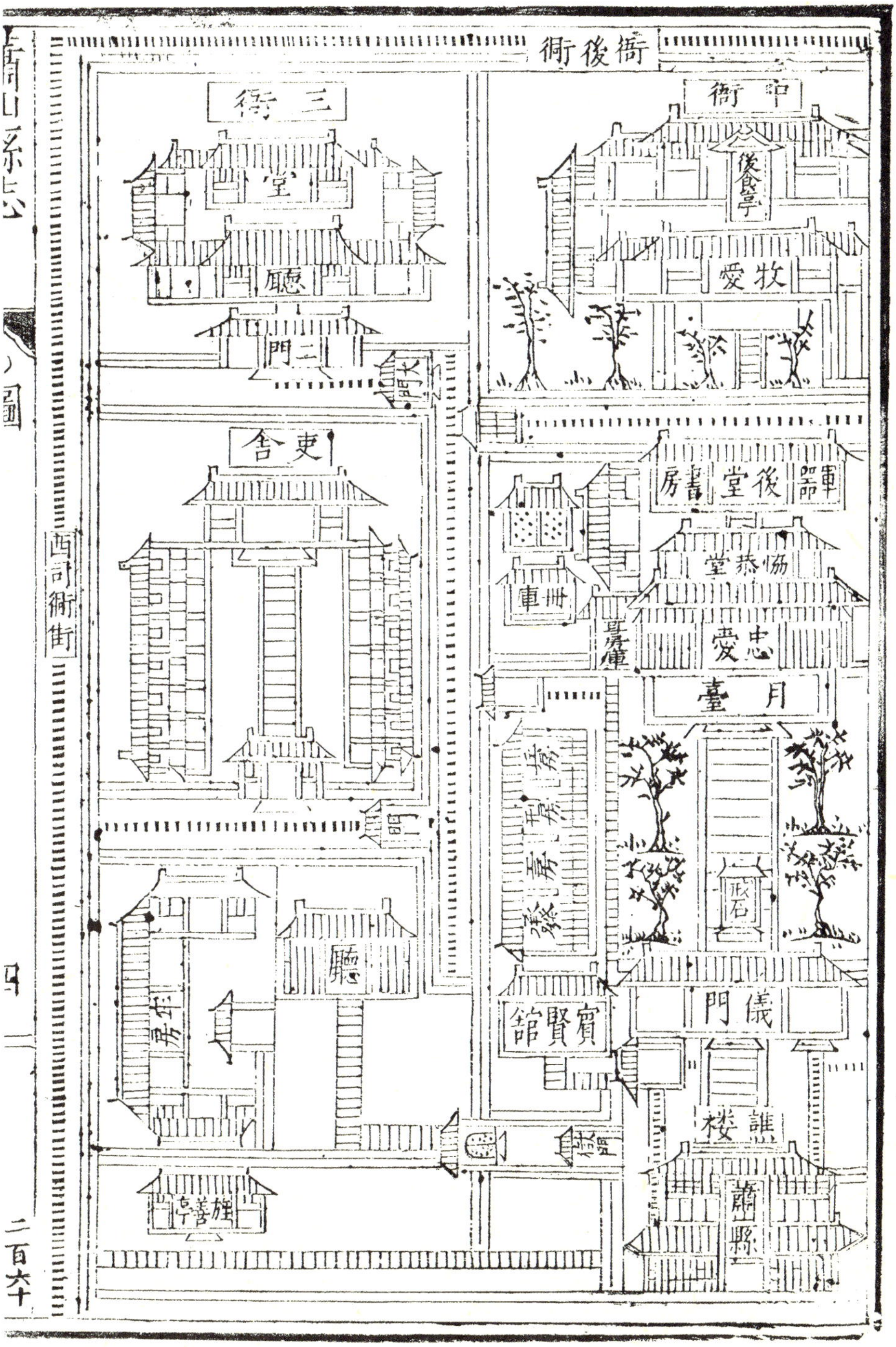

蕭山縣志　圖

衙後街
三衙
堂
廳
二門
大門
吏舍
西司衙街
門
廳
吏房
旌善亭
中衙
後食亭
牧愛
軍器　後堂　書房
協恭堂
冊庫
庫房
忠愛
月臺
承發房　刑房　吏房
戒石
儀門
賓賢館
譙樓
蕭山縣

二百六十

儒學之圖

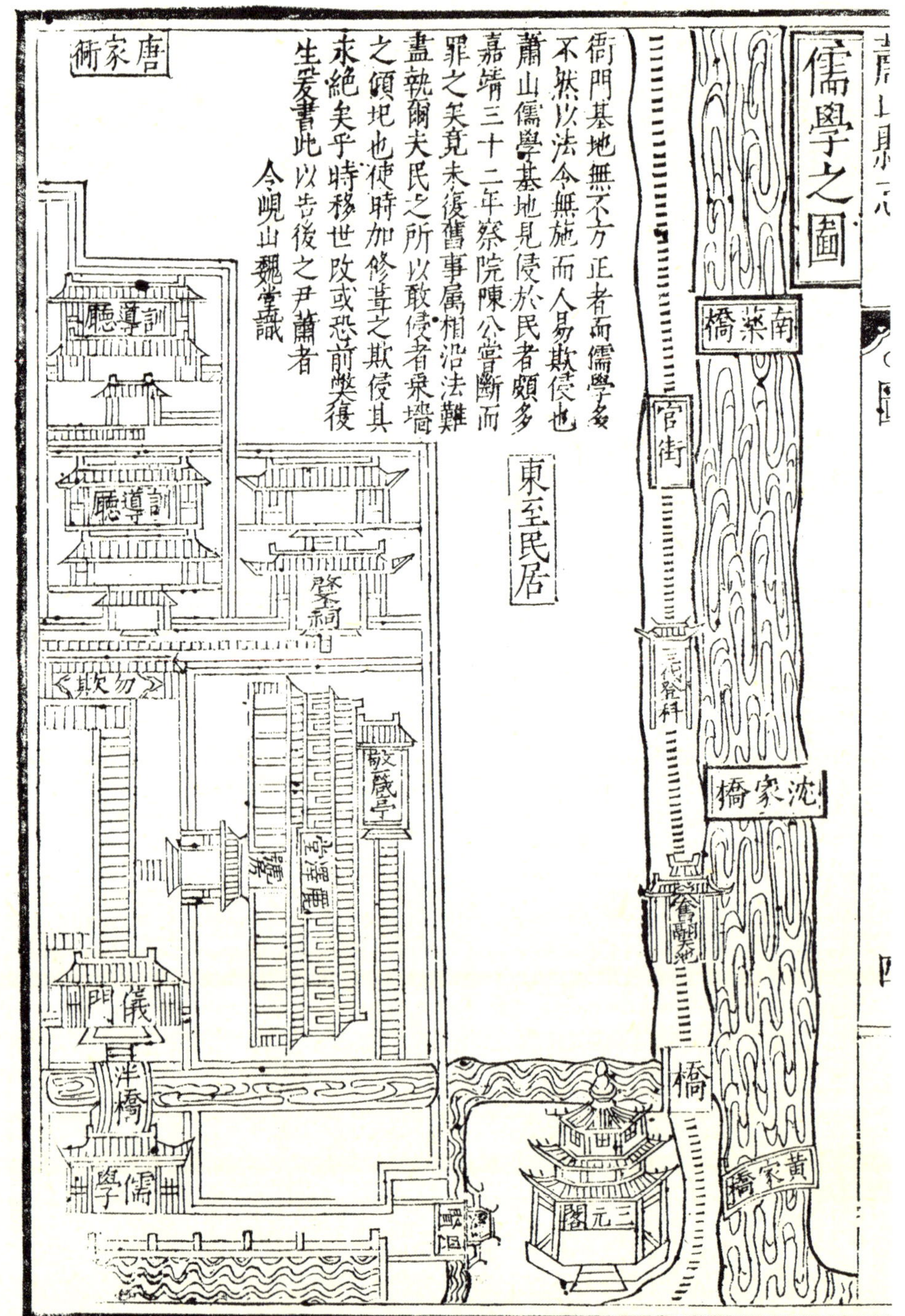

衙門基地無不方正者而儒學多
不然以法令無施而人易欺侵也
蕭山儒學基地見侵於民者頗多
嘉靖三十二年察院陳公嘗斷而
罪之矣竟未復舊事屬相沿法難
盡執爾夫民之所以敢侵者界墻
之頹圮也使時加修葺之欺侵其
未絶矣乎時移世改或恐前弊復
生爰書此以告後之尹蕭者
令峴山魏堂識
唐家衙
訓導廳
訓導廳
勿欺
敬箴亭
號房
儀門
泮橋
儒學
官街
東至民居
沈家橋
橋
黃家橋
三元閣

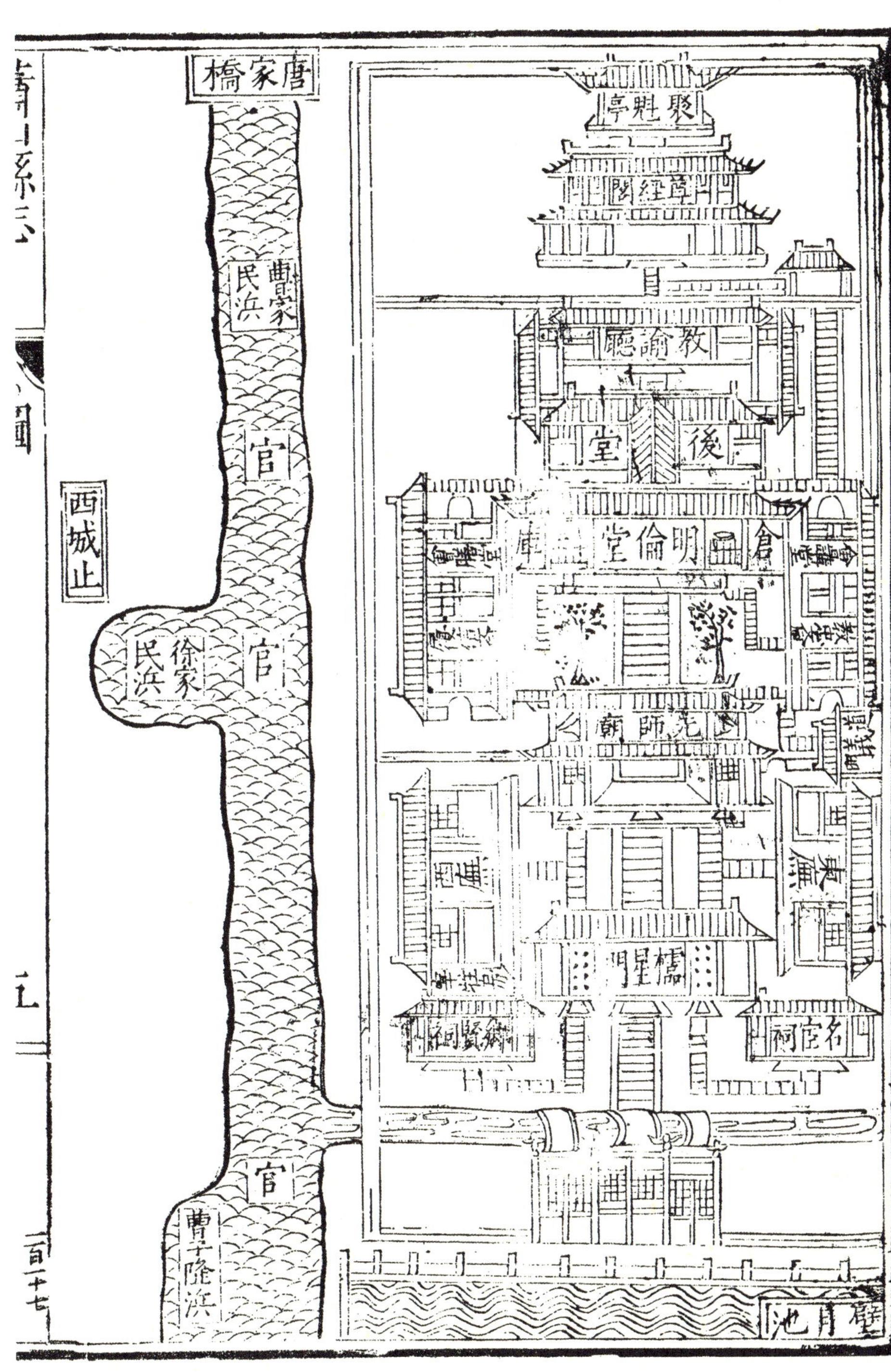
唐家橋
曹家民浜
官
西城止
徐家民浜
官
官
聚魁亭
尊經閣
教諭廳
後堂
倉
明倫堂
庫
先師廟
欞星門
名宦祠
鄉賢祠
璧月池

蕭山縣志
蕭山縣八景圖
羅刹潮聲
浙江舊名羅刹以江有羅刹石故名
江幹松風
清江月色
學
文峯拱秀

蕭山縣志
圖
六
書院遺香
道南書院
湘湖雲影
西村梅雨
社稷壇
漁浦烟光
六十

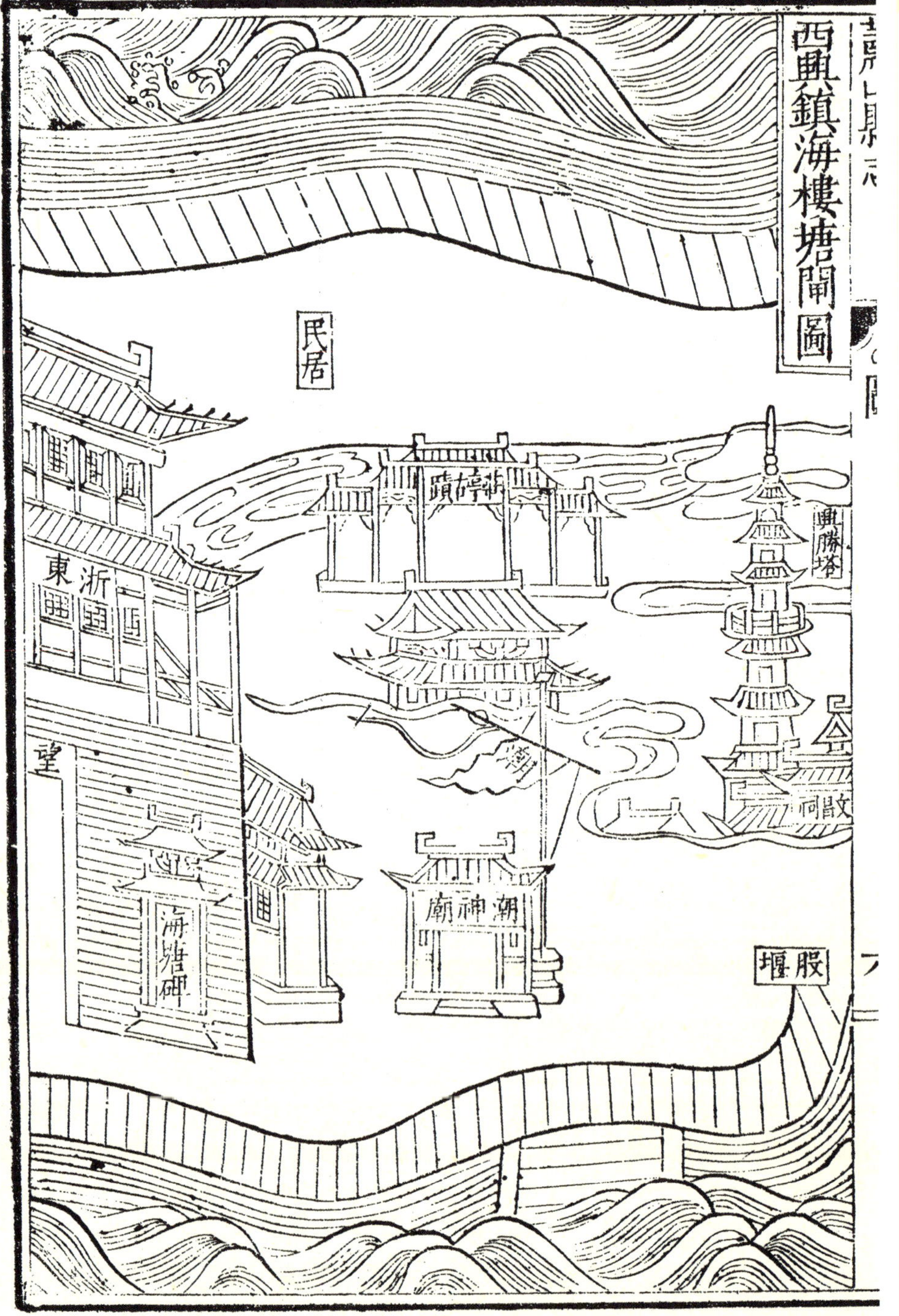
西興鎮海樓塘閘圖
蕭山縣志
民居
東浙
望
海塘碑
潮神廟
塘閘
殷堰

浙江潮
新築塘
民居
第一臺
京門
張神廟
海塘碑
西興渡口

蕭山縣志

蕭山湘湖圖

德惠祠

望湖亭

蕭山

東陡

石湫戶

舊教場

小山

石岩山

黃家霪

壓烏山

陡門

眉山

荷山

箸山

韓家山嶺

童家湫

上湘

廟山

鳳林穴

亭子頭

翁花山
周婆湫
划舡港
門
下相湖
官山
九里墩
跨湖橋
井山
黃家湫
越王臺
歷山北
小墩
蝦蟆墩
莊墩
歷山南

蕭山長山閘圖
蕭山縣志
龕山

茌山鍾秀
英濟祠
江海通靈
蕭山縣志　圖
二十五

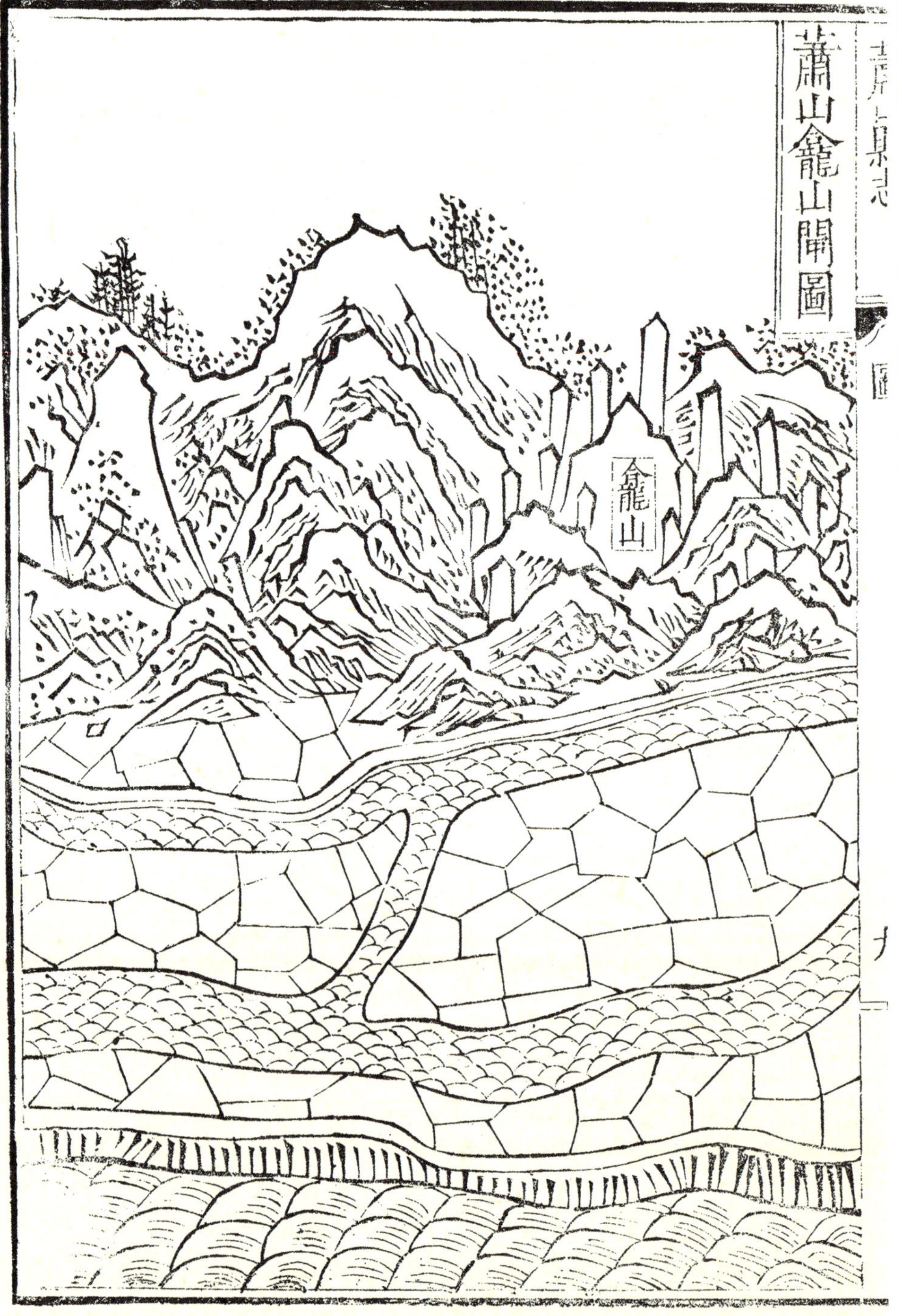
蕭山縣志
蕭山龕山閘圖
龕山
圖

航塢山

臨浦江南九鄉水利圖
黄弾山
岩山
十一都
十都
和尚店鎮
大橋
大溪
楊家橋
石峽山
和尚橋
沙河橋
新橋
鳳凰山
河口橋
公孫橋
義橋渡
九都西杏
六都漁浦

十三都地方
壕嶺
白鹿堰
尖山
板橋
梅里灘
十四都田
郭墓尖
靈山寺
蓬山
江通諸暨浦陽地方
天山
橫山
臨浦渡

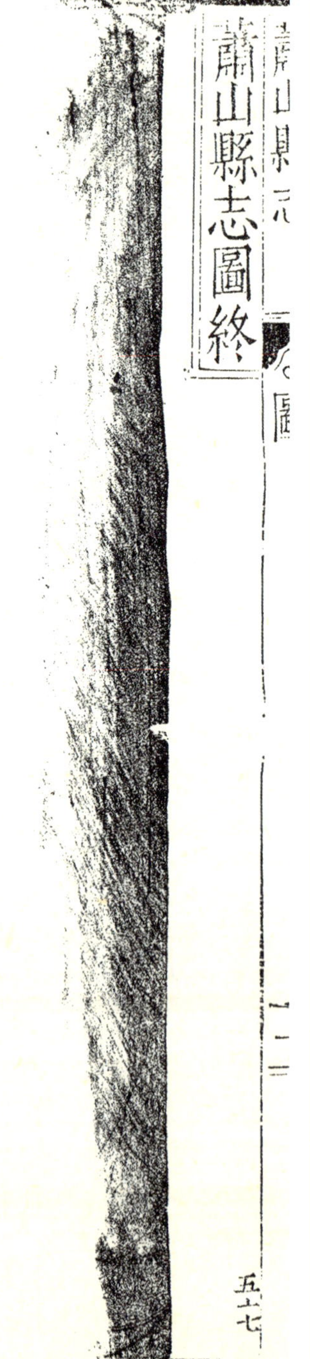

蕭山縣志圖終

蕭山縣志　卷圖

五十七

蕭山縣志卷之一

知縣事温陵劉會　重修
邑庠生張　諒編校
戴文明
蔡大績

天文志

分野

按漢地里志曰吳斗分野越牽牛分野余觀吳越止限一水而習尚懸絶乃斗牛固連度不甚遠詎斗與牛精氣頓殊耶蕭固越一隅爾又不知當屬牛幾度乎奮哉周生之言曰紹興不及古會稽十

之一所分天度無幾所干災祥甚微當以吳越通
占文曰善測者寸而析之不專於其星而於其辰
則災祥可坐而得也徵矣徵矣
分野縣屬越在禹貢爲揚州之域位當少陽於卦爲
巽史記天官書曰其日屬丁其辰爲丑次曰星紀
於五行屬火春秋傳曰在列國謂之分星在九州
謂之星土星紀爲越之分星揚州之星土春秋元
命包曰牽牛流爲揚州分爲越國史記正義曰南
斗牽牛吳越之分野漢地理志曰越地牽牛婺女
之分野漢郡國志曰斗女一度至婺女七度一名

須女爲星紀之次斗建子今越分野張衡曰會稽於二十八宿入牽牛一度列星度數曰斗第二星至會稽又女七度主越又曰五車星中東南一星爲司空主楚越春秋耀鉤曰會稽於北斗七星屬權星范蠡陳卓諸人分星次亦曰會稽入牛一度東漢天文志曰會稽主以丁巳日占玉衡之色地理志曰自斗十一度至婺女七度曰星紀吳越分野費直分斗十度至女五度蔡邕分斗六度至須女二度謂之星紀爲吳越分野三國志曰會稽上應牽牛之宿下當少陽之位晋天文志曰自南斗

十二度至須女七度爲星紀吳越之分野隋書唐史所載與晉志同通志畧曰會稽入牛一度宋天文志曰會稽上應天市垣東南第六星元史曰斗四度三十六分六十六秒外入吳越之分明清類地理志曰斗牛在丑自斗三度至女一度屬吳越分又左傳昭公三十二年夏吳伐越史墨曰不及四十年越其有吳乎越得歲而吳伐必受其凶漢永嘉中歲星熒惑太白聚牛女之間識者以爲吳越之分其後孫策孫權實有江左晉太元間符堅將入寇石越曰今歲鎮星守斗女福德在吳天道

不順已而堅果敗陳叔寶將亡有星孛于牽牛由此致之則牛女之分吳越同之者也按唐一行撝雲漢之始終以分配十二國之次鄭夾漈述一行雲漢圖其意以雲者江河之精氣也在地爲江河在天爲雲漢地有南北河雲漢亦分兩派派認山河脉絡於兩戒識雲漢升沉於四維而十二次之分配如指掌矣蓋黃河爲北河大江爲南河北河者北戒也北戒以限戎狄故自三危以至朝鮮爲北紀南河者南戒也南戒以限蠻夷故自嶺徼達于東甌閩中爲南紀雍州秦蜀得山河兩戒之上流其在天則大稷之下雲漢潛萌故鶉首應秦蜀之分揚州吳越居山河之下流其在天則斗牛之間當雲漢之末派故星紀之次爲吳越之分野吳居淮海之間當南北之下則斗爲吳分越及百越去南河爲遠則牛女爲越之分致此則會稽入牛一度者得之矣

地理志

沿革表　里至　形勝　山川　城池

古蹟　風俗　坊巷附牌　市鎮　陵墓

沿革表

縣凡四易名矣秦漢之際又何寥寥也余觀晉齊梁陳之間乃以永興著稱豈非爲世南虞公食邑故耶逮宋政和中予鄉龜山楊先生來宰蕭蕭日有聞則又軼永興而上之也語云人重地信哉

縣	鄉	都	里
縣之置自秦始	縣之領鄉鄉之領里自宋始	改鄉爲都改里爲圖自元始	明興因元之制今之都里亦稍異于昔

唐虞	荒服之地屬揚州

夏	少康封庶子無余于會稽以奉禹祀國號於越地在封內
商	仍屬越國
周	越傳三十世至無彊為楚所併地屬楚
秦始皇二十六年	初併天下始置餘暨縣會稽郡領之
西漢	制因秦舊
高祖六年	盡以會稽之域封荆王賈地屬于國
十一年	賈死無後國除復為縣屬會稽郡
十二年	封吳王濞于會稽屬于吳
景帝前元二年	吳王濞反國除復為縣屬會稽郡

新莽建國元年	改曰餘衍屬會稽郡
光武建武元年	革莽所改從西漢舊名屬會稽郡
吳	仍漢舊
少帝太平二年	改曰永興縣屬會稽郡
晉	仍曰永興屬會稽郡
武帝太康二年	封孫秀于會稽仍為屬邑
惠帝永寧元年	會稽國除仍屬郡
元帝建興元年	以會稽郡為瑯琊王裒奉邑仍為屬縣
明帝太寧二年	瑯琊王昱徙為會稽王仍為屬縣
宋武帝永初元年	仍為永興縣屬會稽郡

齊	仍屬會稽郡
梁	仍屬會稽郡
陳武帝永定三年	始改會稽郡為越州因屬越州
隋文帝開皇元年	省入會稽縣改會稽郡為吳州因屬吳州
煬帝大業元年	改吳州為越州復為會稽郡仍屬郡
唐高祖武德四年	仍改會稽郡為越州復屬州
高宗儀鳳三年	分會稽縣西境五鄉諸暨縣二鄉復置為永興縣
玄宗天寶元年	改為蕭山縣復改越州為會稽郡仍屬郡
僖宗中和二年	升越州為義勝軍縣隸焉
光啓	改為威勝軍縣隸焉

二年

昭宗乾寧三年 改爲鎮東軍縣隸焉

梁太祖開平元年 封錢鏐爲吳越國王屬之錢氏仍隸鎮東軍

宋太宗太平興國三年 吳越國除鎮東軍仍爲越州縣隸焉領鄉十五里一百一十

高宗紹興元年 改越州爲紹興府仍屬府

由化鄉	在縣東北二里領里八	[illegible]墅 永豐 伍里 安射 濆浦 秦村
夏孝鄉	在縣西十二里領里八	去虎 澇湖 山澤 范港 許村
長興鄉	在縣西三十五里領里三	科橋 杜湖 寺莊 城東 城西 鷄鳴 安正 亞父
安養鄉	在縣西南三十五里領里五	清德 靜居 橫塘 羅村 魚潭

許賢鄉	在縣西南二十七里領里五	開善　三基　湖山　馬閣　造村
孝悌鄉	在縣西南七十里領里五	白墅　畨橋　鄭村　兎沙　盛村
長山鄉	在縣西南百二十里領里五	鳳凰　許賢　高屯　安神　高塢
桃源鄉	在縣西四十里領里五	通遠　崇山　方山　曹塢　來福
新義鄉	在縣西南三十里領里五	前濠　莫浦　峽下　冗村　河由
苧蘿鄉	在縣南	安國　孔湖　臨浦

湯文

	二十五里領里五	西施　朱村
來蘇鄉	在縣南二十里領里三	招蘇　朱汀　蔡灣
崇化鄉	在縣西南五十里領里九	陳村　徐潭　百步　朱村　黃村　趙村　史村　社壇　許君
昭明鄉	在縣西南三百步領里五	縣南　小鳳　龔墅　開明　社頭
里仁鄉	在縣東十三里領里七	東京　下浦　陳墅　楊新　佳浦　楊東　楊南
鳳儀鄉	在縣東四十里領里十	白鶴　大義　新田　瓜瀝　章浦　忠義　袁里　龕山　童墅

路西　佳浦　周里
塘頭　丁里　翔鳳
長港

六

元世祖至元十六年改紹興府爲紹興路
縣隸之領都凡二十四
圖凡二百五十七

改鄉爲都

改里爲圖

改由化鄉爲一都　領啚七
二都　領啚六
改夏孝鄉爲三都　領啚十一
改長興鄉爲四都　領啚六
改安養鄉爲五都　領啚五
改許賢鄉爲六都　領啚四
七都　領啚七
改孝悌鄉爲八都　領啚五
九都　領啚四
改長山鄉爲十都　領啚五
十一都　領啚四
十二都　領啚四
改桃源鄉爲十三都　領啚三
十四都　領啚五

太祖高皇帝洪武二十四年　改紹興路爲紹興府縣仍舊隸之

今上嘉靖元年

改新義鄉爲十五都　領啚五
十六都　領啚三

改苧蘿鄉爲十六都　領啚三
十七都　領啚三
十八都　領啚三

改來蘇鄉爲十八都　領啚五

改崇化鄉爲十九都　領啚四
二十都　領啚十二

改昭明鄉爲二十一都　領啚十二

改里仁鄉爲二十二都　領啚七

改鳳儀鄉爲二十三都　領啚十
二十四都　領啚十四

都仍舊凡二十四　啚併一百四十二

都仍舊二十四　啚併一百四十

由化一都　啚六

由夏二都　啚六

夏孝二都　啚十二
長興四都　啚四
安養五都　啚三
許賢六都　啚四
七都　啚五
孝悌八都　啚五
九都　啚三
長山十都　啚四
十一都　啚三
十二都　啚三
桃源十三都　啚二
十四都　啚五
新義十五都　啚五
新苧十六都　啚七
苧十七都　啚三
苧來十八都　啚七
崇化十九都　啚四
二十都　啚十二

蔡瑞刊

鄉	都	圖
昭名	二十一都	圖十二
里仁	二十二都	圖七
鳳儀	二十三都	圖五
	二十四都	圖十三

舊志云吳王闔閭弟夫槩之邑按春秋定公十四年吳伐越越子勾踐禦之陳于檇李吳越春秋越王勾踐入臣于吳群臣皆送之浙江之上臨水祖道軍陳固陵檇李即今嘉禾之地固陵即今西陵之地則越疆在錢塘之西夫槩之封其允常見伐之際乎

里至

蕭山縣境截長補短不滿百里以春秋列國較之

不猶愈於滕薛乎然介在吳越之衝士大夫東西行者無虛日供張繁費奔走不遑則滕薛又少讓也劑量而盈縮之固可以為害國矣

東西廣六十二里南北袤九十里東抵山陰縣界浦陽江之中五十里西抵錢塘縣界浙江之中二十三里南抵諸暨縣界壕嶺六十五里北抵仁和縣界大海之中三十五里東南至山陰縣界五十一里西南至杭州府富陽縣界四十八里東北至山陰縣界四十九里西北至錢塘縣界一十五里至府治一百一十里至省城三十里至南京一千一

十八里至

京師四千四百六十三里

形勝景致附

蕭固浙右一都會哉其形勝固不獨在山也西江北海襟帶而旋繞之地險壯矣吳越有事備得人和扼江海而守彼豈能飛渡哉余觀舊志所紀止於觀游顧觀游亦不可廢故以八景附焉

會稽佳山水王羲之傳西瞰浙江潮汐之雄放東攬會稽巖壑之奇秀倪淵儒學記越山近自湘湖分布而出若星離綺錯于會稽之陸而浙江則波濤洶湧濆潠

汗漫兩山亭記青巖交映夢筆橋記揖秦望爲後蔽聳天目爲前屛兩山亭賦爲東藩之喉舌兩山亭賦險據錢塘利開湘湖北幹明月佳山青蕖紹興府志

景致舊凡八題曰湘湖雲影曰海門潮勢曰北嶺烟光曰西山月色曰祇寺霜鍾曰譙樓曉角曰漁浦漁歌曰缺正德改元纂修者擬改亦八題曰湘湖雲影曰羅刹潮聲曰書院遺香曰文峯拱秀曰北幹松風曰西村梅雨曰清江月色曰漁浦烟光

山川

余聞王子敬云從山陰道上行山川自相映發使

人應接不暇顧長康從會稽還人問山川之美顧云千巖競秀萬壑爭流乃蕭何獨不然乎語山則北幹園玄度之所賞適語川則錢清江劉寵之所投贈其聲稱固與之偕矣

蕭山在縣西一里屬崇化鄉邑以是名又云蕭然山舊志云晉許詢於此憑林築室有蕭然自適之趣故名或云勾踐與夫差戰敗以餘兵棲此四顧蕭然故名按漢書地里志餘暨縣蕭山潘水所出東入海則名不始於許在治之西又曰西山縣舊八景曰西山月色今人直謂之蕭山唐劉滄詩一望江城思有餘遙分野徑入樵漁青山經雨菊花盡白鳥下灘蘆葉疎靜聽潮聲寒木杪遠看風色暮帆舒秋期又踐淹關路不及年年向此居宋陸游詩二首素衣已免染京塵一笑江邊整幅巾入巷綠潮深蘸岸陂雲白

塔遠招人功名姑付未來劫詩酒何孤見在身會向桐江謀小築浮家從此往來頻〔文〕閑居無業散閑愁聊作人間汗漫遊晚笛隨風來倦枕春潮帶雨送孤舟店家菰飯香初熟市擔蓴絲滑欲流自笑勞生成底事黃塵陌上雪蒙頭　明劉基詩二首落日牛羊下綠坡微風短楫拂晴莎窮愁白髮空相得悲感青春最苦多水暖菰蒲沙鳥集月明洲渚榜人歌此時忽漫思身世柰爾桃花蒲眼何〔文〕積雨今朝天氣佳山亭曉色上林花未須汗漫思身世且可逍遙翫物華偶值斷橋妨去路却隨脩竹到隣家籬邊野鳥驚人過撥剌飛鳴落遠沙〔王〕禕詩身世真如寄登臨得及時地高風起急天迥日沉遲綠鬢欺紗帽黃花照酒巵不知陶靖節歸去欲何為虞謙詩晚過蕭山邑停驂石路寬天青山隱隱溪綠樹團團縣令低頭謁田夫仰面看近城無獵騎倚水有漁竿泛雪誰思戴栽花共憶潘斷雲迷谷口飛鳥下江干霧氣横遥海灘聲湧急湍花殘一夜雨人怯五更寒官秘勤輸納民情在撫安定期三月後相次拂歸鞍

淨土山 去蕭山不百武

石巖山 去縣西南一十二里

巉岏虆崿其狀如獅又名獅子山明劉基詩落日下前峰輕烟生遠林雲霞媚餘姿松栢澹清陰振策縱幽步披榛陟層岑樺花籬上明淡鶺草間吟凉風自西來飈飈吹我襟榮華能幾時搖落方自今逝川無停波急絃有哀音顧瞻望四方悵焉愁思深邑人方以峴詩鑿鑿蒼崖翠壁亘中天削出玉芙蓉根盤百粤東南地翠挹三吳遠近峯半夜虹光驚龍玉四時雲氣結成龍高崗有地誰能到只許仙人自種松邑人洪鏞詩松風颼颼亂吹衣遠縱吟眸上翠微山落西湖青鳳舞潮生東海白龍飛黃花籬落明秋色紅樹樓臺炫夕暉回首越王城下路穿雲遙見一僧歸邑人孫學古詩獅蹲下瞰蛾眉山凍雪寒霜雕翠管湖上雲愁魍魎泣江中靜浪蛟龍閑迴思巫杜情逾壯悵對滄溟興不壓安得長驅破氛祲五雲清切見天關

東蜀山去縣南一十三里西蜀山去縣南一十二里蜀者獨也兩山對峙無所連屬

塔山在縣南二十五里屬崇化鄉縣學向之名文筆峯頂舊有塔其南坳如舟名石船塢明趙縉夢登文筆峯詩文峯千仞費攀援崩石顛崖駭夢魂桂殿月中秋有影蓬山雲際海無痕逍遥人物天台洞古朴衣冠甪里村覺後烟霞隨步失半窓紅日閑閑門

木尖山在塔山東南

黃竹山在塔山西南竹色微黃狀如刀削云是范蠡遺鞭所生

峽山在塔山南二山相夾前曰前峽山後曰後峽山

壽山在峽山西

孼烏山在縣西南十五里東方朔神異記謂亞父斷蕭山南嶺將孼於烏江蓋江東以擲爲孼云三賦云孼山如玦亞

父之所割兮明方以規詩擘烏何事浮湘水度項中年億范增英氣尚爲雲浩蕩翊峯猶記石岐層當時舉玦嗟何及此日扳山誠未能千古青青將不去杖藜留與野人登

眉山在縣西南十五里

荷山在縣西南十六里

糠金山在縣西南十八里日出如灑細金光彩灼爍

定山在縣西南三十二里湘湖中舊志所云屹立江中潮聲至此而止過此復怒者乃別一定山今屬錢塘縣

北幹山在縣北一里舊經晉許詢家於此縣八景曰北嶺烟光日北幹松風竹此明魏驥詩望邑名山聳碧霄白頭重過興偏饒千村環堵高低屋一帶長江早晚潮玄度跡存猶可吊子胥魂遠若爲招登臨莫起興亡嘆且醉浮生一酒瓢邑人富玹詩北山升絶巘眼界入林中飛鳥投丹嶂輕烟鎖翠屏草生三島秀花發四時妍萬竹深涵緑千峯遠送青

驚濤騫海國，斜日駐湖亭。福地鍾元氣，僊宮守巨靈。遨遊靈運屐，無弄伯牙伶。玄度元無志，旌陽舊有銘。鵾鵬思奮翮，鷹隼欲藏形。嵐重衣沾霧，天低袖拂星。留題欣合格，乞粒笑分謦。群聚溪頭鹿，重逢海上萍。哭途嗔阮籍，瞻隴憶顛丁。心訣蹄衡岳，身疑度井陘。未應依北斗，直欲徙南溟。蘿雨疏猿臂，松風墮鶴翎。放懷看壯筯，翹首望飄舲。桑梓聯閭井，芝蘭越謝庭。步蟾初倚杖，占侯忽更蓂。自有三光耀，何須數斗螢。無因瞻廟祀，有約訪巖扃。豪興歸春社，餘酣散晚汀。最宜烹茗鼎，無復索銀瓶。絃誦人皆樂，登臨我獨醒。威靈尊嶽鎮，形勝覽風霆。城郭金湯固，山河砥礪寧。鶯花春靄靄，燈火晚熒熒。江漢朝宗意，遥峯拱舜廷。

去虎山在北幹山東三里許。舊志：宋景德中有猛虎常傷人，令杜守一有德政，遂負子渡江西去，故名。今山有虎子坳。

蔡朝

荏山在縣東北十里孔靈符地志云越王種荏於此

鬬鷄山在縣東北三里兩山昂頭相對若鬬鷄之狀

菊山在縣西三里山多甘菊郡志云唐永泰中令李萼尉丹丘登此而名三賦云菊山黄華

茗山在縣西三里三賦云茗山鬬好

蒙山在縣西五里邑人支澤十日登高詩物外心情景外詩秋山行樂亦相宜百年天地渾多事九日壺觴又過時紅樹獨憐風落盡黄花休笑我來遲憑高北睇江湖遠捐珮重歌有所思

城山在縣西九里其山中卑四高宛如城堞吳伐越次查浦勾踐保此拒吳名越王城又名越王臺前兩峯對峙如門曰馬門元邑人朱時中詩本無聲利及葛菜男古何須問霸才百

越乾坤遺簡冊三吳風日蒲樓臺落紅流水潛蛟舞積翠空山去鳥回此地從知吞併後一犁春雨待人開

明朱純詩　越王臺畔偶躋攀喜得城中半日閒伯業已消嗟鳥啄仁風猶在憶龜山漁舟遠沒蒼茫外僧磬微鳴紫翠間最愛菊花山上月清光直送酒船還

釋懷讓詩　句踐已僊去浮雲伯圖空危峯兀立數千仞鰲背獨擁蓮花宮蒼苔小徑盤松入佳境迴與塵寰隔幾重山色鎖樓青一片湖光蕩簾白我昔尋詩佐上頭興動每與諸人遊雙鞋踏破石磴蘚雨耳聽徹濤江秋別來東風換啼鳥南浦新愁長芳草今朝携杖復登臨重與諸生散懷抱落紅飛絮正悠揚談笑陡覺詞源長吟餘倚崖忽倦臥衣袂都染芝之雲香覺來卻憶還山去孤鶴翩翩不能住一聲金錫振長空回首湘湖隔烟樹

箬山在縣西十二里

冠山在縣西十七里山形如冠有泉甚甘

明邑人來日升詩　捫蘿僊客遠流水石橋分一雨過秋寺千峯生白雲望窮迷野色沙遠見鷗群暮藹蒼茫外寥寥清磬聞

連山在縣西二十里屬長興鄉長岡九里舊經

秦始皇欲置石橋渡浙江今石柱數十列於江際傍有小山號石井山其井上廣下曲秉燭而入不盡數十級相傳謂妃子墓

琴嶂山在縣西二十五里 一名夏駕山在夏駕湖湖去海止數里

乾薑山在縣西三十里 半辦山在縣西三十里 歷山在縣西南三十里屬安養鄉 相傳謂舜耕處

石牛山在縣西南八十里屬許賢鄉 其北十里曰三臺山舊有臺三所又十里曰雲峯山又北東七里曰白丈山又北十里曰開筍山又西北一支曰靈芝峯山

大山在縣西南九十里屬長山鄉橫亘三都一名長山其南之最高者曰鏡臺山一名白石山又名筆架山許詢修煉之所巖曰玄度巖洞曰僊人洞巖洞出雲草木皆香可以療疾又曰百藥山溪口有僊人石唐王勃過之刻詩於上水涸石露乃見其蹟王勃詩崔嵬怪石立溪濱曾隱徵君下釣綸東有祠堂西有寺清風巖下百花春元朱時中詩松筠深護此層巔僊化徵君已有年千嶂白雲燒藥處一溪流水種桃邊洞秋雲去雨雷靜壇夜鶴歸星斗懸却笑浮生羈宦海就中難結坎離緣

州口山在大山北九里相傳錢王鏐欲置州於此以斧驗之其石軟脆斧痕留焉

龍門山在州口山北十里兩山對峙上有龍湫一曰大洪

山又北曰白峯山在縣南四十五里屬許孝鄉曰馬谷山其東一支曰紀山曰佳山北十五里曰杜同山在縣南七十五里屬長山鄉又東曰東山又北東十二里曰龜山在縣南六十里屬孝弟鄉又東曰郭墓山曰王峯山又北十里曰化山在縣南六十五里屬桃源鄉元張廷蘭龍門山詩何年鑿此混沌胎赤鯉躍出龍門開千尺高崖宿牛斗一泓碧水藏風雷歘陽六月焦下土河伯龍飛來共語願將一滴瀉天瓢明日人間三尺雨佳山詩會稽之山天下無宛如碧海浮蓬壺佳山一朶更奇絕半空湧出青芙蓉橫山在縣南六十里唐顧況過橫山詩祇見山相掩誰言路尚通人來千嶂外犬吠百花中細草香含雨垂楊閒弄風却尋樵經去惆悵綠溪中尖山在縣南四十五里屬桃源鄉蓬山在縣南四十五里峽山在縣南六十里山勢八面向江

白鹿山在縣南六十里世傳有僊人騎白鹿於此忽已不見故名

臨江山在縣東南二十里舊名牛頭山唐天寶中改今名諺云牛頭苧蘿一日三過謂舟行信宿猶經舊處也山南有石室見浙江通志

苧蘿山在縣南二十五里屬苧蘿鄉下有西施宅明唐之淳詩岩岩溪上山溪水清見石草木耀人目花葉有五色中有浣紗人窈窕世鮮匹越人幸見求將我至吳國舘娃爲我居長洲爲我域片言千乘輕一笑萬金直當時同浣者還顧鵰鶚隔越土日以辟吳步日以蹐君王徙甬東王貌亦淪寂夏訓戒色荒厲階詩所斥褒升宜臼廢已進比干黜忠胥惠有靈應爲茲山惜長洲戴冠詩溪上西施祠溪中浣紗石山靈欲亡吳生此妖冶色地非塗莘里人本褒妲匹誓雪

吾君恥甘心事讐國笑劍傾吳城女戎戲疆域褰衣畏寒露鐲鏤賜遺直歌舞樂巳酣忠諫路遥隔一朶宮花開三千水犀踣吳越兩丘土木落山寂寂伯業盡爲沼何用遠封斥事大孟軻取善戰春秋黜世變山依然徒令後人惜

烏石山在縣南二十八里

覺海山在縣南三十里

小山在縣南三十里

螺山在縣東十五里屬里仁鄉其形似螺明邑人蔡友詩十月登臨楓葉殘寺僧納稼未能閑水穿竹澗雙鳴碓蛛網茶亭半掩關碧海扁舟同吐沒白雲孤鶴共飛還松風滿路塵埃净誰擬携家入此山賈原善詩雲深野寺少人過一曲清江抱翠螺載酒重尋舊遊處古藤寒檜夕陽多

洛思山在縣東北三十六里屬鳳儀鄉輿地志云昔有洛人隨太尉朱雋來會稽三年不得返登山北望而嘆孔曄記云雋遭母喪卜塋此山請洛下圖墓師爲相

地師去鄉既久目極千里北望京洛號呼而絕因

㟴山嶺三賦云登洛思而思洛兮宋徐天祐詩路去蹉跎歲月深羈愁無奈故鄉心人生畢竟俱懷土莊舄當時自越吟元薩天錫詩登高復懷古路途極羊腸日斷雲天闊何由見洛陽

鳳凰山在縣東三十里郡志又云慈孤山

航塢山在縣東四十里越絕云句踐航三百石長於此山下負卒而渡故名

吹樓山在縣東四十里又名岵市山東一峯北二峯諸岫參差相並有似前後部鼓吹

龕山在縣東五十里其形如龕相傳爲錢武肅屯兵之所近年官兵於此破倭寇焉元薩天錫詩危峯插雲霄雷雨時大作上有白

龍宮中天起雷閣〔又〕拂衣登絶巔石磴漬苔紋鳥道懸青壁龍池浸白雲樹深猿抱子花煖鹿成群更愛禪房宿泉聲徹夜聞明汪淮詩巍巍航塢山萬丈凌虛碧上有千年不死之古松下有巉巖如人之怪石我來探古登高丘剛風灑鬢寒颼颼脚踏丹梯入雲冷手捧日月空中遊語笑風隨桂花落天香散作人間秋適從澗底拾瑶草於馬便欲之蓬島僊人餌我金霞丹駐我容顔不衰老他年化鶴歸去來山下紅塵空擾擾闤闠尚文詩吟蹤偶滯留極目海邊州江闊天疑没潮喧地欲浮年華同逝水身世若虛舟聽徹嘔啞笛殘陽滿戍樓〔葉金誠〕龕山何崢嶸千峯矗天表望海思森茫臨崖欲敧倒藤蘚絡錦文虎豹斲秋草瑰奇殆萬狀觸目景俱好我來坐忘歸修竹聞啼鳥絲管何足聽軒冕未須寶此地即蓬瀛那復求僊島何日構衡茅宅猶以終老

鱉子山在縣東北二十五里與赭山對峙又云鱉子門

玉頂峯北幹之巔霧樓峯在木尖山山高霧月故名

巔柴嶺在西山中徑　碑牌嶺在西山南徑王孫墓碑在故名　長嶺在木尖山東　響鐵嶺在石牛山東徑抵富陽縣　狼嶺在雲峯山北　黨旗嶺昔有鄉兵結黨豎旗以拒寇故名　黃嶺在百藥山西黃巢屯兵之地　豪嶺在玉峯山東南

石雞籠石在峽山石有紅影畧似雞形又曰金雞影山　紅粉石在苧蘿山　望夫石在鳳凰山石崖之間有望夫石上紅下綠陰雨望之儼如婦形世傳其夫溺於海登山瞻憶因化爲石　馬蹄石在龕山石有馬蹄故名

江

浙江在縣西十里　其源自南直隸徽州黟縣來經富陽縣一百五十里入縣境北轉海寧入于海以有曲折之勢故曰浙江又名淛河莊子云浙河之水是也又江之西爲錢塘縣曰錢塘江江之中有羅刹

石曰羅刹江縣八景羅刹潮聲即此石巉巖數破舟五代時潮沙漲沒至今不見又有定山曰定山江定山亦名浙山今蓋屬錢塘縣潮衝山即回梁任昉濟浙江詩昧旦乘輕風江湖忽來往或與歸波送乍逐翻流上近岸無暇目遠峯更興想綠樹懸宿根丹崖頹久壞劉孝綽渡浙江詩秋季弦望後輕寒朝夕殊商人泣紞扇羽客夢羅襦憂來自難遣况復阻川隅日暮愁陰合繞樹噪寒烏濛漠江烟上蒼茫沙嶼蕪解纜辭東越接軸騖西徂懸帆似馳驥飛棹若驚鳧言歸游俠窟方從冠蓋衢唐孫逖夜宿浙江詩扁舟夜入江潭泊露白風秋氣肅索冨春山渚潮未還天姥岑邊月初落烟水茫茫多苦辛更聞江上越人吟洛陽城闕何時見西北浮雲朝暝深孟浩然濟江問同舟人詩潮落江平未有風輕舟共濟與君同時時引領望天末何處青山是越中薛據西陵口觀海詩浙江漫湯湯近海勢彌廣在昔坯混凝融為百川泱地形失端倪天色潛滉瀁東南

際萬里極目迷無象山影乍浮沉潮波忽來往孤航或不見棹歌猶想像日暮長風起客心空振蕩浦口霞未收潭心月初上林輿幾遭迴亭皐時偃仰歲晏訪蓬瀛真遊非外奬劉滄浙江晚渡懷古詩蟬噪秋風滿古堤荻花寒渡思淒淒潮聲歸海鳥初下草色連江人自迷碧落晴分平嶂外青山晚出穆陵西沙邊一見垂絲者却憶舊居明月溪盧綸渡浙江詩前船後船未相及五兩頭平北風急飛沙捲地日色昏一半征帆潮浪濕宋元遺山江漲詩江晴千里赤一雨亘屋敢浙故以江名恭與衆壑會初驚沙石捲稍覺川谷隘雷風入先驅大塊供一噫千帆鼓前浪萬馬接後派崩崖不暇顧拔木無留礙憑陵如藉勢洄伏各有態乍分乍合徐怒觸忽碎壞雲蒸楚樹杪雪映商嶺背髣髴千丈潮恍與海門對傾飛鬭蛟鼉然犀出鱗介五侯當陰族萬首露光怪翠蕤澹偃蹇鉦鼓亂礌磕求懷疏鑿力重歎神禹大乾坤海爲壑未得變橫潰納汙非無處流惡聊自快投詩與龍盟滌蕩煩

浦陽江又名小江東去縣四十里東南去縣一十五里南去縣三十里其源出金華府浦江縣北流一百餘里入諸暨縣與東江合流至官浦浮於紀家滙東北過峽山又北至臨浦注山陰之麻溪北過烏石山曰烏石江又北東至錢清鎮曰錢清江即劉寵投錢處也又東入於海今開蹟堰以通上流塞麻溪以防泛溢而江分爲二明高啓泊錢清江詩夜辭西陵鋪霜谷候叫歌津卒未具舟天險不可越漁商雜候渡寒立沙上月蒼烟隱遙汀益覺潮長闊開橈散鷺島海色擺初發朧朧前山來稍稍後嶺沒中流聞鼓角隔岸見城闕客路得奇觀臨風悶俱割又錢清渡頭船夜開黃茅苦竹聞猿哀客官釃酒水神廟風雨滿江潮正來蒸飯炊魚坐篷底不覺舟行兩山裏棹歌早過越王城東方未白啼鴉起

洧漁浦在縣西南三十五里十道志云舜漁處也晉謝靈運詩宵濟漁浦潭

梁丘希範早發漁浦詩漁浦霧未開赤亭風已颺櫂歌發中流鳴榔響蹐障村童忽相聚野老時一望詭怪石異象嶄絶峯殊狀森森荒樹齊淅淅寒沙漲藤垂島易陟崖傾嶼難傍信是永幽棲豈徒暫清曠坐肅昔文委卧治今可尚唐常建詩春至百花緑陂澤茸鵁鶄別家投漁翁今世滄浪情樞苧爲緼袍折麻爲長纓榮譽失本真怪人浮此生碧水月自闊安流静而平扁舟與天際獨往誰能名陶翰乘潮至漁浦詩艤棹早乘潮潮來如風雨樟臺忽已隱界峯莫及覩崩騰心爲失浩蕩目無至豚燼浪始開漾漾入漁浦雲景共澄霽江山相吞吐常哉造化靈此事從終古流沫誠足誡高歌調易苦頗因忠信全客心猶栩栩潸閬經漁浦渡詩漁浦風水急龍門烟火微時聞沙上鴈一一皆南飛宋陸游詩桐廬處處是新詩漁浦江山天下稀安得移家常住此隨潮入縣伴潮歸漁翁持魚入舷賣烱烱緑瞳雙臉丹我欲從之逝已遠菱歌一曲暮江寒明王㫤詩十八里河船不行汀頭日

日問潮生未同待詔于金馬鄉異看花在錦城萬里春風歸思好四更寒雨一燈明故人湖海襟懷古能訴舊時鷗鷺盟

峽浦在縣南六十里

臨浦在縣南三十里即浦陽江水所經

捨浦在縣東南十五里

陸家浦在縣東三十里

河

運河在縣治北自西興鎮東至于縣又東北至于巨塘又東南入于錢清江長五十里明王穉登客越志西興買舟已在蕭山境上此地舟行如梭捲篷蝸居不可直項挿一竹於船頭有風則帆無風則繂或擊或刺不間晝夜十里抵蕭山聽潮樓甚偉日暮過渕溪山川映發水木清華陂深堰曲清波蕩漾數十里皆作碧瑠璃色新田綠漲若佛衣參差十樹一村五樹一塢門扉隔竹人面半綠憶吾鄉義興卷畫溪長若衣帶遊者比之武陵桃源而此處居人意殊不覺所謂司空見慣耳吾宗子敬謂應接不暇良非過稱宜乎晉代名流考槃相望今其遺墟尚在精靈何之不知可能騎鶴翩翩雲中下來也按蕭山至

郡城不由剡溪味其所叙景物似是
柯橋錢清處諸溪流瀉入運河耳

西河去縣西一百五十步正德志云南通崇化諸
鄉之水北通運河嘉靖志增云東西兩岸相
去約三丈按舊志原無丈尺增者不知何據萬曆
間邑人執此以東岸填淤告經司道郡守蕭良幹
帖縣勘詳儘
岸仍業案證

塘河在縣南一里北抵蘇家潭南抵白露塘

菊花河在縣南一百步受衙衢之水南注蘇家潭今填佔湮塞

新河在縣東六里陣河在縣北十三里蘆康河在縣北七里

湘湖在縣西二里四面距山鉄處築堤障水別無民田
跨由化夏孝長興安養新義崇化六都之地周八
十二里中計三萬七千二畝溉九鄉田一千四百

六十八頃泄水穴十有八處詳見水利宋釋如蘭詩藕花風起晚凉多高擄柴床聽棹歌芳草不歸支遁鶴白沙惟見右軍鵝人家隱隱連桑梓僧梵悠悠出薜蘿今夜湖中好明月相思共奈故人何明劉基詩君山洞庭隔江水彭蠡無風高浪起明窗曉晴圖畫開輿入相湖三百里浙江兩岸山縱横湘湖碧遶越王城越王城荒陵谷在古樹落日長烟平遊子天寒孤棹遠七十二溪飛雪滿浩歌不見滄纓人沙鶴野猿相對晚湖東雲氣通蓬萊我欲從之歸去來蛟鼉塞川陸有虎兩臂無力今人哀魏驥詩百里周圍注湫荣龜山遺愛許誰忘水能蓄潦容千澗旱足分流達九鄉荇帶荷盤從取市蓴羹芡實任求嘗邑侯鄉老休輕視圩岸時須督有方府訓導戴冠詩宋興地瀕海浙東一津臨中有百里湖風激水洶汰修築本龜山其功亦允大灌溉資九鄉東西雜溝澮蓄洩無旱潦田野多滯穗豈但足衣食子孫亦多賴維府秋漸深霜降水痕退魚遊青鏡中鴈落長汀外斜陽蕩微波萬頃金鎖碎田家酒初熟倚岸出青旆風景如此佳水利未應廢湖上

龜山祠居民時拜酹誰能繼前修頗有文靖[illegible]

漁詩湘湖蓴菜大於錢千頃鷗波可放船一曲竹枝歌未了水禽飛散夕陽天郡守戴琥詩湖上春風雨作晴湖中風景最關情雲山掩映尚書墓石磴縈廻伯主城二十四塘春水足八千餘畝晚田成循環導引均施利石刻先賢有法程

落星湖在縣西二十三里屬夏孝鄉　周二十里溉田一百餘頃舊經云後漢漢安二年星隕湖中

白馬湖在縣西二十里　周二十五里溉田百頃舊有石姥祠又名石姥湖

淨林湖在縣南十里　一名杜湖周一十里溉田五十餘頃

瓜瀝湖在縣東四十五里屬鳳儀鄉　一名臨江湖周五里今爲田

童湖在縣東四十里紹定間資利寺僧議作田一頃一十餘畝

牧馬湖在縣東四十里溉龕山村田二十頃

女陂湖在縣南二十里屬來蘇鄉一名孔湖溉田二百餘畝

厲市湖在縣南十二里周三里溉田三百畝

通濟湖在縣南三十里屬苧蘿鄉周一十里溉田一萬畝

清霖湖在縣南二十五里

周家湖在縣南三十里周五里溉田六十九頃二十七畝五分二釐廢久嘉靖間里民王宸呈議令林策始改正之

楊家湖在縣南五十里屬孝悌鄉周二里溉田八十五畝

桃湖在縣南六十里今爲田三千畝屬桃源鄉

大小湖在縣南六十里周九里溉田九頃

干湖在縣南六十里一名游湖周二里溉田二頃六十畝

徐安正湖在縣西四十里屬長興鄉周一十五里溉田三十頃

詹家湖在縣西二十五里周二里溉田五百畝

梓湖在縣西三十五里墾田九十六畝

涝湖在縣東十五里其灘淺遇淫雨旋溢旋退屬由化鄉

卸湖在縣西三十里屬新義鄉周二里溉田一百五十畝

戚家湖在縣西三十里與湘湖接一名莊湖墾田二百餘畝

後山湖在縣東南二十七里今屬山陰縣　馬社湖在縣東南二十五里屬山陰縣

西陵湖水經注西陵湖亦謂之西城湖湖西有湖

城山東有夏架山湖水上承妖皐溪而下注浙江又逕永興縣按新舊二志皆不收此湖而府志採入必有所據然詢之耆舊莫知所在錄之以俟參考

溪州口溪在縣西南九十里 夏家溪在縣西南六十里

溪口溪在縣西南六十五里即州口溪分流

泉酒泉在淨土山之麓宋郡志云縣務釀酒取汲於此

佛眼泉在城山石上兩竅通泉圍不踰杯深不盈尺冬夏不竭

洗馬泉在城山山半有池曰洗馬泉中產嘉魚越拒吳棲於城山吳饋越之水以鹽米在饋越取雙

魚答之遂解圍去宋華鎮詩兵家制勝舊多門贈答雍容亦解紛緩報一雙文錦鯉坐歸十萬水犀軍

香泉在石巖山嘉靖中知府洪珠書香泉二字鐫于池畔石崖

乾薑泉在乾薑山山北有泉冬夏不竭清潔殊異越王以之造薑故名

井金泉井在浄土山麓其色瑩潔今蠶繅者多用之

潸泉在碑牌嶺下

白龍井在航塢山山巔有湫曰白龍井井畔有古寺天旱禱於此如雲覆山巔必雨

白龜井在社稷壇左石竇中積水清澈相傳至正間遇

旱祈之有白黿出故名今禱亦應

池

荷花池在縣北一里北幹山之麓

潭

蘇家潭在縣南一百五十步

瀆

祖瀆水經云浙江又東逕祖塘謂之祖瀆昔太守王朗拒孫策數戰不利孫靜果說策曰朗負阻守難可卒拔祖瀆是要道也若從此出攻其無備破之必矣策從之破朗于固陵祖瀆今無所見姑存其名以俟考

潮汐

海潮晝夜凡再至朝曰潮夕曰汐卯酉之月特大於餘月朔望之後特大於餘日大即洶湧卬高十餘丈其非時而大者謂之海溢又夏則晝小而夜大冬則夜小而晝大俗謂潮畏熱畏寒云

凡水之入于海者無不通潮而浙江之潮獨稱奇初來僅若一線漸近則漸大頭高十數丈亘如山嶽奮如雷霆銀崖横飛雪檻層起噌吰澎湃觀者目眩渉者心悸漢枚乘七發所云觀濤乎廣陵之曲江即此枚爲吴濞郎中浙江時正屬吴易吴曰廣陵浙曰曲騷客語固然每八月十八日遠近人聚觀之善泅者泝濤出没謂之弄潮

其候初一十六日子午未初二十七日丑未初初三十八日丑未正初四十九日丑未末初五二十日寅申初初六廿一日寅申末初七廿二日卯酉

初初八廿三日卯酉未初九廿四日辰戌初初十廿五日辰戌未十一廿六日巳亥初十二廿七日巳亥正十三廿八日巳亥未十四廿九日午子初十五三十日午子正杭人有爲詩括之者曰午未未未申申卯卯辰辰巳巳巳午午朔望一般輪此晝候也夜候則六時對衝其大槩如此元吳亨壽論潮書狀

本月之體月本水之精月與水一而已矣月一晝夜凡一加子午故潮一日再生月一日退天十三度十九分度之七故潮日遲於一日所以初三之潮晝遲而入十八之夜十八之潮夜遲而入初三之晝也一月之間生明生魄潮亦載盛焉生明之潮則自前月二十六長水謂之起信歷晦朔至月三日謂之大信初四潮勢漸殺謂之落信歷上弦至月十日謂之小信生魄之潮則自十一始長然

望至十八而盛自十九始殺歷下弦二十五而衰其起落大小之信亦如之天下之至信者莫如潮生落盛衰各有時刻故曰潮信月於一月之間漸遲而縮一日潮於兩信之內漸遲而縮兩潮秋月最明秋潮最盛亦其理然也或曰月之說然則潮之候亦宜月半以前由微漸大月半以後由大漸微今乃於明魄之生兩盛焉何哉曰月一月一周天而一日之內則一加子一加午者也潮於月加子午之時一日再至故亦於月生明魄之日一月再盛月之一潮之再若不相似而實相感召非深於理者未易語此龍圖閣直學士燕肅著海潮論畧曰日者重陽之母陰生於陽故潮附之於日月者太陰之精水者陰故潮依之於月是故隨日而應月依陰而附陽盈於朔望消於朏魄虛於上下弦息于輝朒故潮有大小焉今起月朔夜半子時潮平於地之子位四刻一十六分半月離於日在地之辰次日移三刻七十二分對月到之位以日臨之次潮必應之過月望復東行潮附日而又西應之至後朔子時四刻一十六分半日月潮水亦俱復會於子位於是知潮當附日而右旋以月臨子午

潮必平矣月在卯酉汐必盡矣或遲速消息又小異而進退盈虛終不失於期矣或問曰四海潮平來皆有漸唯浙江濤至則亘如山岳奮如雷霆水岸橫飛雪崖傍射澎騰奔激吁可畏也其理可得聞乎曰或云夾岸有山南曰龕北曰赭二山相對謂之海門岸狹勢逼湧而爲濤耳若言狹逼則東溟自定海吞餘姚奉化二江侔之浙江尤甚狹逼潮來不聞濤有聲耳今觀浙江之口起自纂風亭北望嘉興大山水闊二百餘里故海商船怖於上潬惟泛餘姚小江易舟而浮運河達于杭越矣蓋以下有沙潬南北亘起隔礙洪波蹙遏潮勢濁浪推滯後水益來於是溢於沙潬猛怒頓湧聲勢激射故起而爲濤耳非江山淺逼使之然也宜哉燕公以大中祥符九年爲廣東提點刑獄又嘗知越州移明州故能究論其詳如此明金華趙子潮觀潮賦有客來自山中觀潮乎胥江之滸時值中秋蓐收司矩涼風蕭條木葉盡下濤頭北來日正當午其遥望也倏焉如長虹之貫天儵慘焉若愁雲之閉吳楚白馬起立素車如舞隱隱兮走太行之轍馮馮兮鳴昆陽之鼓其小進也如踊如騰如沸

如羮地軸震動雪嶺爲傾石觸之而墮岈觸之崩踵不得移盻不及停威風漸息餘怒已平若雲霧之乍捲見天宇之朗清極天下之壯觀紛可喜而可驚山中之客駭此奇觀旋舟遡嚮郎錢塘主人而問焉余之居山也嘗觀於水矣高者爲瀑流者爲溪斷者爲港深者爲池遇石爲瀨受風成漪以爲水之能事止於斯矣豈知江流之浩渺變化之神機忽然而盈霅然而虧朝潮夕汐晷刻不移且江漢之與溪澗同是一水其形容之異有如此者此余之所爲疑也主人曰噫嘻水德靈長五精之初貫通天津負戴寰區天機翕張有盈有虛譬如元氣包絡形軀往來消息一吸一噓雖大小之有異差理氣之何殊若夫隅以修岸限以長隄是雖得水之名不能與元氣相通亦其勢然也客又何疑乎客曰吾聞之海賈瀛渤之大浮游汗漫汐落而不涸潮生而不泚是豈有修岈之隔長隄之限胡爲乎此江之潮乃獨如是之悍也主人曰子之言似矣而實非也海之爲海其東無東其西無西載坤軸接天倪雖元精之開合人不得而知也江之爲體海之餘支溲流涓涓止於江滑蛇行蚓

走百折委迤及其入江也海門峽之流沙撞之是以擊而爲浪如鮫之馳如電之掣如鴻之飛蓋物不激則不怒變不極則不奇此殆非水之恒性乃激搏之所爲容文何疑乎予之言善矣抑吾觀之於人亦將有感於斯負陰戴陽並稱三才朝而嘻嘻夕而怡怡不知乾乾之夕惕乃放逸乎四肢是以墮啓悱發足爲進學之基貧賤憂戚足爲玉成之幾然則吾之觀過有取於觀水之辭拜手主人欣然忘歸

唐李太白詩 浪打天門石壁開海神來過惡風迴浙江八月何如此潮似連山噴雪來

劉禹錫詩 八月潮聲吼地來潮高數丈觸山回須臾却入海門去捲起沙堆似雪堆

羅隱詩 怒濤洶洶勢悠悠羅刹江邊地欲浮漫道往來存大信也知翻覆向中流任拋巨浪疑頹嶽猛過西陵似有頭至畢朝昏誰所掌好騎赤尾問陽侯

宋餘慶詩 木落霜風天地清空江百里見潮生鮮飈出海魚龍氣晴雪貫山雷鼓聲雲日半陰川瀲滿客帆皆過浪難平高樓曉望無窮意丹葉黃花繞郡城

宋范希文詩 何處潮偏盛西陵無與儔誰能問天意獨此見潮頭海浦吞來盡江城打欲浮勢雄驅島嶼

聲怒戰貔貅萬疊雲纔起千尋練不收長風方[illegible]浪一氣自横秋高岍驚先裂群源怯倒流騰変大鯢化浩蕩六鰲遊北客觀猶懼吳兒弄弗憂子胥忠義者無復巨川舟把酒問東溟潮從何代生寧非天吐納長逐日虧盈暴怒中秋勢雄豪半夜聲堂堂雲陳合屹屹雪山行海面雷霆聚江心瀑布横巨帆連地震群楫望風迎躊若蛟龍鬪奔如雨雹驚來知千古信同見百川平破浪功難敵驅山力可并伍胥神不泯憑此發威聲

蘇軾詩　江神河伯兩醯鷄海若東來氣吐霓安得夫差水犀手三千强弩射潮低萬人鼓噪懾吳儂猶似浮丘老阿童欲識潮頭高幾許越山無數浪花中

元倪仁近詩　一痕初見海門生頃刻長驅作怒聲萬馬突爲天鼓碎六鰲翻背雪山傾遠朝魏闕心猶壯直上嚴灘勢始平寄語吳兒休踏浪天吳罔象正縱横

貝廷臣詩　山椎峅折晝冥冥動地西風帶蜃腥滄海倒流呑日月青山中裂走雷霆欲招白馬今無迹莫信神魚尚有靈一氣虛空自升降乾坤與我亦浮萍

明張經詩　浙江八月看潮生近水樓臺綺席横遂有旌旗迎畫舫始知車馬望蓬瀛好山不

蔡朝刊

逐浮雲改伯業長隨一羽輕回首宋家宮闕近誰將雞酹酎荒城韓祺詩滄濱東下衆流瀦一線橫牽百里餘消長豈隨鯨出沒吐吞還共月盈虛滿江雪噴青天外震地雷奔落照初況是桃花春浪暖禹門爭看化龍魚

城池

蕭衙邑也間於吳越舊未有城城成而島夷至民賴以寧城之功其大矣哉或謂決錢塘之水可以灌城城蓋不足恃云曰此大盜之智也小寇則不然有小寇吾嬰城以守有大盜吾盡江以守茲固永無患矣

舊經云周一里二百步高一丈八尺厚一丈一尺

久廢嘉靖三十二年知縣施堯臣始剏建周圍九里高二丈五尺濶二丈二尺城門四東曰達台南曰拱秀西曰連山北曰靜海各設月城以重衛之門之上各建有樓（樓上下計六間）東曰近日南曰拙政西曰聽潮北曰連山雉堞二千五百八十有五舖舍二十有三下設水門三以通舟楫東曰派入三江南曰清比郎官西曰越臺重鎮內設巡警廳四（在各門內廳各三間）外設吊橋四（在各門外其長皆丈餘）四望臺一（在北幹山上築城爲之城周圍二十三丈三尺高一丈八尺闊一丈二尺雉堞六十有一西爲門內有廳旁三間中設真武像以武佑廟道士無主之）城外地因取土築城遂以爲

濠各深一丈五尺廣三丈長總計一千五百九十一丈五尺

令施堯臣叙建城畧蕭山舊未有縣自唐儀鳳始割地爲永興而天寶易以今名歷千餘年未始有城自嘉靖二十九年賊由鱉子門一至西興倉卒殺人莫可隄禦而築城之議起矣然公私無積貲隨議隨寢及余作縣之明年黃巖煨燼又明年上海殘破吳越之間殆無寧日會巡撫王思質翁巡按趙劒門翁至復舉是議余遂力陳其事之不可已而民之不足以堪也蒙二翁許發司府之積貲助之余乃歸與邑人度其規制計其工價定其賦分以之請諸二翁二翁可之因爲請諸

朝朝允之而旬月之間遂翕然舉事矣城基約地九里有餘週圍共一千六百八十丈邑該逓年一千四百名人各分工一丈二尺料價出於官人給銀二十五兩三錢工食令其自辦以有餘補不足約每工費銀六兩其工食之費頗繁則擇城中之殷實者任之以其得享有城之利故也中外俱用石版而腹內則以亂石和土築之基下俱用松樁

而遇有河池則仍以石版疊砌俟與地平然後築之城中留路一丈二尺城外留路四丈城河三丈連城共佔毀過民地十丈四尺照畝給價該地一百五十畝共給過價銀六百八十兩工興於癸丑冬十一月完於甲寅春三月蕭民好義而善幹故其敏事有如此通用過銀三萬七千五百兩而王趙二翁大發司府之積亦遭逢之幸也估毀田地稅糧則洒派於通縣田帶徵於田地帶徵於地也守城之法止以城中居民編爲保甲計宅抽丁已自有餘蓋置軍未有不擾民者恐非邑之所能堪也嗟夫蕭山介乎吳越之間而據有鱉子門之險西屛杭城東藩府治進可以扼賊人之衝而退可以邀其歸路宜其有城久矣何俟於今日耶蓋紹去杭不遠兩郡俱有金湯之固故置蕭山於度外豈知守險者不在城中保土者當盡封內蕭山雖紹興邊地而由來爲戰場勾踐棲城山以破吳武肅屯固陵以享國杭紹有警蕭山卽首事之地也豈可以其小而忽之耶千古所無舉於一旦甚矣作者之難後之君子幸勿可輕於議廢也山陰何

鰲新建縣城記畧蕭山縣界在錢塘大江之濱西

與杭城對峙又爲浙東首邑凡往明越天台者必經焉所謂吴越之要區者也其不可無城也必矣廼者倭夷弗靖犯及縣界士民相率而懇於施侯施侯慨然從之達於分守聊城許公東望分巡豫章余公爌太倉凌公雲翼又轉達於撫臺太倉王公忬巡臺劒州趙公炳然皆是之二公者又上其議於

朝朝議俞允遂檄施侯董其事出藩庫銀若干府庫銀若干縣邑税畝銀若干八甲徵役銀若干共三萬兩有奇不加賦不再籍而木石工力之費舉矣率每里役築城一丈二尺給值二十有五兩有奇分工召商百堵皆作城陸有四門水有三門其上下内外皆甃石爲之城門上有樓樓下有廳皆壯偉堅緻則又分委於坊役及城中富民之賢者計勞償值不假督責而歡呼從事早作夜思不廢邑政雖聽訟督賦芟舍城上由是民力益勸城高二丈五尺厚二丈二尺而少鋭其上週廻一千六百八十丈爲里九里一百二十步興工於癸丑年仲冬訖工於甲寅年仲春凡四閱月而告成工莫有速焉者矣四方過而見者莫不稱嘆謂自浙以

東郡邑之城郭莫若蕭山豈惟浙東哉雖浙西亦恐莫是過也施侯經理之功賢能之實不可殫述亦將與斯城而同垂於不朽矣適城完遷吏部驗封司主事池之青陽人登庚戌榜進士其佐是役而均有勞者則縣丞萬鵬主簿張塘典史王元貞云邑人黄九皐建城記畧蕭山濱江設縣拱衛省治控制東南諸夷浙東之咽喉也嘉靖壬子春黄巖鄞姚被海寇患而癸丑尤甚請設都憲節制浙閩軍務便宜行事而思質王公開府之始首主城議華江施侯乃身任之旦夕率僚屬躡山涉水而經營焉爲陸門四爲水門三東盡民居南包黌校西倚西山北依幹山其間跨山者二跨河者十歷池浸者十有二撤民居者二十有五謂泛役不可以責成也計里排而均授之領直輸材各有定地謂市民稍便於工役也計產積而優禮之營高塡深各恭一事謂熙載必賴于董察也鳩萬丞鵬督東南隅張簿塘督西北隅其東北隅則王尉元貞督之簡修董隋罔敢或後其所命名無過托物自況因文寓意施侯意向之高律己之絜可想見矣人見嶽聳雲連瑆城壁立過客眩目妖夷奪魄以

爲斯城之殊觀也而不知心思勞于晨夜精神疲于酬答足力健于步趨勸相煩于言説民力憫其艱辛帑藏慎于給發未有繪侯苦心悴容于城表者侯去于甲寅五月是年海寇犯蘇松嘉湖越幸無事莫識城居之樂及今乙卯五月大舉入寇海上夷航殆遍島嶼六月廿三日賊突城下見我有備相顧駭愕而遁蕭人方知保障之功附華亭陸樹聲撰思質王公建城去思碑記國初信國公經畧東南瀕海郡縣建城連堡烽堠星列備倭夷警也維蕭山負省郭爲會稽右輔襟浙水而環甌剡台明稱腹裏地已值階平海晏靡罹兵火幾二百禩曷壘而城哉粵自嘉靖戊申倭夷掠貫舶上海門抵錢塘覘虛實去自是海上已擾擾多事矣

世宗皇帝日厪東南憂必得重臣而才者撫之乃可思質王公膺簡命廵撫浙江廣諮詢豫儲胥爲禦守計城倭囚所必繇道如干所補信國部也已乃廵部渡江而東登蕭然山四顧慨曰江壖爾胡弗城哉藉第令虜復掠貫舶上此其居停也省將柰何若城則可清野拒守間出奇覆之矧上下潮汐虜能久乎此所謂扼險扼吭也城之便是時邑令

施君謝以勤衆公曰孰與屠剎又謝以詘費公曰
孰與罄擄若謂予拙顧獨不能支藩帑羨以舉事
乎規畫不無相煩工費我自任也於是施乃規畫
上狀公而公輒餉帑金二萬三千兩費以故省尾
冬春仲而石城峩峩就功屹爲浙東省鎮是時嘉
靖癸丑也明年倭因冦黃巖襲臨山卒蟻於柯橋
柯橋距蕭五十里而近蕭獨馮城無恐又明年官
兵圍賊於蕭之新林倭僅六十四人竟突圍去轉
戰且千里至擾留都旋而後殲於吳江何狡驚也
比突圍時睨蕭城辟易不敢近此其大者也其他
小警愈益無虞矣於戲誰功哉誰功哉曩余被召
道出丹徒丹徒尹何子世學蕭人也曾語其事今
年門人黃子世厚持其先大夫竹山公所著施侯
城記過余遂恐輿人頌德王公創建者如此已復
圖尸祝公而請記於余余曰聞醜貴吶揚美務速
者未盡復即有感者竟權於勞者口邪抑或公羅
王公已德於蕭三十年久矣乃今始頌之何豈勞
非辜時當事者耳目布方內顧惴焉重累公而咋
其舌也今當事與耳目已俱盡且未佚又忘一勞
毋思初惟始輙胥與撫掌譚功實邪竊意公爲是

役而三懿萃焉夫既創而城悔在後事公則先幾而防豫操斷而立成無後悔焉一蕭省城咽喉也城蕭不當爲蕭且爲省治設一管鍵則據要害而當也二且費不下煩役不偏勞故弗叢城漕獨行之歎三用是三懿匹信國以傳千百歲頌祝詎曰幸哉顧聲于三紀後者豈騰懋者不驟與昔寇萊公司戶雷州也以具贍爲父母故焚修而生枯今公惠豈直雷等而蕭人奚啻焚修也矧萊公不白於既沒而公顧自而爵秩美萊公罔後人而公長君元美次君敬美文梅雙璧踔歗筍軒裳灑然爲兩道民時論實倚重焉冢孫士騏已解南國進固難量也越萊公什伯與夫蔽芾之棠衣冠之孟尚足繫思況公有後若斯則千百禩後凡頌城蕭者必曰王公頌王公者必曰當今某賢某賢之先世也然則公之音容神爽依然在人俯仰間俎豆又其末也余與公爲同年友公爲人不矜名閥而邃經術又諳於當世之故是以按順天撫薊遼所至輒有聲咸以長城視公獨蕭人頌祝乎哉然獨惜其偶勳未竟而遭讒也顧彼讒者黿忽過矣乃公獨得隆隆然渺之石埀不磨焉

小南門在西南隅嘉靖四十三年邑令趙睿建初施公築城止四門西南隅當儒學前湫隘厄塞堪輿家以爲面墻將不利於科目士大夫亟請于趙趙乃闢之曰文明門已而科目不絶往來之人亦稱便云

越王城在城西九里夏侯曾先地志云吳王夫差伐越次查浦越立城以守查吳作城於浦東以守越今城山是其地也

浙江南路西城越絶書云范蠡屯兵城也

西陵城在西興鎮蓋吳越武肅王屯兵之所今城基在

楊芳刊

明化寺之北居民猶有得其斷磚遺甓者

錢清城元末張士誠守將呂珍所築圍跨江南北東西兩頭作木柵爲浮城於江面下通舟楫今廢

古蹟

項余祀龜山先生祠因陟淨土之巔詢所謂望湖亭則荒基漫漶不可識但見磴道歷歷猶堪舉武也予爲低徊久之曩過秦君里徒沿其名宅竟不知何許若吳越兩山亭僅碑記詩歌盈帙今安在哉爲志古蹟

古蹟通凡二十有九吳越兩山亭在北幹山玉項峯 朱景德

四年令杜守一建題曰知稼亭元令尹性修之跂
令名尋廢嘉靖十七年令蕭敬德重建十八年郡
判周表踵成之今廢爲四望臺元國子助教貝廷臣記蕭山嘗刻於
兵吏于土者率傳視州縣無堅守意官舍民廬壞
而弗治尹侯本中始至德刑並施安輯流亡歲登
時和疆埸既固百廢具興乃築亭于北幹山巔以
爲泄煩宣滯之所題曰吳越兩山亭蓋自天目而
來其支別爲岸江之山凡屬於吳者飛舞欄楯之
外自秦望而來其支別爲岈海之山凡屬於越者
環繞窓戶之間攢峯疊嶂重岡複嶺或起而伏或
斷而續大者如宗卑者如介靡者如奔隆者如矗
缺者如鑿銳者如削旋者如顧拱者如揖出奇獻
秀戟列筆立不可具狀考之紀載越之始封北至
禦兒則錢塘亦越也吳勝越而取之然吳卒爲越
侖越卒爲楚侖皆不能有其地慨想夫大禹之勤
太伯之讓高風偉績炳然在宇宙而不滅者如彼
後之人顛覆而不祀者又如此悲夫今侯以鳴琴

之暇登斯亭也豈將攬兩山以寓懷古之思而已耶其亦觀山之不遷也思固其守觀山之峻而極于天也思崇其業觀其出雲而雨六合思濟其澤於民其庶幾乎提學楊維禎記按古吴越東南百粵之國皆在斗牛分野淮海之間爲吴分自豫章東會會稽南逾嶺徼爲越分又按夫差增越封東勾甬西檇李南姑末北平原從橫八百里悉以屬越後越并吴則無有其地六世無疆楚威王盡取吴故地考列王以吴封其國相春申君秦并天下以吴越地爲會稽郡項羽封英布九江王漢淮南封王子長及兄子濞以上三國盡楊州之地吴與會稽皆在封域中至東漢末建間始以浙江西爲吴郡以東爲會稽郡今所名吴越兩山僅以浙東西者言之耳否則古吴越際齊楚而跨島夷蠻者亭之日力能窮而盡之乎若試與尹大夫談若名山於吴越者東眺塗山神禹氏走諸侯之玉帛而猶有刑塘以誅者何乎惡不可以化率乎宛委遁閣之闕今亦有玄夷使者之獻而百川可理者乎苗爲祖龍望蓬萊之所其鞭石以駕海者亦可以威力迫之乎東山晉文靖公之故居小草一出微

幼度八公草木之捷其能保江東正朔不繫苻秦乎
西眺姑胥臺髙見三百里而猶不見洩庸之兵在
來溪乎施旦禍水果能治水之國乎陽山食櫓偷
生比常膽食戡者何如也石鼓鳴壘以十兵兆孫
恩之亂其果誰兆乎包山石室之藏孔子決之爲
禹文聖人之言亦不輕以詔人乎竄窿秦魚吏托
赤松子之蟬蛻吾將訪張留侯之所從者尚可得
而迹之乎龍飛鳳舞之形勝覇有十三州者未足
以應之而聚於炎運百五十年文物之盛者其遂
衰歇已乎是皆吾慨古君子之所遇者吾觀尹大
夫發覽之餘見於笑咏類有感慨悲歌之風吾異
時過越憩亭相與釃酒賦詩其於兩山悠然兩得
慨然而感者有以告我始豐徐一夔記瀬浙而縣
者東有蕭山西有錢塘按輿地志二邑皆古越地
自漢順帝肇置吳郡限以浙水錢塘入焉後之人
遂指浙以東爲越以西爲吳而自唐以來騷人墨
客率稱二邑之山爲吳山越山云吳山則遠自天
目飛馳而下若龍驤鳳翥於虎林之區越山則近
自湘湖分布而出若星離綺錯於會稽之陸而浙
江則波濤洶湧潢瀁汗湧風飄浪船上下若雲涉

輿水馬往來若蝗而界乎兩山之間故在茲山之杪以望浙西諸山而想五代錢氏之保有南渡六帝之偏安亦猶行乎淮甸而望江南諸山見鍾阜之岩嶤石城之嶄絕而想六朝之迭王南唐之竊據也今也浙之東西雖殘山剩水無向時清蹕之可玩然幸猶在天日照臨之末彼江之南北方汨沒於黃塵黑霧尚廓清之未覩志士仁人能不扼腕於斯乎

國朝邑人田惟祐重建兩山亭記吳越兩山亭詳載邑志當時文人名士若楊廉夫貝廷臣徐一夔輩咸有詩文賦咏爲集行世歲久亭圮無能興復嘉靖丁酉歲邑尹太和蕭侯敬德考圖驗蹟慨然有志興復具聞司府當道可之乃卜日竪立亭爲屋三間計若干楹簷廊四圍以石爲柱壁以石片牖以板扉周繚以垣墻前立門枋仍扁曰吳越兩山亭工甫就而蕭侯去任本府通判太倉周表來署縣事時巡按浙江御史傅公鳳翔臨縣駐節登山憩息亭中遐覽縱觀吳越山川舉在目睫謂斯亭據奇絕之境誠爲浙東勝槩第亭隘不足以容衆乃命周倅於亭後隙地面西樹屋三間包砌以磚以便行庖以休從人適郡守湯公紹

恩偕二守孫公仝推官周公鳳岐來縣樂觀厥成聯輿登覽因詠知立亭之始湯公乃書知依之扁于亭蓋緣知稼之義謂稼穡民之所依也〔元薩天錫登兩山亭詩〕幹山孤亭據盤石老我凭高興無極長松參天凝黛色空翠滿山如雨滴長江中斷海門闊兩岸連峯排劍戟或蟠臥龍形或鼓丹鳳翼僊乘縹緲東海東徐福樓船竟何益採藥人已陳鞭王土有赤四海混一車書同形勝何須限南北吁嗟覇業今誰在吳山越山長不改〔陳世昌詩〕亭南徑曲山之巔無數青山來眼前江流忽作地中斷海門直與天相連風帆颯颯暮潮裏烟樹漠漠春城邊無窮勝賞自多趣千載世事徒茫然〔張憲詩〕浙江洶洶界吳越兩岸青山如剪截會稽南去遠莫探天目西來青不絕壺瓶塔下認宋陵王笥峯前尋禹穴千巖萬壑競秀麗鳳舞龍飛幾盤折句踐嘗膽於越強夫差掩面勾吳滅四世莫踐錢鏐雄一敗徒啞董昌劣纔聞彌遠勢薰天又見似道炙手熱畫棟朱簾府第開疊樓碧瓦宮庭列烟霞倏忽人事異風水遷移時運竭氣數或興興廢關形勢不因成敗別變化聰瞋山吐嵐消磨宇

孫文刊

宙潮奔雪倚檻凌空精爽飛捫蘿弔古肝腸裂挂杖曉來東眺雲吹笙夜落西陵月天道無窮酒盞空人生幾何展齒折斷鰲不補天柱傾煉石難填海門缺鄉人秉筆固有情令尹作亭豈無說劉宣

詩朝挹東山雲暮看西山雨孤亭在中央相對如賓主矯矯臥龍蟠軒軒飛鳳舞樹影各參差嵐光互吞吐吁嗟吳越亡于今已千古不悟扶日忠詎知嘗膽苦登臨撫陳迹凄涼與誰語白鳥烟中來長歌下山去明高啓詩憶昔看山吳越遊酒酣鼓棹江中流左招舞鳳來百里右顧臥龍橫半州崢嶸兩勢不相下氣驕爭搆當高樓文身鳥冢昔分虜有國本是東諸侯區區仁縣圖無異朝吞暮併山應羞不知千載竟誰主伯氣倏與飛烟收邇來此地有兵甲風景頗似當年愁黃雲蔽天道路遠我欲再尋應無由聞君作亭壓此境坐獲衆勝非窮搜江長不隔南飛鳥渡峯多欲障斜陽留靡與自古屬造化登臨未須生百憂但當矯首望東海一杯笑舉邀浮丘楊基詩兩山之間江水清中有翼然孤草亭吳王越王不可見東山西山相對青千古封疆歸混一十年塵土嘆飄零春風吹破英雄

夢臥看芙蓉幾翠屏邑令蕭敬德詩落葉飄飄對晚秋一尊北榦喜同遊世從趙宋南遷後亭在峯巒最上頭興廢千年堪涕淚登臨一代見風流舊時里閈稱王謝此日稽山只故丘提學僉事山陰蔡宗兖詩兩岸江山誰領畧八窓風月復裁成東驅陣馬簷前駐西駕群龍海上行帆去帆來天地影潮生潮落古今情高明境界年年在若個登臨一樣清

取石亭江革自會稽郡丞遷都官尚書將還贈遺一無所受唯乘臺所給一舸舸艚偏欹不得安臥或請濟江徙重物以迮輕艚革既無物乃于西陵岸取石十餘片以實之其清貧如此

麗句亭唐處士秦系所作在秦君里唐戴叔倫贈詩北人歸欲盡猶自住蕭山閉戶不曾出詩名滿世間

會景亭在溪口寺宋范仲淹詩求取會稽藏拙地白雲深處亦行春吳處厚詩會景亭高石作層

臨江亭舊在西興鎮久廢正德末知縣伍希周裁革稅課局更建今改爲河陽館

望湖亭在淨土山今廢明邑人蔡支詩望湖亭上望湘湖景物天開似畫圖兩岸好山青嶂列一泓新水綠羅鋪芰荷香裏蓮舟小楊柳陰中釣艇過滿路松風吹酒醒歸來不用倩人扶

莊亭今改爲西興驛

江聲草堂在西興鎮元薩天錫詩卜居西陵下門臨太江皐江聲自朝夕豈獨喧波濤海潮作波浪山嶽俱動搖海潮有時息逝水去無極驚風吹浪花噴濺射崖壁萬籟俱澄心何必絲竹音月明歌古調驚起蛟龍吟

蜀山草堂今不知何在元薩天錫詩蜀山秀東國翠山分蛾眉人傳西極來萬里如龍飛根盤大江曲終古不復移之子結茅屋開軒當翠岑微流水穿澗道白雲遶巖扉松葉釀我酒吉貝爲

我衣山烏戒勸飲木客同吟詩造化縱前定榮名不可期終焉忘嘉遯採藥復採芝

許詢園在北幹山下一云在蕭山舊志云詢嘗登永興縣西山蕭然自致乃號其岫爲蕭山詢詩蕭條北幹園宋王十朋三賦云北幹隱兮明月在徐天祐詩高棲不受鶴書招北幹家園久寂寥明月空懷人姓許故山猶自岫名蕭

許徵士宅今爲祇園寺在城內清風坊劉眞長曰清風明月輒思玄度

江文通宅捨爲覺苑寺今人猶謂之江寺明汪應軫詩濱江十里文通宅江上潮聲日夜哀彩筆已隨春蝶化遺文空對野花開山川秀色誰應主宇宙閑身我亦來莫怪風流憐宋玉夕陽千古一荒臺

秦君宅唐詩人秦系所寓明楊得中詩憶昔秦隱士養晦在茲丘品題數百紙咸寓廟廊憂

人言宅久廢尚有高名留此生寄寥廓擾擾胡爲謀

荷擔僧宅在來蘇鄉

厲大資宅在許賢鄉

張家府宋理宗勅建駙馬張復初第

固陵在縣西十里范蠡教兵城也蠡築城於浙江之濱言可以固守謂之固陵又名西陵越王句踐五年五月與大夫文種范蠡入臣于吳群臣皆送之浙江之上臨水祖道軍陳固陵大夫種爲辭祝曰皇天祐助前沉後揚禍爲德根憂爲福堂滅人者滅服從者昌君臣生離感動上皇衆夫悲哀莫不感傷臣請薄脯酒行二觴越王仰天太息舉杯垂涕默無所言種復祝之即此地也至五代末錢鏐尚譏易陵爲興

黄嶺巖下貞女三鎮在長山鄉唐劉漢宏分兵據守之地錢武肅王將八都兵自富春擊之漢宏退去尋滅之置守至錢俶納土乃罷

日邊驛　漁浦驛　夢筆驛　錢清驛俱裁革

監務廨　監西興岸使臣廨　監漁浦口使臣廨

西興受納米倉廨　西興商稅場　溪口稅場

西興酒務　漁浦酒務

風俗

余觀舊志所列風俗蓋在淳漓之介云乃今則又敝矣惡少博塞以爲生引良家子弃於其中而蕩其產稱貸負子錢而持短長佃者逋田租而脅禍愚童子試有司而競進與皂薄矜厲而不爲至若氓戶之蠹蕭與會稽同之矣余故具錄會稽志

所論於末

風俗以舟楫爲車馬越絕書不以奢侈華麗爲事會稽志其君子質直而拙于奔競其小人愿慤而安于勞苦市井之民多便慧而或失之詐鄉遂之民多簡實而或失之愚依山之民尚氣而失之競依水之民尚謀而失之訐東土之民多敦朴而或失之鄙瑣西土之民多縟禮而或失之虛文治生惟務稼穡而少營商賈聯姻或尚門第而亦重財貨服舍器用不務工巧宦室編民不自懸別好品藻而善譏評喜生事而信浮言

歲時重物節迎春日競看土牛老稚集于街衢戶以米粟撒于芒神土牛之身以祈豐稔元日邑人無貴賤貧富潔衣服廳宇設供養焚楮幣拜天地祖宗少長序拜各相祈祝畢然後出拜神廟先隴及親族隣里往來施報設餚饌以相邀飲上元邑市通衢采松竹結棚張燈十三日試燈十八日收燈行遊五日而罷不能如此皆以爲不豐之兆清明是日揷柳于門家家備牲醴掃墳祭畢燕飲而歸三月二十八日俗傳爲東岳神誕辰蒙山有東岳行祠先數日長幼男女樓船載簫鼓至祠拜禱

歸船遊飲至二十八日乃止四月八日浮屠浴佛每家施米穀端午是日家供艾及菖蒲于香案或懸艾人艾虎于門以祓除不祥親戚以角黍禮物相餽午時殺牲以祭磨雄黃切菖蒲解角黍泛飲大小胥慶女子以繭作龍虎少長皆佩之欲如龍虎之健兒女輩綵索纏臂草粽繡符綴衣長者簪艾葉榴花以辟邪立夏忌坐門限謂不利於脚夏至各供茶曰夏至茶七夕爲乞巧會十五日僧舍各營齋供舉村巷亡作盂蘭盆會謂之鬼節小兒壘磚瓦作浮屠塔燃燈于中旋遶而戲中秋好事

者具燕邀朋賞月潮會十八日少長男女攜酒餚作觀潮會重陽登高冬至各家用糯米粉麥麵裹肉餡相遺殺牲以祭祭畢而燕十二月二十四日俗謂之臘月廿四侵晨掃屋塵是夜男祀竈女子不至祀用糖糕以竈神言人過于天帝取膠牙之意名曰送竈至除夜復祀之曰接竈除夜換桃符以彩箋書聯句以貼于門柱曰春帖以見除舊布新之意至夕爆竹各燃火爐于門外熖高者喜古謂之糺盆祀先設席少長男婦同飲曰分歲酒夜分起爆竹祀瘟神一歲風俗大畧如此

農家清明日始浸種，穀雨撒種，小滿始揷秧，較之山會特遲，大率避水澇故也

冠禮不行久矣，男子年十六以上，垂髮總角，長而冠，多於冬至或正旦加巾於首，拜天地祖宗尊長卽是矣

婚禮必用媒妁，釆聘必用賓幣，娶而成禮必用擯相，拜花燭，牽紅纏席，坐床合巹，撒帳挑兜，皆俗習也。女行時母屬皆哭而送之，貧者較裝奩，故有生女而不舉者（相傳舊多山魈，每遇娶婦，群聚奪去，故用紅羅大袖以厭之，今相沿成俗）

喪儀多具鼓樂齋酒以燕吊者，備物洗澳則以爲

能盡送死之道，然亦各稱其家之有無。富而不行者則誚之。

祭禮歲時設饌于中堂，長者在前，壁序亡者私謚，子弟羅拜于下。雖初喪亦行獻祝。

俗尚鬼，多淫祀，徼福浮屠道場，雖士大夫家亦用之。近有臺戲賽神，愿禁而未革。

會稽志曰：夫人之身有瘤也，俗亦有瘤。俗之瘤則有丐。丐以戶稱，不知其所始，相傳爲宋罪俘之遺，故攢之名墮民。丐自言則曰宋將焦光瓚部落，以叛宋投金，故被斥。其內外率習汚賤無賴。男子每候昏喪家或正旦，則群索酒食；婦則習媒，或伴良家新娶婦

孫大敬

文爲婦貿使見鍋攘尤善爲流言亂是非間人骨肉四民中居業不得占彼所業民亦絕不冒之男業捕蛙賣錫栩竹燈架編機扣塑土牛土偶打夜胡方言跳鬼女則爲人家栩髮髻梳髮爲髢群走市巷無便所就四民中所籍彼不得籍彼所籍民亦絕不入籍曰丐戶即有產不充糧里長亦禁其學四民中即所常服彼亦不得服蓋四民向號曰是出於官特用以辱且別之者也舊志帽以狗頭裙以橫布不長衫扁其門以丐而籍與業至於今不亂服則稍僭而亂矣其詳載別賊録丐以民擯已若是甚也亦競盟其黨以相訟僥必勝於民官茲土者知之則右民偶不及知則亦恃在民民恥之務以所沿之俗聞必右而後已於

是丐之盟其黨以求右民者滋益甚故曰丐者俗之瘤也雖然瘤卒自外於常膚也則瘤之也宜苟瘤者肯自咎曰我今且受藥且圖自化爲常膚烏用必瘤而决之哉經不云乎人而不仁疾之已甚亂也

坊巷附坊牌

坊凡十治之東去百步曰通闤坊去一里曰菊花坊南去一里曰育才坊西去一百步曰達尊坊魏文靖公居處曰嘉靖坊曰淸風坊許詢居處北去七十步曰懷德坊一百五十步曰善政坊一百六十步曰里仁坊孫文

東北去二百步曰寶賢坊又曰招賢坊江淹居處西北去二百步曰崇儒坊按會稽志坊有五今增爲十永興錄有丁頭石堰白鶴章浦長港新林義里溪口臨浦等坊額辦酒課非扁坊名今不錄

巷二治之東去四十步曰尉司巷達通闤坊北去百步曰泰君巷泰系居處

坊牌凡四十有八其廢者凡十九顧觀有解元坊葉林有進士坊殷旦有擢桂坊魯琛有繡衣坊何畬有鍾英坊張輅有文奎坊王毓有錦衣坊韓祺有解元坊張靖有聚英坊倪敏有經魁坊史佐有招賢坊傅珍有步瀛坊楊文有鳴盛坊沃乾有騰霄

坊徐洪有得志坊有進士坊何舜賓有繡衣坊儒學之東有儒林坊西興驛之西有迎恩坊其存者凡三十有一魏驥有達尊坊魏騏魏驥有聯璧坊衛恕有毓秀坊汪浩汪景昂有橋梓聯芳坊沈寅沈環亦有橋梓聯芳坊蔡瑛有成名坊富玹有進士坊韓立有榮選坊沈澤沈淳有兩世登科坊葉清有旌賢坊張嶺有進士坊來天球有科第傳芳坊朱拱有世選坊胡昉有進士坊沈文滂有三代登科坊毛公毅有奮翮天池坊田惟祜有解元坊又有道源鍾秀坊盛瀧有進士坊周憲有兩際龍

飛坊來汝賢有經魁會魁坊翁五倫有桂史坊戴光戴維師有奕世登科坊黃九臯黃世厚有青雲梯武坊何銓何世學有勅命重光甲科濟美坊孫學思孫學古有湖中雙鳳坊童儒童鑑有中翰聯芳坊縣東有先賢遺愛德惠去思坊西有太宰流芳特恩存問坊儒學東有興賢坊西有育才坊今林策立西興驛前有莊亭古蹟坊今鄭魯立亞魁坊來日升立

市鎮

市三在夢筆橋曰縣市在臨浦曰臨浦市在長山曰長山市

鎮三曰西興鎮曰漁浦鎮曰錢清鎮唐吳融西陵夜居詩寒潮落遠汀暝色入柴扃漏永沉沉靜燈孤的的青林風移宿鳥池雨定流螢盡夕成愁絕啼蛩莫近庭李紳西陵寄王行詩西陵沙岸廻流急船底黏沙去岸遥驛吏遞呼催下纜棹郎閑立道齊橈猶瞻伍相青山廟未見雙童白鶴橋欲責舟人無次第自知貪酒過春潮皇甫冉西陵寄一公詩西陵遇風處自古是通津終日空江上雲山若待人汀洲寒事早魚鳥興清新南望山陰路吾心有所親僧靈一酬皇甫冉西陵見寄詩西陵潮信滿島嶼沒中流越客依風水相思南渡頭寒光生極浦落日映滄洲何事揚帆去空驚海上鷗元稹與樂天別後西陵晚眺詩晚日未拋詩筆硯夕陽空望郡樓臺與君後會知何日不是潮頭暮却來白樂天答微之泊西陵見寄詩烟波盡處一點白應似西陵西驛臺知在臺邊望不見暮潮空送渡船廻宋呂祖謙西興道中二絕鳧鷺迎船自有情隨波故起緑粼粼野花照水開無主誰信春歸已兩旬桑麻張土不知春帝恐鶯花太斷魂東岸紅霞西岸柳却將

影色爲平分元張九思西陵夜宿詩行如歸鳥未安巢泊似枯禪暫解包欵語逗留吳地習拙詩慚愧越僧抄未諳主酒隨宜飲旋買江魚借具庖有酒得魚身是客絶勝無酒與無餚國朝高啓宿西興詩掛帆無天風到岸日已夕捨舟理輕裝欲問古鎮驛淜淜灘聲廻莽莽山氣積僕夫夜畏虎告我勿遠適望林投人家炊黍旋敲石寒眠多虛驚我體若畏席誰云别家遥數日已在客今宵始驚嘆東西大江隔劉漁與西陵夜居詩鴈陣驚寒過驛樓江聲月色暗生愁扁舟此夜西陵宿頻使行人易白頭

陵墓

余聞魏文靖公祖塋蓋在杭西湖集慶山久之爲徽商所據魏氏子孫訴於有司徽商賂士大夫居間有司莫知所歸乃杭郡志載之甚悉竟歸魏氏

夫子孫不能守而藉郡志以保丘壟所係豈其微

哉

墓凡二十有八漢有朱雋墓在洛思山 唐衛墓在鳳儀鄉 晉有曹亮墓在紹明鄉 郭璞墓在孝悌鄉或云郭母 許詢墓詢之父在鳳儀鄉 夏靖墓在螺山 山遐墓簡之子濤之孫東陽太守在由化鄉 六朝而下有羊玄保墓本郡太守在長興鄉 陳休墓在鳳儀鄉 勞流墓在鳳儀鄉 唐有徐鴻墓兵部尚書遏鎮使在長山鄉 羅隱墓在許賢鄉 五代有張亮墓尚書在北幹山下 宋有許珪墓在鳳儀鄉 沈衡墓職方郎中在鳳儀鄉 王弗墓侍郎在長山鄉 魏常墓武德大夫在鳳凰山 顧太中墓在崇化鄉 厲大資墓在郭墓山其石獸俱存 張秋巖墓保章閣侍制在湘湖

龜山石獸俱存華郡王墓在長興鄉王絲墓兵部侍郎在碑牌嶺王恩墓在崇化鄉楊齊王墓在楊岐山東塢楊冀王墓在楊岐山西塢錢冲之墓敷文閣學士在夏架山徐端臣墓宣義郎在螺山留夢炎墓在黃龜

護隄侯墓在去虎山之陽元有趙誠墓在北幹山之陽

國朝有姚太卿墓在桃源鄉魏尚書墓在湘湖齊家塢公存日自營名曰樂丘張尚書墓在覺海山

義塚宋制名漏澤園在北幹山麓嘉靖十一年改置於淨土山麓周繚以垣上覆以石址置門初置門子一人守之今廢又有張氏義塚附郡守游興記略曰越人之貧者乏塟地死或委之道塗予守紹興心甚憫之顧政有未暇及乙卯春行縣至蕭山覩義塚一區於蒙山具石表題曰張氏訪之則今之訓術維翰焉因加賞勞塋之髙可尋丈許廣可若干畝塟者纍纍流寃有托且聞歲時祀

之義聲之振殆可爲諸邑倡也夫掩骼埋胔孟春月令之政責在我守斯土者維翰乃能以義倡之予復何憂哉維翰先曰仲義曰景常曰珽累世義舉有義井義田義學衣食藥櫃凡十餘此特其一耳以故皆授郎秩而珽尤以孝懸見褒因系之詩曰黃金買地爲憐貧列壟纍纍宿草新五世郎官褒大義一門繼述欲同仁知君不是沽名者此地應無委壑人老我行春看碑石覺來腔裡動津津

弘治八年記

一所在西興董家潭邑宦來端蒙捐田爲之每于淸明十月朝煑米飯倩僧道演法撒祭之

一所在北門外稍西萬曆十七年邑人蔡應山捨腴田四畝爲之邑尉青陽徐鑾無歸櫬厝于此連年饑疫應山廣施棺具又捐穀于預備倉賑濟分守道檄縣旌其義

掩骼坎在漏澤園側萬曆十七年邑人丁元慶捌并修園墻時饑疫元慶焚券二百餘兩捐穀六百石賑貸又捨棺歛殍鄉人懇縣旌其義者衆

蔡元刋

蕭山縣志卷之一　終

蕭山縣志卷之二

知縣事溫陵劉會 重修

邑庠生 戴文明 張諒 蔡大績 編校

建置志

公署 學校 宮室

公署

公署乃聽政之所先敦朴奚事壯麗而學校則崇先師育人才禮義相先之地而安可褻也彼宮室特觀遊所爾奚取焉世之雄篇麗什往往于擘勝

獻奇處得之茲固非出往常止亦覩風者寓目云

縣治北負北幹山南俯菊花河西南距蕭山二里許

宋理所曰正廳天聖四年令李宋卿肇建元至元

間令崔嘉訥重修之事在李孝光記中元末兵燹

無存今尹性重建有堂有樓有閣有亭尋亦廢今

制中爲治廳三間曰忠愛堂廳之後爲後堂三間曰協

恭堂由廳甬路而南爲戒石亭宋黄庭堅筆夾甬路東

西爲吏廊東廊爲吏房爲戸房爲禮房各三間西廊

爲架閣庫一間爲兵房爲刑房爲工房各三間爲承發

房一間吏凡廿一人司吏凡七人典吏凡一十有四

入西廊之後爲吏廨樓房二十間　迫亭之南爲儀門儀門左爲土地祠三間舊在禮房側嘉靖四十一年令歐陽一敬移建于此右爲請益堂三間右有披廊嘉靖四十三年令趙譽建　又南爲譙樓三間宋寶祐三年令金炳建鼓一鐵雲板一　樓外東西各有榜廊元李孝光蕭山縣記會稽屬縣蕭山漢餘暨也吳曰永興唐始以山名蕭山土地陋故宋都吳時以比壯縣淳祐中令高曆大起居治作堂曰畢簾自曆至今百有餘歲風雨飄搖墻屋撓缺吏失威重民慢弗莊至元五年居延崔侯嘉訥泰舉來爲縣尹中誠病之未敢以爲功乃務先利安斯民恩勤顧省視如其家民滋信尹會是歲大熟賦平人和進其耆艾而告之將作居治皆應曰我且率子弟以供允役於是鳩工度材因其故制而拓之隆之相地卑濕增高其址乃作廳事次賓幕次吏舍以及大門東西廡庫庾次舍度其南作譙樓置鼟又少南作觀化之亭以居察民之所好惡凡役皆次第以成而侯且代去縣尹李

侯守其政如崔侯適主簿劉君伯奐與上共踵成之益使爲丹艧塗塈砥礱樹垣植松栢于庭至是民思尹而曰我見諸吏賦功未有不漁民而矦於是役不以病我其意常恐傷我此德厚宜報乃謀樹刻石寺以爲畣保民者其民思報之保民者仁民也自崔侯之去今五年矣民猶不能忘而將報其德噫崔侯庶幾知保民矣夫令受民於上不難於治民而誠仁民之爲難治民者固多爲之防嚴爲之制以禁其邪僻之行伐其慆淫之思期無犯刑止耳仁民異於是寒往衣之饑往食之無以爲居舍之又惟憂其或墜於惡道之德以絕其詭行養其仁以易其邪思習其禮以消其異習朝嫗夕煦若顧赤子故民亦以爲上常仁我而未嘗厲我父母事其上而不怨繇保民也觀於豳風之詩其曰八月載績載玄載黄我朱孔陽爲公子裳又曰取彼狐狸爲公子裘以報衣也其曰躋彼公堂稱彼兕觥以報飲食也其曰上入執宮功晝爾于茅宵爾索綯亟其乘屋其始播百穀以報居室也其所爲報勞於趨工非有驅迫徇戒之者上以此仁之下以此報之若初無所事而其效自至嗚呼仁哉

此其於治民者殆有間矣今不肖不知慮此旣不能保又不能治甚者漁其民以自殖不得所欲則下苛政以厲之民且仇之矣今民思我尹果遵何德而致是吾故曰崔侯庶幾知保民者矣

知縣廨在治廳後有廳曰牧愛堂朱晦翁筆左右有夾堂有寢有廚有門門之南有門隸房丞以下三廨之制俱畧相當

縣丞廨在知縣廨東

主簿廨在知縣廨西

典史廨在治廳東南

清軍署三間在儀門東嘉靖四十一年令歐陽一敬改建土地祠

水利署三間在儀門西嘉靖四十三年令趙耆改建請益堂

幕廳即治廳東披

耳房庫卽治廳西掖

儀仗庫在幕廳後

黄冊庫三間在治廳後西側

存留倉三間在治廳後東側萬曆十四年令劉會因倉廢改建爲考政所

軍器局三間在存留倉北舊爲須知局三年一造須知文冊嘉靖三十五年令魏堂修改以置軍器　一軍器　鐵九龍銃　銅佛郎機　銅鐵鳥嘴　銅噴筒　鐵噴筒　銅連珠砲　銅碗口銃　銅鋤頭銃　鐵杈　竹長鎗　線鎗　鈎連鎗　弓　箭　皮箭袋　錫彈　皮彈袋　連珠砲　木楔　火藥　硝硫黄　俱令魏堂新製者

考政所三間在幕廳側萬曆十四年令劉會建

四知臺三間在考政所後萬曆十四年令劉會建

獄在儀門外西門二座廳三間房七間

申明亭舊在鳳堰市令林策改建陰陽學東凡三間

旌善亭三間在縣治西自開

國來以善行旌其中者代多其人而其最著者業已入鄉賢傳餘不可勝紀故不志于此

駐節廳在申馬埠舊止一間嘉靖三十四年冬令延燬於火令魏堂易陰陽官田玹基地益之爲廳三間東西披壁各二間門樓一間周圍繚以垣墻臨河砌石爲階凡十三級

西興驛在西興鎮運河南岸元至正二十五年主簿海牙公重建廳三間廳之東爲轎房西爲茶房各一間川堂一間後軒三間厨房三間左右廂六間譙樓三間廳之西北隅爲官廨凡十有一間嘉靖三十五年令魏堂重修儀門一間萬曆十三年令劉會建驛丞一人攢典一人領水夫九十八人今裁十八人內山陰八名會稽六名岸夫九

十六人今裁六人內馬夫十名內除諸暨一名中船十隻俱係官造

提學僉事山陰蔡宗兖詩八月重來江上驛輕雷隱隱隔江鳴人言未晚且須渡自信知機總不驚忽地金蛇牽雨至漫空雪馬噴風行秋堂合有青燈約再啓長歌續舊聲

西興場鹽課司在西興鎮運河北岸門一間廳三間倉厫二十間廳之右爲官廨九十間土地祠三間在門之內左旁大使一人攢典一人領工脚九人總催六十人鹽課四千八八十八引有奇洪武初以軍士充百夫長掌邑鹽課五年制革

錢清場鹽課司元至正間改興善寺爲搬運米倉國初更以今名大使一人攢典一人今改屬山陰縣

錢清北壩洪武五年建成化二年以小江不通故廢官一人領壩夫三

十人今亦革

稅課局距治西一里廳三間門三間大使一人副使一人洪武三年建尋裁副使吏一人領巡攔三百九十又七人課錢二千一百七十錠有奇今裁革巡攔課錢仍隸於縣

河泊所距治西一里廳三間門三間官一人吏一人領綱小甲一百三十又二人課鈔千一百二十三錠有奇正德間無領稅課局嘉靖間裁革綱甲課鈔仍隸於縣

蕭山河泊所距治南百二十步官一人吏一人領巡攔八十又五人課鈔三百七十二錠有奇景泰間裁革

漁浦稅課局距治南三十五里廳三間門三間廨三間廂房四間洪武三年建大

使一人領巡攔八人課鈔四千四百六十錠有奇今裁革

漁浦巡檢司距治南三十五里廳三間廂房四間門三間弘治十一年建巡檢一人攢典一人領弓兵四十人今裁止二十八人

醫學舊在惠民藥局訓科一人洪武十七年建

陰陽學在治東廳三間令蕭敬德建訓術一人洪武十七年建

僧會司在祇園寺僧會一人洪武十五年建

道會司在城隍廟道會一人洪武十五年建

布政分司在治西三十步舊爲三皇廟正統八年改建有廳三間有川堂二間有寢有廚各三間有左右廂各三間有儀門有外門各三

閒下四署之
制俱視此

按察分司距治東二十步洪武二年建令朱儼文於外門西建祇候廳三間嘉靖三十六年令
魏堂
重修

浙東道行署在縣治北運河北岸舊爲預備倉西隙地嘉靖十一年令張選建廳三間爲射圃亭後增川堂廂房儀門等爲上司行署改爲今名今傾圮未葺

府館距西南百五步天順間建今傾圮未葺

工部分司距治東南一十五里在單家堰嘉靖十二年建

預備倉在浙東道左洪武二十四年令姜仲能建昭名桃源夏孝由化四鄉各一所總設倉官一人弘治十年令鄒魯以各鄉異處積散非便乃官賣以易地併置於此縱四十五步橫三十五步廳三間左右廒凡一十九間譙樓三間後因傾圮隆慶六年令陸承憲改造裕民大計堂三間外

門五間併東西兩廒每年輪見年斗級二名守之

便民倉

距治北二百步運河北岸正統元年建廳三間左右夾堂各一間左右廒凡三十間門三間歷年既久廒盡頹敗止餘廳堂嘉靖三十五年令魏堂重建廒凡二十間後盡傾圮萬曆十四年令劉會改造廳三間門仍舊

惠民藥局

在惠民橋西南今廢

養濟院

宋名居養院元名孤老院在治西社稷巷舊爲射圃亭成化十三年令李鞏改建尋侵没於民令林策釐正之周繚以垣廳三間左右廂凡十有八間門一間廳之左與後各有園有池歲久廳廂墻垣俱傾圮居民復有侵取泥土縱牧牲畜者令魏堂復剏建之外爲高垣門用扃鑰旁啓小門出入責令總甲孤老頭協管月朔各逓不致毀傷并結遇有小損即呈告修葺以防大壞

學校

儒學宋初在雷壤東距治東南里許即今芹沂橋處紹興間令陳南徙置今南門內中爲明倫堂三間扁朱晦翁筆堂之東掖爲學倉一間西掖爲神庫一間堂後爲川堂曰崇正又後爲書房三間堂之東偏爲會講堂三間連於南者爲教忠齋三間西偏爲會饌堂三間連於南者爲履信齋三間由堂甬路差折而東爲道義門一座又南爲中門三間門之左間爲祇候廳右間爲土地祠兩門內之東偏爲號房樓房上下各十四間中爲麗澤堂前闢爲門中門外有橋下通泮水橋之南爲外門三間門之外有池廣十畝許曰壁月池池之左甬溝通內小池達于西河上架雲龍橋嘉靖三十九年令歐陽一

敬建

先師廟凡五間在明倫堂前舊名大成殿嘉靖十年革去封爵易以今名廟之左爲東廡右爲西廡各十二間南爲戟門提學汪文盛題曰廟門門之左爲祇候廳一間右爲神厨一間左右交於兩廡有披屋各一間神厨之西爲宰牲廳門之東偏爲名宦祠西偏爲鄉賢祠詳祠廟前爲泮池池之上有橋三座橋之南爲櫺星門三座籩豆罍爵鉶冪諸祭器具有記籍祝板文云惟師德配天地道貫古今删述六經垂憲萬世惟兹仲春秋謹以牲帛醴齊粢盛庶品祇奉舊章式陳明薦以復聖顔子宗聖曾子述聖子思子亞聖孟子配尚享

啓聖公祠三間在敬忠齋東即舊射圃觀德廳嘉靖十二年肇建其祭先于文

廟祝文云惟公誕生至聖爲萬世王者之師功德顯著茲因仲春秋謹以牲帛醴齊粢盛庶品式陳明薦以先賢顏氏先賢曾氏先賢孔氏先賢孟孫氏配尚饗

御製七箴碑亭在啓聖公祠南

教諭廨在明倫堂北有堂有書房有寢有廚

訓導廨舊在各齋後嘉靖十八年洪水傾圮令林策從西廨改建於明倫堂東制俱與教諭廨同

三元閣萬曆四年令王一乾建樓三楹于雲龍橋之東名雲龍閣適學中多故萬曆十年令馬朝錫改建八角樓周以石欄易今名山陰王國禎雲樓閣記嘉靖甲子秋狀元南明諸公會元星橋金公道蕭謁先師大相覽宇以爲天非人不成苟起峰於巽艮以鎮東脊則人文大興稽堪輿之說少補偏闕闢小南門以開離象建魁星亭以奠玄居穿左腑水建谷梁以旋遶按巳肇有雲龍橋戊辰春榜一科而登第者二三人即其一驗然西山虎踞而龍跛於東震生之氣竟未足也萬曆甲戌秋

一吾黄先生來署蕭産無通九流閲是碁信孕秀也而蒼龍之首大宜建植樓閣以爲東鎮二公之見誠然于是集議司訓雲池吕先生參松李先生欲建樓於西畔諸鄉士大夫欣欣然咸樂義助稟命於養初王公公即慨然以一身而任其事不吝重舉易居民地以廣其址鳩工聚材經始於乙亥冬〻落成於丙子之夏五扁曰雲龍閣閣高四丈有奇棟桷翬飛丹楹煥彩巍然大觀爲東方左臂盤踞之勢斯無偏峙矣事竣參松先生求記於予予惟聞之易曰雲從龍夫龍之爲物至神也而雲則從之亦以見龍之飛見皆以類相應利見於大人文明天下之象也士之龍德變化出潜離隱乘雲而興者何以異於是是閣之建所以廣南明星橋二公之意其命名則期蕭之士齊雲龍之會快物覩之期輔君德濟民生名顯當時休光後世耳諸上其勉之是役也計費二百金乃養初公捐俸二尹謙所三尹敏齋協成其事師生亦以多寡出貲及鄉士夫春元上舍所樂助分毫不取諸民爰勒其名于碑之右云

吴興范應期三元閣記

余鄉蓋澤國也水多汪洋泓衍宣洩傾注以故工文習藻

擬巍躋膴者董董稱不乏乃郡司理精堪輿家言謂厭勝水口當得萬魁爰築浮屠於碧湖浮玉之渚號萬魁塔自是蟬聯鳳翥倍蓰往昔詎謂形勝靡所裨益藝文哉蕭山學舍去縣治西南里許面文峯負鯨海右薄龍山而左獨遠藉斗胥星橋金太史壁畫巽位樹高閣俾青龍隱隱昂峙蟠稱虎踞乃舊尹養初王侯因搆雲龍閣矣惟兹西蜀馬大夫來令兹土晝聽獄訟宵稽簿書流汗定籍戴星履畝諸凡紛糾犁然修舉而庠序之教注措尤篤嘗念都人士文日益茂小者泉湧大者飇起乃籍録僅爾趾武厥咎不在譚藝也顧瞻舊閣方向規制夫乃有未協吉乎拓而更之是誠在我爰分常禄四十餘金率先經費而共寀諸君二三博士暨薦紳先生青衿弟子咸樂襄事各捐金有差擇日市材經營孔亟方向從近而稍遠規制剖觚而爲圓層樓軒豁八窻玲瓏標曰三元閣工不踰時勞不動衆而翼然宮墻稱偉觀焉役竣博士諶鏞爇芻以旌大夫之功函書具帛屬余記次厥事余觀萬室之會三家之市靡不依山阻水風氣輳舶矧兹學校所繇毓俊長遠矣詎可令蟠踞偏勝哉

大夫補葺關漏曾未浹辰而賢科騰涌應惟影響蓋與余郡若契左券且三元萬魁事絶相類慎毋藐譚地者爲偶然也雖然大夫取類三元詎欲多士覲恩澤希光榮乎固將祝多士不愧科名耳爾多士曰由閣道時復登覽憑欄遥矚欣動遐思曰言合謨訓動契典刑時謂元德吾何以若之望隆山斗譽洽華夷時謂元老吾何以肩之又安宗社康濟生靈時謂元勲吾何以樹之隱居則以此求志行則以此達道斯無負大夫祝哉若徒倚崇閣徼巍科則彼三元者率三年而得十七人即沒世泯泯者有之奚取焉爾多士其勗諸大夫名朝錫成都新繁人登庚辰進士共寀事者曰貳尹張君鎧三尹康君承學幕尉王君朝賓而博士何君良勲李君懋仁龍君訓又協心經畫者也其董理則諸生父兄張子詞王子嘉兆施子友儒周子邦文調度勤敏著有成績而王子尤稱最云

訓導龍訓上梁文

伏以山拱潮趨地軸枕越邦之秀邑分校設人文開東浙之雄宮墻綿固以中函自昔襟裾萃止樓觀昂新於外構斯今氣槩彌衡標茲巽位之虬昂配彼坤巒之虎踞青雲象逈肅髦俊以[illegible]

遊珠斗芒寒接文昌而煥伸展也創經之良畫偉哉前哲之洪猷寧期倕術未精稍迷圭臬遂致向方乖利偶柱科名天擯蕭庠之文運時逢邑宰之神明情比文翁道希中立朋簪方聚崇朝之議君公輒來多助之金師儒類舞躍以同聲耆達咸趍蹌而協力揣規制量事期効謀者取諸衆共計徒庸慮材用助義者各有司存卜順陰陽詹尹推靈而告吉功求俄頃匠石聲呼而景從象欲凌虛作鋭高矗台垣度因改方爲圜上符金璧聯八紘以立極圓同而衡忌皆除燭萬象以騰文總攬而光明具達蓬萊掩映春暉晃盪生靈天柱迢遥瑞靄飛攢絲桷日月星七政交麗象之常新解會狀三元湧聲華之疊起彼巽陽黄鶴勝矣秪聳遊觀若棟幹麗醮崇然何關教化詎若斯役之華就丕張儒學之黌光素王廟貌繇兹翼翼增嚴黎獻瞻趍允爾巍巍示重將期鏖戰之歌凱先覩翬飛之落成勸激庶工用揚膺頌梁之東扶桑日上海波紅湧出靈山鰲背客先馳雲路馬蹄風梁之西廣寒直上倚丹梯借囘舊夢文通筆共識新秋錦字機梁之南離光灼爍焰文山五車飽貯群英腹萬里

何元

風雲足不難梁之壯星輝聯貫宗辰極人才幸偶
令公賢皷舞飛騰功倍赫梁之上經營締構疑天
匠儒髦端擬薦明時從此梯階登輔相梁之下遊
者勉旃觀者化雍雍濟濟振衣裳美玉沽諸今有
價伏願上梁之後八風納氣萬戶通祥青衿踏眼
濯舊見以來新移筆抽毫脱陳言而爲麗鼓篋者
騁肩有造取應者接武興賓絃歌樂育誰不擬變
豹遊鵾際會昇平俱可依祥麟威鳳文學如田如
頎纍纍踵掇元魁功名希魏希張炳炳班留尸祝
不特衣冠鄉井實將梁棟邦家凡我有衆公私曷
勝歡喜祝
禱之至

尊經閣在明倫堂北教諭廨後嘉靖三十七年令
𨽻堂建閣高四丈四尺上下各五間四圍
置遊廊各一一架繚以周垣東闢
遵道門一座路出教忠齋廊下

聚奎亭在尊經閣後嘉靖四十年令歐陽一敬建
適狀元諸大綬會元金達偕謁廟觀亭因
命此
名

南宋紹興二十六年邑令陳南因芹沂橋舊學基地勢卑濕始移於縣治之西南即現在學基

學自陳南徙置之後宋敷姚元哲張稱孫王振光尚訥相與修葺之宋莫濟重建學記浙河以東郡縣連城數十獨蕭山去都爲近人徒之衆甍宇之壯舟車之雜集大哉縣也近而且大宜有卓異秀穎之民出乎其間而未之見三歲應令不越二十餘輩紹興二十有六年夏四月丹陽陳南來宰是縣告至于先聖顧瞻黌宇陋其制之卑下與其地之囂塵也用震悼于厥心已而屬其民而告之曰天子恢崇儒教四方萬里靡不飾學校而興弦歌吾邑乃因陋而弗圖豈惟在位者之羞爾民得無愧乎吾觀南門之外地廣以爽環群山而帶流水其定遷焉聞者咸無異言乃以冬十有一月令從于邑中明年秋移病以歸常山宋敷實嗣之嘉陳之爲惜其不就請于郡守趙公令趙公曰民不可勞也學不可廢也出公帑錢八十萬以佐其役冬十有二月文學方是始成前伉重門中嚴廣殿有橫經之堂有肄業之齋既用幣于先聖先師以濟之分教是郡也使來請記濟謂俗無美惡而教有興廢厥今文風之盛稱閩蜀其

矜賓皆僻陋乃賢郡守倡其教至進齊魯而與之所栩令明天子在上教行自近始郡守縣宰相與奉承而宣布之編民爭遣子弟列諸生惟恐居後今之蕭山安知其不變而至道也且是縣江山之勝名天下吾意夫橘柚羅綺之美不能獨當奇也鍾而在人者特欝而未發耳守宰三君子則既發之矣彼其賜者宜若之何毋怠荒暴棄毋惑乎異端而蹈乎非彝不惟以對三君子庶無負天子樂育之意云

宋馮平國重修學記

聖朝文星奎聚學校徧寰瀛六飛南渡吾邑密拱京畿首寀風化斯文露治異於他邦龜山楊先生嘗憇召棠而鼓宓琴迨今祠之于學學之舊址在雷壥東偏紹興間令尹陳公南卜遷于茲碧流帶環來自砻龍角面峯文筆巍標插天得地之勝遊歌其中者率多擢桂握蘭地靈人傑相爲符印寶慶丙戌郡帥汪公綱鬧治之餘歲月逾久垣墉日薄頽圮廡入寡羸俾能葺漏大成有殿迺奠謁嚴祀之地楝橈支傾久圖葺治費浩莫舉寶祐丙辰新安太守邑鄉秋巖張君稱孫時蒞錦居力任鼎新季春壬寅卜云其臧鳩工雲集太師嗣榮王轀車經邑捐金以相

其事越帥殿撰厚齋李公鏞時建廣臺亦爲欵助計使端明存齋王公克仁自邑令俱爲犒給任學執事駿奔効勞迄役於夏季之庚申廟貌翼翼奐靈揭虔慶成而讌于堂右司雲湘趙公希戀時在賓席揚觶而言曰輪奐乎大成殿之告成也非秋巖張君倡其始王公大夫致其助疇克底績盍勸堅珉以示方來邑鄉歲舉鄉飲禮古儀豐資相小山厲公文翁亦致餽馬衿佩鏘鏘文容濟濟觀鄉者莫不美而誦之既又築崇岡於學宮之後以壯形勢悉張君美意也邇者聖天子日新文化增置縣博士官以淑秀又月書季考視儀上庠鋪張揚厲詎可缺諸僕鄉閭晚學嘗聞諸先君武博昔者鄉校泪於潦像設湮晦邑鄉大父府博時皆肄業相與募以新之既而踵遊辟雍登進士第今張君克紹祖芳文闈縈雋鄉月輝煌蘭砌詵詵聯鑣薦鶚爲襲世科儒效於此乎可見矣學之諸賢焉曰樂石已備請書其事墨逕雖荒何敢以寡陋辭披文相質愧不能工若夫朝夕遊焉潛心道閫慕智聖條理之科中金石聲振之節惠成應聘席珍則庠序諸君事也相與勉旃以副成人有造之意元

倪淵重建學記紹興路蕭山縣當元統甲戌之春天大雨雹壞官廨民廬十八九幸學之大成殿巋然獨存三四年來弗克葺治日以摧敗後至元戊寅雲内崔侯嘉訥來令茲邑慨念先聖綱常之主廟廷教化之宫崇奉弗嚴何以示民所趨嚮於是計學廩之舊儲節浮費收宿逋掄材度庸不資於士不役於民教諭天台趙公孟善稽邑耆士董之始作於是年之春畢工於明年之冬禮殿翼翼論堂耽耽靈星巖竦泮水潔清從祀之像晃赫鮮明肄業之齋窗几靜好垣墉丹雘倉庾疱湢莫不完整侯之爲是豈直以觀美哉誠爲令者之宣上德化莫此爲急而獄訟賦租簿書期會特餘事耳蕭山西瞰浙江潮汐之雄放東攬會稽巖壑之奇秀英才雅德前後相望昔者龜山先生楊文靖公嘗宰于茲其爲程門主敬窮理修己治人之學先輩當有得其傳者矧今科舉之制復行後生子弟必能翕然興起以應賢令作新之意雖然先生之言曰舜跖之分善利而已使世無科舉而不學如是而不爲跖之徒也幾希斯言深有警於吾黨士之爲善固不待科舉之後第講之未熟鮮有不以利

爲善者邑士重侯之嘉惠于我求文以記之余謝不敏而請之不已惟崔侯可以爲凡縣令者法不固以鄙陋辭邑士當知侯之修學不區區望於歸美其功所望之至亦循先生之意欲邑之士皆爲舜之徒也尚有以勉之若學之創始遷易顛末前記已悉茲不贅洪武間仍其舊永樂初令張崇曾永聰相繼新之弘治十四年明倫堂圮令楊鐸朱儼重建正德八年御史張元德見學傾頹且南逼於民田令令吳瓚買而拓之大興工役吳陞任去令王璟成之無錫邵寶重修儒學記畧惟道術裂而學無恒宗於是乎有師人材雜而仕無恒徒於是乎有諸科庠序廢而士無恒居於是乎有諸院舍慨自周衰至於宋其變不一其大較可知也我明之興鑒於前代而先王時若學必本諸經說經者必本諸程朱氏而道術之裂者合士游庠序比年有貢三年有舉而人材之進者專自郡徂邑命

蔡鳳

官簡徒宫居廪食山林湖海罔有逸遊而庠序之廢者興大哉聖謨實參天運道久化成蓋有出於司存之外者若其屋廬之敝則新圖焉非良有司其誰任之非賢典學其誰倡之今之學必有堂堂之榜皆曰明倫蓋取諸孟子而孟子則闡諸舜之命契蓋萬世教學之道莫大於是先聖先師盡是以教則祠而奠焉經訓典籍載是以傳則閣而尊焉師以是授弟子以是受體是爲德貌是爲文缺是爲病惟德輔世於學成矣而文虚病廢雖學焉君子謂之非學今是學也基缺於南衆以爲病也則圖而方之必截然畫一而後爲稱矧吾所謂倫者而或缺焉可謂之學乎此教焉者事非學焉者事也非有司所與力也雖然猶有常爾若夫時有升降世有隆汚窮居達用我秉吾倫危險荐臨厥或病之則固有若彼風雨振陵我毁宇敗壞我像設者矣儆焉而支之勉焉而復之無敢厥常比之致力於物者其艱爲甚此固學者事也又非教焉者所與力也而奉詔作人者固有後望焉徐君學政最諸藩其屬斯記也豈徒欲成功之書哉竇不敏蓋亦嘗與聞是者請以是爲諸生告嘉靖

十八年西江洪水氾入侵頽令林策修之移置西
訓導廨於東增建會講會饌二堂及號房

提學僉事山陰蔡宗兗重修學記

蕭山吾越之巨邑嘉靖庚子春漳南林公策由戊戌進士筮尹茲邑其邑地瀕大江上接歙睦衢婺萬山之水秋霖彌月大江瀵入平陸水溢丈許學宮正迎瀕洞捲波濤而混泥沙者塌如矣公出視學地閔嘿不言修復內銳遂節縮浮費通融羨餘具呈監司王公紳臬司張公鏊蕭公一中有必立學校之志二三名鄉諒其志信其貞同聲俞允公鳩集木石簡飭工徒慎選監督而身先勞之工力有不及者間出俸餘助之經始於庚子孟冬落成於辛丑春暮塌如之境[illegible]如翚如鼎如律如黝如堊如翬如翼如殿堂廡宇橋門綽楔鉅細之宜立者無一之不立矣今年春林公過訪山人於鏡水告山人曰敝邑學宮幸復完立有司常職不足言也當道作興曷敢忘之願先生紀諸石以勸來者并求務學之道以世勵我諸生山人曰吾聞能樹學者必能教士幾及三載頗善

言無隱公曰恥無他能惟不忘太學之教耳山人喜其言之有本深得致道之旨也遂從而闡明之曰大學之道有所謂明明德者統言之也下分格物致知誠意正心脩身五者缺一皆不足以明明德也有所謂新民者合言之也下分齊家治國平天下三者缺一皆未盡乎新民也明德止於至善則新民自止於至善矣明德外五者而爲學皆無益之學未有能明其德者也明德之事即新民之事新民外明德而有事皆無本之政未有能新其民者也故修已惟在于明德新民必本於明德聖賢之所學者學此而已帝王之所教者教此而已天子恭已於上者此也大臣盡忠於下者此也勳烈之所以光大文章之所以烜若者此也至簡至易實千載相傳之心法萬世不易之王道士友毋以爲常譚服膺而身踐之斯不負今尹建學之遠意當道作興之盛心而自視亦不小矣有不遠到者乎蕭人世仰乎龜山敢致龜山之懇祝龜山之心即林公今日之心也　嘉靖三十六年廟祠門堂齋廨復就頹敝今魏堂重修之先師

廟前增築露臺甬路戟門交於兩廡修路一帶及披屋兩間以便陰雨時行禮戟門及黑中門各修祗候廳一間每門置鎖鑰付教諭收貯以時啓閉又昇折建訓導廨一所翰林院編脩錢塘金璐重修學記蕭山縣之有儒學舊矣昔嘗改建今址于宋紹興間迨今正德癸酉嘉靖庚子載行葺治事具邵公寶蔡公宗兗記中亦甚詳矣嗣後歲侵風雨浲潦衝齧完者圮新者敝棄而弗治此固有司之責也甲寅冬魏侯至嘗謁學宫具瞻儀佐會諸生於講堂喟然興感曰茲學之修越茲幾載今復若此何以妥神靈宣教化會計餘復我不敢後乃獨以倭夷犯順寇我江防軍興未逮而侯之心則常汲汲焉者今茲邊陲警息財力可資殫厥心思用中前議鳩工於丁巳孟夏甫三閱月而告成焉上自先師廟庭下至門廡堂室齋祠廨宇咸葺而新之丹堊輝煌臺堦峻潔遠近博觀爭傳盛事夫自

聖天子視學育才聿修文教乃用輔臣議以主易像亦以吾夫子春秋之義去其王號尊爲帝師追復三代禮樂之嚴一洗先朝非分之陋則固無間然矣而宮墻蕪穢見者興嗟亦何以仰承德意大抵爲主司者來去靡常率多引嫌委之未暇或視官府如傳舍計日待遷於士於學弗少經意亦或委用非人怠於稽察隨補隨敝殊罔顧惜其弊若此不獨一方爾也侯乃不然力興茲舉用財若干緡日加省視第其工力勤惰而上下之餼廩稱能百工胥勸民不告勞成此偉績維時縣博林君則時徐君演既相厥事爰命徐生大夏鳳來華乞言史氏立石記之璐嘗有聞先王建學將以明倫敦化儲養人才資世用也故爲政之要莫切於此侯能於瘡痍甫定之初節用撫綏不傷民力而爲此振揚風教之舉自非學有定力而知所先務者念不及此也豈不足以爲諸郡諸邑之勸哉自今以往尚冀我諸士體侯修治之意修身以崇德修辭以廣業交相砥礪以昭我國家文明之化茲固報德報功之典其有利於天下後世遠矣因著丁篇以告後之從政者使有所考

焉侯名堂字汝高湖廣承天人登嘉靖癸丑進士博學有文善於立政此特其一也儒學後地極卑下宋張稱孫築崇岡於其地以壯形勢今不存矣嘉靖三十七年庠諸生請於提學畢鏘議建尊經閣名今令魏堂建之捐俸於官助貲於鄉大夫及士民晉領以生員父兄其地增高八尺西偏近池增闊不等越五月而閣成

萬曆三年廟祠堂廡號舍併教諭廨復傾側就圮令王一乾重行修葺

左布政使錢塘陳善重修學記　蕭山自建學以來代有興舉宋以前無論已明興二百餘年文教隆洽治政聿興而蕭邑之學所為飭治更新者凡六七作永樂間一修弘治間再修至正德癸酉乃拓地增植規恢前制嘉靖癸卯戊午重加繕治萬曆甲戌邑侯泰

和王君一乾崇禮右文留意教化顧視學宮日就圮壞乃白于當路鳩工修葺𢡢海西蜀劉公樂茲美舉捐貲助役始事于仲秋之朔竣于孟冬之望由是圮者振頹敝者完汚漫而剝落者煥然改觀宮墻若益峻泮水若益澄庭樹澤芹隱隱生色而絃歌講誦之士有所托處焉邑博豐城黃君時濟來請予言以爲記予惟今之作室者内施堂棟外列藩垣限以階序緟以楹軒品式周詳器物完具而後衣冠揖讓錯綜交布於其間苟棟折宇傾階序蕪穢藩垣崩弛即使峩冠博帶戴纓袿衿之士日濟濟于庭亦無以備禮容而告成事矣學校者士人之室家也聲名文物于此焉出道義名節于此焉生夏絃春誦于此焉寄而黌宮齋序過時弗修使俎豆委諸草莽而敬業樂群者無所栖托即

國家造士育才之意安在哉此縣大夫所以憂也聞侯之治邑也清獄訟平賦役節財省力去奢崇儉而獨于學校修葺以時可謂知所務者是宜邑博諸上于感君作人之盛而樂觀厥成也雖然禮義者世之棟幹也教化者俗之隄防也廉恥者士之藩翰也今學宮之棟幹植矣隄防嚴矣藩翰固矣

諸士絃于是講于是出入敬業于是將必有覩輪奐之美蘄堂埴之固勉思自植圖與維新者斯誠縣大夫邑博士所爲惓惓屬望于諸士者也若弁髦禮器芻狗絲簧豬爾澤宮蕪爾齋舍以自毀傷其薪木撤去其藩垣將使吾身之堂棟日就圮焉豈惟司世教者之憂抑亦諸士子之羞

萬曆三年教諭黄時濟見儀門道義門湫隘將頽脩之各增高二尺許於尊經閣設木主祀朱夫子貯五經

萬曆十四年西江水溢灌入學宫墻垣多毁西廡屢經傾圮本縣三次繕葺之學故勝而隘乙酉夏江溢輒及宮宇多圮公嗟之亟捐俸鍰周門垣餙堂殿及房廡齋祠三元經閣衙廨所已更聚奎亭亭七歲正制也噫公有道長者雅重學故諸生樂學且修頌而公固以惇朴先學諭應楠謹以歲月識不敢爲枝辭云公名會

惠安人癸未進士王丞箕徐尉閔贄馬訓導楊季傅楠仝記公者也

學宮基地自尊經閣後垣起至三元閣計二十七畝七分七釐六毫

學田隆慶四年令許承周斷出孫坤顧科等貲求田二十畝

萬曆四年令王一乾斷出已故張十九田七畝九分六釐係無主之業作學田

隆慶三年監生倪世逵讓田五十畝爲學田低瘠少收累賠糧差令王一乾憐其義申學道着世逵受原田量發價二十五兩貯庫萬曆九年令馬朝

錫捐俸六兩紙價四兩并前世達貯庫銀買張煒田九畝七分六釐三毫已上田俱縣收租申學道文給

隆慶四年諸生以賀登田正當文廟耕種汙褻教諭雷沛因醵諸生五十餘金買之計五畝九分零有碑議爲射圃不果仍爲田

雷沛記蕭山浙東首邑學宮自宋紹興間徙奠茲里左大河右西山文峯拱前飛山峙後形勝得十九馬後造之奮項背相望名宦鄉賢代不乏人自嘉靖癸丑建城度地薄於宮牆之陽前厄文明之路選舉遂減於昔群議有歸時則江右栢庵歐陽令詢於太史南明諸公星橋金公相方經理建魁星亭以奠玄居闢文明門以來旺氣甃雲龍橋以通龍泉浚月牙池以滙泮水規制聿新風氣丕暢科名頓倍于昔惟池之上有田桑麻蘙翳畊之傍有屋溷厠穢汚事屬相沿久矣余於隆慶戊辰冬來署教事矚目興思冀展一籌未及也庚

午歲當大比諸上子告于邑令見魯許公欲官易前田經理以開離象而適值大侵于晋諸生語之曰時詘矣不可以舉羸累公惟各捐爾貲以成事可也二三子受命惟謹計所裒總八十餘金召田主賀登易以五十金有奇計田五畝九分餘迺伐桑去埂徹屋毀厠東西十丈南北十步曠然開朗襟抱疎闊昔之湫隘今始闢矣予因命四週植桃李桂栢使春秋吐芳華隆冬不凋落表多士濟濟屬春官桂廟堂而秉節不可奪也中則儲築射圃爲觀德之地以所餘金修尊經閣填兩脇水甃樹與賢坊濬雲龍橋之積土塡月牙池之左肩規制斬斬不勞官民而集事美哉斯舉人文之賁端有望矣僉隨立石請記予不辭僭言如此而以諸生之捐貲者計多寡序後先題其姓名于左共垂不朽若夫修舉廢墜以慨往績於將來充協地靈以繼前修于弗替是所望之人也

萬曆三年教諭黄時濟復開田約有一畝

萬曆十七年署丞來端操讓田五十畝爲學田十

六年歲大侵縣爲平糶端操目擊諸生有貧不能
糴不舉火者有青年婚娶不給燈火無資者故讓
此以濟之他若孝友重然諾置義塾崇祀田葺興
勝塔以鎮潮患建文昌閣以課子姓捐田洩一邑
之澇義塚瘞一鄉之殍募勇却彼倭之竄及葺修
橋道菴宇施藥捨棺折券等類皆其慕義大槩也
鄉黨咸推重之
院道屢旌其義
本縣勘得學田五十畝伐字號二坵計九畝六分
二釐五毫羔字號三坵計十畝一分四釐邇字號

八坵計一十一畝八分二釐每畝租一石率字號二坵計一十七畝三分五釐每畝租一石零五升共田一十五坵計租米五十石零八斗官召佃戶種熟收租歲歉踏勘照例分收糧差俱於租內輸納米隨時收貯在縣每歲終令通學師生公舉諸生中有果貧乏等項當給者酌量呈報覈實分給儘貧餘仗即給各生燈火若自行告濟俱不准支本縣本學俱無別項支用之端自萬曆十七年冬季爲始已經備由申蒙

本府詳批仰候

按院詳示行

按院蔡　詳批本官義讓學田高義可述收租納糧具如議行仍置崇儒扁一面導送其宅以風士類

社學洪武八年二月詔天下府州縣每五十家建一社學後皆廢令林策即鳳堰市舊申明亭改建一所凡三間嘉靖三十五年盡圮令魏堂重建以其西隙地易田玆地建駐節廳

道南書院距縣西二里在德惠寺右廳三間左右夾堂各二間成化二年令賓昱建今圮

宮室

邑之宮室類凡有六曰樓則有鎮海樓迫西興渡隆慶中圮萬曆十五年令劉會因石塘功畢力請重

建葺舊臺增高四尺改方洞門架樓三楹其上迴廊皆石柱繚以雕欄顏其面曰浙東第一臺門曰望京背曰鎮海樓門曰永興道樓之中曰浩然樓之左十步許架小樓三楹大門三間碑亭二座計工費六百三十兩即築塘羨銀也不動縣一夫先是

有玩江樓久廢弘治十年令鄒魯重建改今名嘉靖十八年通判周表修葺太守湯紹恩扁曰全越都會唐司空曙九日登高詩詩家九日憐芳菊遂客登高賦浙江漁浦浪花搖素壁西陵樹色入秋窓木奴向熟懸金實桑落新開瀉玉缸四子醉時爭講德笑論黃霸屈爲邦明王誼詩蘭芷浮香淑景暄畫欄高倚看朝曦烟遥綠樹分羅刹浪裏青山是海門別崦童遊句踐國春江曲抱苧羅村登臨自喜添詩興幾度臨風倒玉樽張禺詩旭日動滄溟樓高曙色明烟霞千嶂合鐘皷半空鳴天闊

淮山迥雲連越樹平凭高屢回首不盡望鄉情餘
姚王守仁詩越嶠西來此閣橫隔波烟樹見吳城
春江巨浪兼山湧斜日孤雲傍雨晴塵海茫茫真
斷梗故人落落已殘星年來出處莫無累相見休
教白髮生邑人來天球詩秋日登高客共聞東南
形勝動詩顏山回雨勢蒼龍起江落潮聲白馬還
聖德昭敷通絕域人文傑出重區寰憑君莫問爭
雄迹吳越遺宮夕照間山陰僉事黄猷吉撰浩然
樓記西興越要津也萬曆丁亥秋潮嚙其隄與樓
且盡郡守蕭公良榦邑令劉公會心共禹思才胥
說濟隄益而堅樓增而壯開府溫公御史大夫趙
公各有石第詳於隄而畧於樓以故有客侈言於
余曰客也竊慕主人之好樓居矣則亦聞夫西興
之有新樓乎夫其黨天都壓水府嶋峙鸞停鵬騫
鳳舉右聯而海門日月晃曜左盼而富春烟樹蒼
茫控越則萬壑千巖後擁而雜遝引吳則龍飛鳳
舞前拱而昂藏遥瞻五雲輝映眉宇俯瞰四野森
羅目眶恍檣錦綺魚鳥鏡懸潮吞汐吐風雄月光
是故傑乎雄據則海國江天若可超也迥乎特立
則吳郭越鄣若可挾也斯無論海上之十二矣况

人間之百尺哉余諦而聽仰而答曰樓信美矣而客以爲美游乎仙者也余以爲美游乎天者也游乎仙者下則流上則連游乎天者大則聖小則賢余其謂斯樓爲浩然而客也擇焉客曰斯樓之古一名䚷江再名鎮海浩然謂何厥義安在余曰鎮因乎勢覿取諸景望海橫江凡樓可命曾是江樓專奇擅勝大都江水東注未有挽而西者若潮也海潮墻生未有奮而起者若浙也則其竟八萬之由句涇三億之輸灌憑元氣以載浮應月精而引潚駕海若以前驅望江門而中貫漲斯溟矣旣東以吳越巨防浪而駭焉又激以龕赭峭岸以是天吳氣決陽侯怒赫奇相鼓輪氷車轉軸傾倒雨師發揚風伯維裂柱歌江掀海立遠若雷轟近若霆擊天地愕眙山陵辟易何言懸水何言流沫何錢鏐敢射何王闔敢叱何六龍之鬬喻其猛何萬馬之奔喻其疾由前觀之江聲泯泯若虛若實由後觀之浪花沄沄若失若得息以根動動以効息故其來也似凌節而倒施實行險而不失似任情而肆志實時行而不迫斯造化之浩然詎海鰌之出沒迺有蒼水使河上公鞭石陸海懸居鑿空戴以

六鰲夾以兩龍望之縹緲即之穹窿塹江爲險射潮爲雄若登彼岸宛在水中倒竪排山者重門吞而洞達掀天揭地者八窓吸以玲瓏樹百尺之高標當九街之要衝倚棹如蟻憑欄接踵謂觀海無如江左問水旁乎浙東富夫春流滚一色桃花秋水淨兩岸芙蓉增長因一陽初動賈壯以三伏蘊隆夕渡明於漁火晨應響乎梵鍾觸者神王逆者膽勇夢幻者大覺沉冥者神通可以發舒華夏可以開闢混蒙可以激昂天地可以鼓盪心胸豈伊烈士貞臣慷慨赴難覊孤遷客惆悵固窮亦彼蠢蠢者手舞足蹈奄奄者髮指骨踴或激爲雄文而光焰萬丈或發爲浩興而世界一空或勇猛精進而歷劫不退或堅固究竟而百折必東想夫巖巖而孟渾渾而孔火烈而姬發鷹揚而太公類振古之豪傑建不世之勳庸微大勇其幾衎則是氣之所共夫子長探奇禹穴而文雄漢史道濟多助江山而詩邁唐風非彼一重一揜皆吾肺腑而况夫一闔一闢直肖洪濛且夫客不觀夫川上乎夫其山如培塿水如甕口尼父亟稱乎輿深取剝是鯨波拔地而襄陵龍濤拍天而撼手放之則洄洄萬

頃掬之則盈盈一手彼尸子以沐浴喻作激揚喻義韓子以重下喻禮不遺喻智類因物以善觀亦觀物而妙契獨何異夫驅海濤於硯滴揭木天之標致關世教以立言讚神明之偉制指造物之秘藏若江河之行地蓋嘗論之吳楚乾坤少陵誇其汗漫落霞秋水盈川表其佳麗孰與此樓美占天南滕王失色壯觀江表岳陽短氣故余不爲寄興感慨若仲宣賦不爲閩情琴奕若禹偁記人亦毋爲披襟稱快若楚王風毋爲擾來遺興若庾公月夫是之謂作者意也已客乃矍然起立抗手而稱曰遜哉遐乎清濁始判乾坤乃位爰有此江即有此潮既有此潮宜有此樓命曰浩然敢不敬聽因

詩 到處行遊轡未開 獨憑高閣思雄哉平生最愛居臨水此地真宜石作臺任使潮聲翻地軸不妨山影落吟杯釣鰲易展任公手紀勝難逢杜老才樓門直望海門開扶醉登臨樂快哉雨後挾飛吳越國六鰲齊戴水雲臺廓寥天地揮吟筆感慨滄桑問酒杯萬古東流誰是主挽回盡屬使君才 山陰通政朱南雍

詩 乘興登高漫舉盃凭闌一望意徘徊長堤誰續千年蹟古渡今新百尺臺潮若闊

龍從地起山如飛鳳隅江來題詩誰是唐崔灝好景應難畫品裁［附西興新堤黄獻吉詩］南山鞭石走如羊築就新堤控大洋任爾鴟夷驅海若無勞强弩射錢塘西來城郭增吴會東去桑田擁越鄉不是天生蒼水使問津空望海門長［會稽商爲正詩］鞭石東南駕碧空何當壁馬走蛟龍雄開鉄岸三千尺翠鎖江關百二重琴鶴有聲鳴化日郊原無地不春風論功今古誰能似鄴下清才一再逢［會稽翰林陶望齡詩］疊石成隄結構雄岩嶤飛閣倚晴空根盤吴會鯢鯨靜勢擁東南雨露通烏集平沙春自語花當古渡歲初紅欲知今日西陵意一帶漁歌和晚風

勅書樓在縣治元令尹性建今廢

鍾樓在祗園寺

日堂則有景行堂樂育堂並在一錢太守祠元至正間元帥周紹祖肇建

學製堂在縣治宋天聖四年令李宋卿建今廢

翠簾堂 宋淳祐間令高曆改學製堂爲之今亦廢

絃歌堂

閱古堂

幹理堂

惠愛堂 並在縣治元令尹性建今並廢元樓思可撰惠愛堂記蕭山縣達魯花赤某作新堂于縣之圃遣徐王問堂名於任先生先生曰民罔常懷懷于有惠惠則足以使人愛請名曰惠愛之堂屬僕爲之銘且序曰蕭山戶口數萬田數萬輸糧自公民支僅一年屬地最褊然東有會稽之饒西有錢塘之勝行省宣慰司府州隸焉朝廷數遣使問民疾苦外方貢獻相屬於道縣官設帳衛供給迎送無寧日費倍視它有職甫聽民訟父老豪傑故人旦暮携千金叩門戶或挾書頓首于前曰請察斯事驕逸分諸外正直變諸中厥德二三倚法錯置如惠何守志厲操者不爲也夫縣官於民

甚灝惜易知休戚不啻若己出鄉之尊德吾長俊秀吾賢子弟農樵吾童僕之稱事者疾病不能自存吾親族之無告者負險傲倖冥頑自資吾比鄰之嫉妒者寬以撫之嚴以威之推此道以往政化成絃誦興去之日人惜之又從而思之有召伯甘棠之遺風焉否則曰某也欺某也虐又何感愛云乎哉

麗澤堂在儒學令林策建流光堂在江寺邑人張郎之題曰閣則有安靜閣簡靜閣並在縣治令尹性建今廢圓通閣在江寺原有大悲閣久廢萬曆五年僧懷璁祖廕借邑人丁珊王地等募緣重建高四丈深五丈鑄觀音大士千手千眼像無鑄花瓶鐘鼎左列香山景右列五十三參景後列西方景曰館則有河陽館在城西門外五十步官廳三間大門三間周垣門外石級呼爲西馬埠往來官長於此泊舟嘉靖間令施堯臣建曰亭則有驛楫亭在夢筆橋側宋令李宋卿建丞相葉清臣記今廢冠山亭分翠亭涵虛亭俱宋靖康間令曾喜建今並廢望雲亭

心遠亭適意亭並宋乾道間邑人徐性建今並廢觀化亭盡心亭並在縣治元令尹性建示農亭在城東門外吊橋東晉官廳三間門三間門外石級呼爲東馬埠往來官長於此泊舟嘉靖間今施堯臣建駐旌亭候春亭一在縣治西一在縣治東今並廢臨川亭今廢宋林樞密希詩云山川圖寫幾時休再過蕭山歲巳周客枕夢東南又北此身大似一虛舟金泉井亭在淨土山麓郡守洪珠題寅賓亭在鳳偃東後食亭在縣治今蕭敬德建少憩亭在蒙山宮前五楹俱石柱嘉靖間今歐陽一敬建井亭邑人來端蒙建暑雨亭在西興鎮邑人戴光建一覽亭在石巖山嘉靖十年郡守洪珠建并題郡推陳讓詩湖上千峯翠欲陰孤亭斜日鬱飛岑高情昔喜三人共芳址今看四客臨南望雲巒越地畫西沉沙渚吳山深萬方寧謐巖郵暇坐對湖光漾此心今林策詩亭倚諸天石徑迴舍舟輕策躡蓬萊半山禽鳥青春靜遶屋松篁白日雷蜃氣仍仍浮海

渚漁烟數數防江隈披苔細酌還招隱指點佳人洞戶間邑人孫學古詩絕壁臨江虎豹雄江分兩岸浙西東亭中自覺塵寰小海外疑連弱水通秋盡冠裳多會集春來花木更菁葱四時不盡參軍興百載懸知太守功

西興茶亭

在沙岸鋪右佛堂三間迴樓三間僧房三間大門三間茶竈一間嘉靖間僧道能建邑人來瑞蒙歲助齋米三十石柴五百束茶三十觔薑銀五兩男來自京如數繼捨不廢

令王世顯碑記

西興浙東首地寧紹台之襟喉東南一都會也士民絡繹舟車輻輳無虛日及其涉顛險歷風波觸炎蒸而病暍目嚴寒而阻饑喘息須臾幾塡溝壑者衆前此未有濟之者嘉靖甲辰天目僧道能至自杭目擊其患而悲之計施以茶湯患不得其所邑民毛玠等議以沙岸鋪隙地可北且便也具其情請于郡侯蘇公而築之委耆民胡謐韓承文傅良董厥役僧乃捐衣鉢力營建不越月而落成公喜題曰茶亭自是往來獲濟僧以苟濟弗給事必中廢復出贏資於鋪之西南里許置田三十畝每計所入以充費又思雲遊靡常冀有所托知靈峯院僧德愷雅有戒行

借爲住持使主其事閱四載而其來未艾也八月之吉余偕沙源戴公緯視公曰事則美矣所少者井耳乃戒童僕具畚鍤助僧穿其地而甃焉井成水易汲而濟益廣矣噫無住相而好施固士君子之所願聞使吾民皆若道能推其慈愛之心則於人何所不濟爲民父母皆若蘇公之作興鄉士夫皆若戴公之左右且觀義興起又皆若諸耆民則志士孰不敏於爲善乎夫慈愛者仁也作興者義也觀感者化也余於斯亭斯井之舉深有所感焉因給券以謁僧田産之役且勒石以垂世守云

東門茶亭　里人曾鳳曾忠信曾忠倫任大隆等倡買田八畝零收花資給道人如桂主之

西門茶亭　丁琥每歲施茶助費

民造亭　在臨浦小壩令蕭敬德爲前令王聘建并碑記

去思碑亭　在臨江亭前嘉靖二十二年爲令王聘建邑人田惟怙撰去思碑記嘉靖

十二年十一月濟南王侯來知蕭山縣事甫三載陞秩去今九載餘矣邑人士頌侯德政感而思之欲謀樹碑勒文以昭永久而鄉進士張子獨毅然購石召工將立於臨江亭中屬余爲記余乞歸林

下亦嘗沭侯惠澤者敢辭筆覘之役乎侯諱聘字
念覺別號東皐山東濟南利津縣人由嘉靖癸未
進士初宰陜右盩厔以賢能徵拜兵科給事中謫
判太倉州尋遷余邑後歷南京户曹郎知衛輝府
以詿誤譴謫去官侯天性和粹静重質直言貌恂
恂悃愊無華心地正大光明表裏一致推誠馭下
坦懷待物見之者逸氣自消持身廉潔歷官寖久
澹泊如寒士雖遭遷謫而得喪寵辱一無動心爲
政寬厚平易簡刑省罰節財緩征惻隱恤災勞心
撫字苞苴不通厨傳不飭惟於利害所當興革淑
慝所當勸懲者則汲汲爲之而民之蒙其澤者自
不怨不庸而莫能名言之也兹姑舉其槩而書之
邑境濱江枕海頻年有風濤洪水之患而侯思患
預防率民修築湘湖西江北海塘調度程督川宿
水次塘堤高厚倍昔役甫畢而淫雨彌月上江徽
嚴衢婺諸郡積澇漲溢賴捍禦有備民免魚鼈之
災邑南臨浦有小壩近江商販竹木魚鹽往來圖
便常賂居民盜開通舟江水衝入爲害侯嚴其禁
防令民固塞豪商百計撓之不從地方永賴立石
築亭名曰民造邑居東浙上游西接藩鎮供億頗

煩侯務節省以紓民力常例應付外無毫髮科斂
饋遺宴饗之費侯才力精敏聽理甚勤不厲威嚴
民自輸服判署公牘左右吏胥無敢一言以售舞
弄之奸嚴戢隸卒凡勾攝公務惟行里甲並無差
人下鄉公庭清肅閭里宴然及徵收稅糧官民田
土荒熟高下均派本色折銀立限曉諭民皆依期
輸納事完不提一人令各里舉保身家善良者名
爲鄉老朔望延見咨詢民隱閒以詞訟委之剖理
欲其勸諭民多感化息爭侯問學淵博講論精徹
諸生翕然興起人才增盛於昔夫侯之爲政大率
寬厚仁恕而本之以廉出之以公行之以誠不事
聲色不求聞譽而德澤沾潤民無能名焉雖縷數
其事詎足以盡侯之美耶兹惟摭其耳目所及而
迄今頌之不置者條列以書諸石焉亭臨道傍過
而見者寧不感動而羨慕之哉而侯之芳名將與
峴碑同垂不朽矣是爲記　錢塘布政陳善撰養初
王侯去思碑記　嘗謂古今人不甚相遠世代殊變
直道惟一蓋官猶貌也民猶鏡也妍媸不可以欺
貌治忽不可以欺民田夫里婦恒數吏治毫髮不
爽是故伏車雷同不真於麥社桑畦之俚語觀百

艷諛莫良於召崇冦竹之遺陰知乎此而官之樹德民之慕義豈偶然哉養初王侯之治蕭也五年而進刑曹又五年而七民之慕義者益切請余爲記以求其不忘余詳侯之爲政所以樹德者不淺固宜既去而益深其思也蕭例舊以糧里爲二役十年而勞民者至再侯則合而爲一所省不貲民嘗稱便自嘉靖壬子倭夷肇儆師旅無虚日里遞虚耗船勞費萬狀侯則八埠挨輪以時調發遠近懽呼竹木之稅法在鉅商而濫及本山將爲永厲侯則告諸當道勒石以除之私鹽爲禁重于大夥而出産舊害法外資奸侯則牒發鹽官因民以爲例他如賦役之鑄成書版籍之嚴飛詭義渡永利涉之舟盗賊處黨嘗之令增飭黌宇以妥士習固關南門以啓文明山谷無識吏之民閭閻樂不求之誑是皆明見秋毫不以察察而傷愷悌澤流四境不以煦煦而賈驩虞勞身焦思貽謀詔遠種種色色即如祖父之爲子孫計真切腑肺孜孜朝夕較之用智喜事以趨赫奕之名者其爲己爲人王伯相去蓋天淵矣由是下懷其德上旌其伐績勞五年而稱最者七牘鶴鳴于和其誰曰不然僅得

刑曹亦循資格耳侯固不以淹速累其心顧更五載而得一常銜於恤勞乎何有與其布尺寸以博顯榮孰若碣閭闠以垂不朽侯亦辨之早矣乃今士民拳拳乞余言以昭其報且以爲後事之師固三代之遺愛亦三代之遺直也是非監戒果孰得而欺耶侯名一乾字元卿號養初辛未科進士吉之泰和人厥考星岡爲良二千石最績海内侯曰之德政其淵源所自得于趨庭者爲不匱云

莊則有昭明莊邑人鄭元亨梁特亨馮開國建崇義莊令高曆建載義莊邑人錢萬愷揚閏孫建令胡雲龍題由化莊邑人十太保主莊事上四莊創自宋今皆不存

祠祀

邑已無遺祀矣德範世而澤被生靈百年而後議定其名宦鄉賢二祀乎先達蘇王二公余業詢輿

頌進而祀之矣第十室忠信未必無王韞球沉來俎豆遺榮之慨是在後之主祀者揚搉云

壇壝社稷壇在治西二里　洪武元年令府州縣各祀事壇壝制壇而不屋東西南北俱二丈五尺高三尺四出陛各三級北向爲前前九丈五尺後傍各五丈繚以周垣四門丹油北門出入石主一長二尺五寸方一尺埋於壇南正中去壇二尺五寸下入土中上露圓尖神牌二以木爲之硃漆青字高二尺二寸博四寸五分厚九分趺高四寸五分博八寸五分厚四寸五分一書縣社之神一書縣稷之神

臨祭設于壇中置案上祭以春龝仲月上戊日禮用三獻壇之東爲庫房西爲神厨爲宰牲房南爲齋宿房左爲水池今並廢惟存水池

風雲雷雨山川壇在治東三里　洪武元年令郡縣祀山川明年令有司以風雷雨師爲一壇祭于城南六年令以風雲雷雨山川之神合爲一壇尋以城隍合祭之壇制崇二尺五寸方廣二丈五尺四圍各一十五丈四出陛惟午陛五級子卯酉皆三級壇之東南爲燎壇祭以歲春龝仲月上旬擇日設三神位位風雲雷雨于中山川居左城隍居右餘制

並祀社稷之壇而不用石主出入以南門祭器牲幣則加社稷一壇改望瘞爲望燎宰牲諸房亦廢今林策建壘三間於東南隅爲齋宿房

邑厲壇在治北一里洪武八年令府州縣每歲春清明秋七月十五日冬十月一日祭無祀鬼神壇設于城北制周圍五丈五尺崇二尺四寸前出陛三級繚以周垣南爲門壇之東南隅爲齋宿房爲厨房爲宰牲房左右各有廂房今並廢祭先期三日主祭官詰城隍廟發告文至日設城隍位于上無祀鬼神于下牲用羊豕各三解置于器羹飯以次鋪設

祭餘羨飯則散諸邑之無告者

里社壇與社稷壇偕始每里各一凡一百四十所祀五土五穀之神每歲輪爲會首遇春秋二社率錢備物祈報祭畢會飲宣讀誓詞今俗謂之百家壇

鄉厲壇與邑厲壇偕始每里各一凡一百四十所周以土垣而不屋里中父老率錢備物與邑厲壇同日祭其鄉里之厲諸儀視里社今久廢

祠廟名宦祠在先師廟戟門之左祀宋令二人楊時郭淵明尉一人游定夫元簿一人趙誠皇明令三人蘇琳朱栻王聘歲春秋祭先師畢主祭官即易常服以祭文曰卓哉群公懋修厥職澤被生靈

功垂社稷又天生賢達蒞于玆土士之
典刑民之父母滚滚後塵誰能步武

鄉賢祠在先師廟戟門之右祀晉孝子一人夏方唐孝子一人許伯會宋名臣二人張稱孫張叔椿處士一人郭原平皇明名臣八人顧觀朱仲安姚友直殷旦魏驥張嵿翁文翁五倫祭同上日文曰於惟
群公孕秀茲邦懿德卓行奕世流芳又花封鍾秀
篤生諸公堂堂之行烈烈之風出處雖異流芳則同

太守祠在錢清鎮北祀漢會稽太守劉寵唐封靈應廟
宋改靈助侯元至正間帥周紹祖重建祠有殿有
左右廂儀門外門歲久盡圮嘉靖三十六年民方
氏假邪神依附言禍福以惑人因創淫祠一所令
魏堂毀之撤其材以修此祠仍罰方氏修所未備

殿及外門惟葺舊兩廂儀門周垣皆改作增置蓬軒露臺甬路馬道凡祭以春秋仲月祝祠曰惟公昔典斯郡政化有成擿發奸貪號稱神明仁聞漢室惠及越氓民不識吏夫不夜驚將作之徵復歸漢庭龎眉父老出餞江城一錢強受匪污廉貞名垂竹帛江水同清某等緬懷令惠敬吊儀形躬率僚屬祀事孔明

元陳世昌記昔漢桓帝時劉寵爲會稽太守有惠政被徵有老父五六人出若耶山谷間人齎百錢送寵辭謝爲人選一大錢受之而投之江因表曰一錢太守地曰錢清其事距今殆千年矣元至正二十三年實皇帝御極之三十一年也時江浙行省平章李公來鎮會稽山川群神罔不虔祀而寵廟舊在禹會鄉祀既久無以稱明祀乃謀作而新之會元帥周君紹

祖分守錢清因以其事委之且曰錢清以寵爾名者也地爽塏而南北之衝在焉於茲餙廟以事神其有不可乎既出粟若干以給工役之費而江南諸道行御史臺移置紹興實專紀綱之任於是周君以平章之命來請而臺議以劉寵嘗庇其民而於報祀爲宜也乃捐緡以爲之助焉周公既奉命度地庀材量工命日計專而事勤夙夜匪懈經始於二月畢以閏三月廟成正堂中峙以安神棲翼以兩廡其西曰景行之堂以待使客過謁祠下而止息者其東曰樂育之堂將延師爲義塾以教鄉之子弟垣墻四圍門闥洞赵翬飛藻映蓋秩秩乎其有序者矣自海內用兵凡祀典之神山川祠廟之所在鮮不罹於兵燼之厄乃今劉寵獨以其人而克新廟貌何與天理之在人心猶元氣之周流萬物隨時發見不擇地而生也寵以廉而得名後千百年猶能使人知所與起天理之著其不可誣也如是哉予於是而有所感矣周君以其事來告俾予文諸石以永其傳乃爲要其始末復作送神曲以既之辭曰風嫋嫋兮青蘋神君降兮江之濱朱幡導兮兩輪齊四牡兮駪駪文茵茵兮綴席進

椒漿兮糈食神之監兮靡有所眥我民之報兮無極俛仰兮千年山崔嵬兮水潺湲神之德兮斯在流遺愛兮不昧桂棟兮蘭榱作新廟兮巍巍輿神兮來享爲福澤兮永綏［知府會稽季本重修祠堂記］蕭山縣東五十里里曰錢清故有祠祀漢會稽郡太守劉公也公名寵東萊牟平人初以明經舉孝廉除東平陵令以仁惠爲吏民所愛母疾棄官去百姓送者塞道車不得進乃輕服遁歸後四遷爲豫章太守又三遷拜會稽太守尋徵爲將作大匠累官至司徒大尉自郡邑薦歷卿相廉約終身家無餘積即其平生守已愛民可以見明經之實學矣其在會稽而遷將作大匠也山陰有五六老叟自若耶山谷間出人齎百錢送之公勞父老皆具言公治狀公辭謝不忍拂爲人選一大錢受之至前途投其錢于江以故名其地爲錢清而公之遺愛久且不忘則即其地而立祠以祀之禮也祠自　國初以至弘治間代加修葺故至祠下者莫不瞻謁焉中葉以來川就頹圮迄於嘉靖甲寅幾六十餘年而峴山魏侯來尹茲邑慕公清風慨然以興脩爲已任邑方多事時不暇爲侯既調兵與

寇戰勝龜山又以財力尚詘處資爲難需遲久之適民俗有爲師巫者立淫祠塑神像以邪術惑鄉民侯親履其地毁之以其材爲公祠而他所經費亦貸群邪之有罪者量其輕重而處給焉正祠暨外門各三間皆葺舊也儀門暨左右景行樂育二堂皆新作也墻垣甃砌稷然整齊志有在而事竟成力不煩而功易集侯之爲政可謂欲而不貪勞而不怨矣侯名堂湖廣承天府人由明經登癸丑進士故常仕優而學崇重學宮補修邑志以其所輯家禮會成教百姓類非俗吏所爲在邑三年百廢具舉內常自足無所避嫌也至於劉公祠之脩則其風又足以興仁立懦有裨於世教不小侯之明經殆與劉公同效者歟昔曾信公脩閟宮史克以其有志於周公也故作頌以美之今侯雖有慕劉公之志愧予不能頌也上舍周君沛春元李君存中爲予言狀併書之以昭來者元中書參政王叔能詩劉寵清名舉世傳至今遺廟在江邊近來仕路多能者也學先生揀大錢　國朝高啓謁廟詩亭亭樹間祠落日小江口停舟拜孤像開幔蒼鼠走憶公治邦時德感山谷叟臨行謝其餽清風

在茲久我方東征急不得奠杯酒悃悵出烟扉殘村夜聞狗邑人沈環詩古廟小江邊穹碑紀一錢清名垂竹帛遺愛豈蒲鞭犬臥花村月人耕綠野烟千秋承血食誰復繼前賢

德惠祠在治西二里據爭土山之麓成化元年賜額祀宋邑令搢樂楊時後以邑人吏部尚書魏驥同祀祠有殿有儀門有外門儀門外有池池之南有宰牲房殿西有曠地廣十畝許凡祭與太守祠同祝詞曰惟神道德並隆功業咸著開湖溉田禦菑捍患闔邑之民求沾惠澤時維仲春秋祇脩祀事靈爽如在尚其享之提學副使劉釪記德惠祠者朝廷從蕭山邑民之請而建以祀宋大儒搢樂龜山楊文靖公也公政和間爲蕭山令多惠政而其大者水利焉蓋爲民嘗苦旱公相邑西南多山地

勢高亢平曠乃築堤延袤八十餘里中計三萬七
千二畝豬水曰湘湖利及九鄉溉田一十四萬六
千八百六十八畝有奇其地之入於湖者則驗所
獲利之田而均其稅仍因時以爲水之蓄泄雖大
旱而邑田之稔者常過半湖中多産魚鮮又有蓴
菜其根潔白可炊以療饑凶歲隣邑亦頼以濟民
感其惠立祠湖上曰楊長官祠又加畫其像祀之
歲久祠廢而遺澤未泯也朝廷景泰初南京吏部
尚書邑人南齋先生家居謂是湖爲邑無窮之惠
亟與有司講明脩治水之利又加於昔又謀諸縣
令朱玉縣丞李孟淳得湖東百步許廢寺山麓以
復其祠先生之子完即承其志率邑之尚義者捐
貲肇建甫成先生奉詔進一品階命完謝恩
闕下留入翰林預纂修事邑民張文何賢等請曰祠
雖復恐久且廢欲如漢會稽劉寵例乞入祀典且
公親承二程先生道學之傳當從祀孔庭先生然
之令疏其事達于分巡僉憲吳公立紹興郡守東
莞彭公誼以聞斷自聖衷賜額曰德惠聽於蕭山
立祠仍於公故郡延平立祠賜額曰道南以其徒
羅仲素李愿中配倶令有司春秋祭祀如儀所以

孫宗

咨邑民懷感之義慰後覺景仰之心也命既下咸化二年六月彭公詰祠祭謁以爲甲監不稱與邑之官僚人民謀新而大之衆既悅從乃於其中擇耆效勞者張文沈宣賀惠方募匠掄材肇工而彭公膺山東方伯之擢以去今郡守京口吉公惠爲上虞令時以公事至聞之即捐俸以助及陞爲守益力綱維其事而浙藩方伯西蜀張公清暨釬咸致力焉民之趨事者恐後中爲堂左右翼以兩廂前爲儀門前右爲道南書院以彰當時四方學者從遊之跡左爲泡漚之所右前爲外門恢弘壯麗規制一新越明年六月訖工邑庠生何舜賓者民童子李王方徐數謂茲盛舉不可無述以傳相與詣予請記勒諸石適監察御史張公敷按部於浙余具道所由公曰爲學爲政若文靖公者真後學模範朝廷既褒崇之記何客爲惟公實南方道學之倡其含蓄廣大造詣精深觀其著述布在方冊可見已至於裁決危疑經理世務如燭照數計尤其所長其令劉陽餘杭皆有遺惠在民不獨蕭山也其緒餘見於爲邑且如此使得志於天下何媿哉或者以蔡京之召議公且謂其晚年之出無友

建明是不然孔子於佛肸之召欲往柳下惠援而止之而止蔡氏固不能浼公也况當京用事之時國勢危急公之德望四方推重因客張觷言宗社危在旦夕宜亟引舊德老成以維持之京問其人觷以公對京乃薦之會給事中路允迪使高麗其國王問龜山先生安在允迪言於朝特召公爲秘書郎則京之薦公非其本意公之出亦非以京薦也及出則言王安石學術之偏追奪其王爵罷配享孔子力排和議極言京蠹國之罪與夫三鎮不可棄之類凡所論列皆切世道又得謂之無建明耶使當時能委國以聽必多救正柰何雖立要地皆不能專且久而公年已邁爲可惜也公之學得之河洛而傳豫章羅氏延平李氏以及朱子其自程門歸也明道送之有吾道南矣之稱伊川自涪歸嘆曰今之學者多流於異端惟楊謝二子長進朱子祭延平亦稱公承兩程之緒則正學之脉實賴公以傳豈惟蕭山慕之在天下後世聞其風讀其書孰不興高山景行之思哉南齋先生一代耆舊老成德行文章視公無愧葢不獨仰公遺澤而尚友於三百餘年之後有神交而默契者故拳拳

以闡其道復其祠欽蒙皇上大昭崇儒重道之典而從斯邑民秉彝好德之心之請以襃崇之者抑豈偶然耶繼自今湖之水利公之廟食殆與天地相爲悠久而登斯祠以瞻仰者可不考公之實德實行以激厲奮發暴白儒者之功哉因併記其始末爲來者告祠西向面湖蕭山帶其南驛道運河經其北前役董役者府知事歐琛大使魏賢而從史其事則知縣實昱也南齋先生名驥字仲房南齋別號其時年九十五云

大學士劉珝撰魏文靖公配享德惠祠記

蕭山四圍皆山海居民苦水旱宋政和壬辰龜山楊文靖公尹縣時浚治湘湖蓄泄有則利及九鄉民感其惠立祠私祀國朝成化丁亥有司備民情上請禮部復以爲言上命學士劉定之議法應祀勑賜德惠祠許春秋祀景泰改元邑人魏文靖公時繇吏部尚書致仕歸里第視楊公舊規隳廢年久設法添築塘高廣內增築卧羊坡抵避湖中風浪栽柳於塘使其堅久其時鄉老立碑作頌有過於昔隔除占湖爲田七千三百一十八畝及江海無塘障衛民罹水旱致徙他方鬻妻賣子憂形於色勸率官民子孫同臨患害處

所脩築復舊塘閘堰壩一十二處歲歲如之是以連得二十餘年豐稔民感其惠甍後失於預防辛卯秋風潮衝入縣境淹死人畜田禾塞港顆粒無收比昔尤甚上厪聖慮遣內外大臣撫安賑恤適其子完遵公遺言辭免營葬省銀一千七百餘兩轉濟饑民槩縣之民感公生前歿後之惠合章上請立祠報祀命下廷臣議曰公初由文學歷官中外清慎德望受知列聖致位通顯歸休林下監察御史梁昉言公有德有壽請如漢故事優禮之

特降勅云卿以醇篤之資正大之學歷仕累朝官登八座歸安田里壽屆百齡進退從容體履康裕緬惟風采嘉嘆不忘之諭特遣行人存問賚以羊酒有司月給俸贍之及聞家居恒以邑環江海多水患爲憂以楊龜山湖堤遺跡閘堰塘瀝倡率脩築著水利切要以發明之德惠昭昭宜從所請禮部擬宜作主入于德惠列于楊時之右令祠祀之章入上曰魏驥惠及鄉民准入祠祀祭法云法施於民則祀之又云能禦大災能捍大患則祀之若謂也琳生也晚自羈貫時仰止迨長出仕叨職禁近一止一動未嘗不以公爲師法而公之孫壻洪

君宣之門人徐君公溥又能以公立心光明爲學正大之旨每每談及二君皆秋官員外也及考夫商少保葉文莊二公讜論事行尤悉翔以是愈得於心愈有所慕其實宜乎鄉民感公之德之深而懇請報祠以垂不朽惟公之孝友忠信清脩苦節文章事業著在天下自有信史書之顧斯不足以盡特記配享德惠之實耳蕭山今宜興吳君淑求爲之記故不辭而書之公字仲房初號梅居又號南齋晚年門生孫尚書原貞出鎮兩浙取書平格之義尊稱爲平齋作平齋記以紀其實所著有松江志蘭齋集素履集理學正誼水利切要等書傳于世云

魏文靖公詩

寒雲古木草離離典故前朝有孰知義辯三經防遺否惠施一邑救民饑苫生石門香誰爇蠹食松堂壞不支安得陳詞達天聽孔庭陪祀復何疑

大宗伯增城湛若水詩

始聞湘湖勝三夜夢見之先拈龜山香乃敢陟湖堤傍湖山氣合山與雲天齊漸進迷遠近逾深遂忘歸

今蕭敬德詩

山水盤迴德惠祠碧蘿蒼蘚兩穹碑先賢爲政風流在太宰明農恩澤垂萬頃湘湖民稼穡千年閭井士耆龜桂花香滿梧桐淨俎豆衣冠

對越時

城隍廟去治南百五十步　梁開平二年吳越王錢鏐奏封爲崇福侯宋紹興三十年顯仁皇后靈駕渡江無虞加號忠順乾道五年加號孚應八年加號顯惠洪武三年詔去前代封號祀於山川邑厲二壇有司朔望詣廟行香以道士一人守之其舍附於廟後歲久多圮嘉靖二十七年令王世顯重葺爲堂五間演臺三間儀門五間大門三間廳左右廊各九間中甬路簷廊柱皆石萬曆三年令王一乾重葺後堂五間萬曆十五年令劉會建文昌祠于廟儀門右偏祠三間

大門三間

寧濟廟去治西十里在西興鎮沙岸之東祀浙江潮神宋政和三年賜今額六年高麗入貢使者將至而潮不應有司請禱潮即至詔封順應侯紹興十四年宋徽宗皇帝靈駕渡江加武濟忠應公三十年顯仁皇太后合祔加武濟忠應翊順公淳熙十五年高宗靈駕之行頴應尤異先數日太守侍郎張公杓躬詣漲沙沿御舟入浦去處盡護以紅竹詰朝方集萬夫迨潮落沙巳蕩盡水去所立之竹纔尺許及虞祭畢沙復漲塞莫不驚異於是詔加武濟忠應翊

順應佑公慶元四年憲聖慈烈太皇太后歸附承
思將渡江會大雨震電隨禱而止遂賜王爵是爲
孚佑王明興今有司常以八月十八日致祭祝詞
曰一氣通候百川孕靈勢傾山岳聲震雷霆素車
白馬出没杳冥實錢塘之壯觀固海若之憑陵特
維八月天高氣清某等躬率僚屬駿奔靡寧釃酒
臨江伐鼓以迎神其來格慰我允誠

護堤侯廟去治東北十里在長山之麓宋時建以祀漕運官張
行六五咸淳間賜額祈禱甚應尤有功於海堤今俗
謂之長山廟又謂之張老相公廟凡歲春秋以有司致祭後又別

建廟於新林舖之北謂之護堤侯行宫有司即祭於其所又沿山水橋閘要害之所皆有行宫民各私祀之按王多吉集張氏先塋碑記云吳越王時刑部尚書張亮歿後一傳護堤矦十一稅院襲爲長山海神則前行六五者即指十一言也

私祀在縣北有關王廟治宅之北有巷若箭射之術士云衝射不安乃營是廟爲厭勝在江寺有江丞相祠在湘湖濱有楊郭二長官祠在北幹山有武祐廟又名厲將軍廟按輟耕錄至正丙申歲大旱方士陳希微禱雨于武祐廟累日俄降筆云吾秦人厲狄也與項羽起山陰雖功不竟而死然有德于民其父老不忘我者俾血食于此迺來幾千五百年世代雲變遂湮我姓名至茂焉無聞故以相告耳至今人呼爲厲將軍廟國朝誠意伯劉基記餘暨東北百里爲蕭山縣其山曰北幹之

山浙水帶其陰湘湖匯其陽東望會稽至於大海
口之所出其上爲星紀婺女之辰故其神甚靈能
袪疫厲作雲雨人有所祈必應故立廟於其山尊
其神曰北嶺將軍歲時祀焉宋徽宗時方臘反睦
州自睦入杭其舟將渡江吏民太恐怖相率禱於
神比寇至即有風逆其舟且見甲士列岸上甚衆
乃止不敢渡寇平知越州劉韐上其績于朝賜額
曰武祐廟後封顯應侯有元至正十二年江浙行
省烽火通於蕭山百姓驚駭奔竄市井皆空主簿
趙君誠至縣甫八日即自往西興募民禦寇而沿
江守兵甚寡弱無賴子皆競起爲剽刼且應賊衆
洶懼君詣廟卜于神神許之吉衆心稍安君乃分
遣人捕無賴子爲剽刼者悉誅之有自賊中來言
賊欲遣兵攻浙東見江岸列甲卒旗幟如睦寇欲
渡時寇以故畏憚無東心及賊退邑人皆德趙君
君曰吁茲惟神之功予何庸焉明年夏大旱君往
禱輒得雨衆益信神之靈而大敬趙君之能以誠
感神也元統甲戌之春天大雨雹廟毁惟神所居
室獨存君每至廟謂念無以報神貺乃以其俸錢
作新廟邑人大喜爭先致助十有五年春廟成爲

堂三間三門兩廊像設器用備所獨存室仍其舊繚以周墉甃以尾石植以嘉木丹堊輝映於是吏民趨走成祀益肅以䖍時三月壬寅予時杭還越過蕭山而廟適以其日成故趙君請予記按祭灋有能禦大災捍大患則祀之今神能降雨澤蘇枯槁又能以陰力却賊以保全其民物所謂禦災捍患孰有大於此哉廟而祀之誰曰不宜趙君能愛其民故能以敬事神而獲其祐可尚也已予故喜而爲記復爲之歌俾祀神馬其詞曰青山兮幽幽綠蘿含烟兮樹木稠望夫君兮悵悠悠巖阿寂寥兮使我心愁雷爲車兮雲爲馬輕霞動兮江色赭神之來兮風振野吹竹兮彈絲女巫舞兮分陸離奠芳醴兮薦潔粢縮靈脩兮畀絕禧驅魃蜮兮逐狼虎弭毒厲兮時暘雨禾麻成兮息稃鼓物既備兮禮無愆和熙洽兮洞淵玄爲城爲柱兮式恒且堅保祐我民兮樂以永年　又有崇真道院一在錢清鎮

航塢山有白龍王廟宋紹興三年建廟中有龍井石壁下有龍湫凡旱禱雨輒應邵守湯紹恩詩航峯獨立海天表捫石攀蘿雲邐迤荒村幽蔚鎖禪扃

寂寞蛟龍雙窟湫奮衣直上路峯頭萬里烟波日
正曉數峯落落隱浮空下瞰潮尚鰲子小桑麻午
鹵總關情何時補得乾坤好丈夫有志在虞周欲
將七政從心考幸同夫子汗漫遊蝸角蠅頭非所
寶我今攬轡向中原
帶礪與盟天地老　在鳳儀鄉有初平侯廟有宜
護廟紹興十三年賜額在孝悌鄉有南殿保國資化威聖
王廟漢乾祐元年吳越王建在治西有西殿寧邦保慶王廟
隋大業中有孔大夫者爲陳果仁裨將討東陽賊
婁世幹降之立廟唐光化二年吳越武肅王
上其事封惠人侯後加封今額有昭佑廟宣和三年賜額有崇安保善王
廟有勳勝侯廟有破虜侯廟有蒙山東嶽行宮國朝
邑人來勵詩蒙山遺跡幾千年今日登臨思惘然
鶯囀落花紅墮雨蝶迷芳草綠浮烟邑人來女賢
詩十月小春至清遊及弟昆午風生竹澗溫日下
松門水暖魚鳧戲江晴鶴雀群登臨沉思遠西北

有丹雲【又登蒙山宫留别社友詩】天際飛樓江海
明乘船沈約下青冥星河夜落魚龍靜吳楚秋高
鴻鴈驚海上青苹還獨夜山中朱瑟浪浮
生雲車雪舫如乘興巖樹田花儘寄情　宫之左
又有劉李二相公祠在昭名鄉有社頭廟【國朝邑人張經】
記洪惟　聖朝重立民極稽古作則俾民各鄉立
壇祭土穀之神于春秋二仲著爲典禮焉吾昭名
鄉社頭廟代祀陳氏歷年遐永莫原其由始然以
神之像服驗之弗越乎唐宋之世其王號謟媚妄
瀆意皆出于巫祝之爲相循已久卒不可革適貽
神羞非所謂尊崇也考之鄉鄰别里神兄弟四人
伯氏廟于崇化之黄邨仲氏廟于崇化社壇里其
叔氏季氏則廟食于斯惠澤之敷于所祀之地而
致報享者雖失傳聞其如在之耿靈係民之祈仰
亦足以昭神之既矣昔里有鄉叟戴姓誠之者鼎
建斯宇既墜于元至大間一時經營之需俱出已
有又南築水閘于徐家壩以防旱澇西造石梁于
道源里以濟徒涉咸出貲以成不率斂于人鄉民
懷戴之歲時脩享于神焉誠可以彰繼神之徃惠

也謹作祈報迎送神歌刻之于石俾民歌以祀之其詞曰坎坎鼓兮踏踏舞神之靈兮紛來下瓔枝兮左持朱英兮右携鳩鳴于樹兮春郊雨靡秋田曉成兮穀實豐垂酒烈兮牲肥下民報祀兮茀遠神燕醉飽兮降福孔宜
千秋萬年兮香火是基

生祠有施侯遺愛祠

在倉橋前萬曆八年縣丞陳理移建于西門新城副都御史方巘記曩余守松郡今京兆施侯今蕭山以廉能爲浙東西長吏最聲稱籍甚後十餘年侯叔父蘭坡公來宰余邑亦以水蘗著節迄今新人猶思之詎九華之靈所鍾毓厚耶何施氏之多賢也余聞侯家範云爲吏不廉者百歲後主不得祔廟食然則侯固性循良長者所漸被先訓從來長遠矣蔡生大績侯固門下士也兒輩幸獲從遊其鄉人孫君春溪因蔡生爰持侯遺愛狀示余且請余記勤諸珉余抱而讀之知侯之能巨者縮城平賦禦倭清籍犁然在牘越中薦紳大夫士迨耆黎業已碑之口矣顧余何言惟嘆侯之所爲廉者難及也余聞蔡生云侯故豐槀厚儲持粱刺肥習矣一旦尹下

邑糲食敝衣不攜家累纂畢固扃讀書洋洋然樂也常禄餽交遊周貧乏至所需蔬米反貽書報家人治矣爲諸生時性能飲及居官不燕客亦不享客燕公會繞三巡而已飲且戒何况借刑擭金哉侯始蒞任止携敝竹簏逮還增贈言數紙猶然輕囊也昔人稱循吏者誠心愛人抑性爲理所居民富所去民思由斯而譚侯敷政誠誠民思之固無斁耶固知蕭人非邀惠于侯矣侯舊祠在北幹之麓今移西郊鄰德惠祠祠祀宋令楊龜山先生蕭人諆徙茲勝詎無謂哉詎無謂哉侯名堯臣號華江嘉靖庚戌進士今居京兆天下咸仰丰采云

王侯遺愛祠在臨浦渡口邑人傳詡傅堯臣倪嘉倪秀洪學張范同建邑人主事張試碑記邑治之南三十里有渡曰臨浦江流塹隔南鄉居民出入必由焉上接暨陽下連錢塘凡行旅之自金衢而陸趨省會者必問津焉蓋東南一要途也水勢漾漫不可厲涉舟子倚之射利以百計柳勒往來行人胥病久矣嵗辛未江右王公以高第雋才來蒞邑治興利剔奸百度具舉循汲汲問

民所苦至斯渡嘆曰津梁政之所先仁者溥濟旅
願出途而吾民迺有病涉者譙責哉爰咨爰諏俾
近渡居民洪學傅詡傅尭臣倪嘉倪秀張旅范等各
捐貲共創舟四隻每舟置田十五畝膳之伺往來
者亟濟而勿取直焉於是旅無待渡渡無橫索一
葉輕舸風濤不驚居民改觀行道懽呼百年來抑
勒之津今爲坦途父老欣欣告余曰自有此渡未
聞此舟豈無仁令莫仁於今今旣挈吾民維楫之
矣盍相與尸祝之乎銘於心碑於口未足報德也
余維王侯蒞邑三載廉惠英明之聲冠于全浙即
所注措如蠲冗征清逋匿興學校恤窮瘁省刑薄
歛約己厚下葺椿竹之費覈丁田之實隨事周詳
在在歌德所利濟者溥矣通邑人士方圖肖像于
丹青壘頌于不朽豈直此渡舟哉抑聞仁人之政
舉大而不遺其細民之思仁隨感而曲致其情身
蒙澤焉而不思思而不圖所以求其報豈人情哉
余固知父老之爲祠與碑莫能過也王侯抱具商
濟利涉大川行且登陟要津而弘濟海宇頌德爲
報者詎一蕭人必今日焉爲兆矣余是以紀之侯
名一乾號養初泰和人第於辛未幷勒以詔後之

臨流興思者

文昌祠去冠山里許萬曆十一年邑署丞來端操

建帝君姓張諱亞又諱善勛忠嗣孝仲如
意動浚宇霽雰夫文字仲子孝友聖體肥滿顏紫色
隆準眼大而睛露口方而紅頷闊而方耳大而朝
口三牙鬚多而長兩臉亦有鬚數莖墓在隆慶府
梓潼縣東二十里先姚萇入蜀與帝君相遇借鐵
如意以顯靈迨至隋唐其靈尤著宋朝屢顯神功
加封至八字王廟貌靈應專判桂祿殿後有降筆
亭封鎖甚嚴降筆訖其亭內銅鐘
自鳴其詞多勸人以忠孝爲本

津梁

易以知險自古記之浙潮險矣而冒險競渡即魚鱉亦或甘心焉何西興渡子之愚且忍哉彼所爭僅錙粒耳顧以什伯生命博之即峻法在前卒亦

不悛豈褱中生計莫利於此耶抑習之頑而莫之悟也終當擬良術調之矣

渡凡一十有七治西十里爲錢塘江絶流而渡曰西興渡西爲錢塘東爲西興鎮是爲吳越通津今置水手二十四人官船一座凡私渡舟楫姓名各隸于官或罹傾覆之變者官必以法糾之

萬曆十四年令劉會申文畧云錢塘江潮汐洶湧客舟犯之輒覆覆即多無救者可隱隱痛也究其禍本則以地方惡少五七合夥或呼岸上稍水專奪客貨重裝或呼船裏稍水專泊中流勒詐卒然

潮至多致覆溺彼稍水素習水常得不死而渡者即數十之多固盡葬江魚腹矣卑職嚴立船規限定人數又樹一大旗于江干潮將至即揭旗高標兩岸即絕渡往來頗稱便今雖監渡有官乃土人省祭者流何能讋服惡少故歲猶不免于覆舟匹夫之死無辜溝中之納可恥卑職私計縣之典史迎送外無事可令彼專其職掌凡東渡者仁錢典史輪監之西渡者蕭山典史監之一歲舟無溺者註上考不則黜罰有差如是則彼皆知官守之匪輕而人命之當重其所全活歲當不啻什百矣且

典史於本職可無廢也

宋謝惠連西陵遇風獻康樂詩我行指孟春春仲尚未發趣途遠有期念離情無歇戒裝候良辰漾舟陶嘉月瞻塗意少宗還顧情多闕哲兄感此別相送越坰林飲餞野亭館分袂澄湖陰悽悽留子言眷眷浮客心迴塘隱艫栧遠望絶形音靡靡即長路戚戚抱瑤琴悲遲但自弭路長當問誰行行道轉遠去去情彌遲昨發浦陽汭今宿浙江湄屯雲蔽曾嶺驚風涌飛流零雨潤墳澤落雪灑林五浮氣晦崖巘積素惑原疇曲汜薄亭依通川絶行舟臨津不得濟竚楫阻風波蕭條洲渚際氣色少諧和西矚興游歎東睇起妻歌積憤成疢痗無萱將如何

唐周匡物西陵待渡詩萬里茫茫天塹遙秦皇底事不安橋錢塘江上無船渡又阻西陵兩信潮

御史郭登庸渡錢塘詩二月錢塘上舟搖路轉長天連春水碧山帶暮雲蒼日暖鳧眠岸風輕燕語橋萍蹤厭無定歸思益茫茫

邑人何舜賓西陵待渡詩夜來江寒未上潮沙頭待渡思無聊那能儘力驅山骨立見成功駕海橋吳越中分天設險江山相望地非遙往來不藉舟航力一水分明隔

孫文

九霄沿江而南五里曰黃家渡西爲錢塘東爲夏孝鄉又南十五里曰上沙渡西爲錢塘東爲長興鄉差折而東二十里曰漁浦渡蓋在縣治之南南爲許賢鄉北爲安養鄉又東十里曰義橋渡南與北並爲新義鄉又東十里曰碛堰渡南與北亦並爲新義鄉治南五十里爲浦陽江絕流而渡曰剎竿渡南爲山陰北爲桃源鄉沿江而北二十里曰臨浦渡南爲桃源鄉北爲苧羅鄉隆慶五年里人傳翊傳堯臣倪嘉倪秀洪學張范置船四隻爲義渡詳載王侯德政碑又北六里曰黃湾渡東爲山陰西爲苧羅鄉差折而西五里曰汀頭渡南

爲山陰北爲來蘇鄉又折而北五里曰周家渡東爲山陰西爲來蘇鄉又北三里曰單家渡東爲山陰西爲來蘇鄉又折而東十里曰馬社渡南爲山陰北爲昭名鄉又東十五里曰捨浦渡南爲山陰北爲里仁鄉治北十里爲北海絶流而渡曰長山渡北爲仁和南爲由化鄉沿海而東十里曰丁村渡北爲海寧南爲鳳儀鄉又東三里曰龕山渡北爲海寧南爲鳳儀鄉

橋跨運河者凡十有一在江寺前曰夢筆橋齊建安中建宋

葉清臣修橋記昔者昭名綴集里巷開于東府子雲著書亭榭揭乎西蜀席前修之能事崇近古之

殊稱此賢者所以飛令聲布嘉躅也若夫景星著象牽牛列于闗梁周官分職司隂逵于川澤觀天根而壯事聽輿誦而順爲此作者所以啓上功廣成修也其或流風可挹遂泯滅而無聞陳迹有基忽廢墜而不舉斯亦平津之舘未歎於屈蠻宛丘之道深譏於單子者已浙河之東偏會稽爲右郡伯禹啓書而興夏句踐保栖而伯越青巖交映佳山水之秀奇茂林森欝美竹箭之滋殖地方百里者八而蕭山居其一焉縣自伽藍者五而昭慶第爲甲焉夢筆橋者乃直寺門絶河流而建之也初齊建安中左衛江公歸依法乘脫畧塵境捨所居宅爲大福田則斯橋之輿與寺偕始其賦名索義亦由此物也自會昌沇禍池臺起傾平之愴大中再造土木極文繡之華唯造舟之制曠日不復物登絡否有時而傾天聖紀號之二年冬十有二月隴西李君以廷尉評實宰是邑君明習吏事詳練理體牽絲訟牒至必連綴批却導窾居多餘地其始至也去害吏撫瘵民激揚頹弊懦振絃領越明年政以疑民用寧訟無留牘漁不征夜於是以成法視文奏以暇刻越隳圮位署必葺邑居維新一

日周爰井疆鋪觀圖籍感釋子之能志惜江氏之寢微且懼乎褰裳厲深爲斯民病漸惟涉難貽來者羞乃諭居僧俾募信施其坐堂上之客必得邑中之豪寺僧知明利真有邦惠成有章自南同與是謀式幹斯蠱三四佛之攸種咸植善根百千金之所宜悉歸寶塔府帑不費里旅不煩山虞致木而叢倚郢人運斤而風集經始不日而功用有成睛虹倚空而半環浮鼉跨波而欲渡雕檻矗而端聳鉤楯繚而横絕有摩轂擊控曳路而下馳飛艎鳴艣貫清流而直逝以材之豐羨稽工之間隙又作駐楫亭于橋之北渼艇子兩槳足以憩行者之勤虹霓一梁誠可免涉者之病是知創橋以表寺先賢之遺懿益光由亭而視橋上人之用心無至建一物而二美具故君子謂李君爲能若乃度群迷超彼岸演竺乾之筏踰從善政均大惠易國僑之輈濟又豈止題柱佴馬卿之忠墮履紀黄石之書臨清水以締材徒言呂母架渭河而建利止號崔公而已哉李君謂余春秋之流可紀歲月之實折簡馳問託辭傳信媿無馬遷之善敘聊傳丘明之新作云陸放翁詩夢筆橋邊擁鼻吟琳圖蹭蹬

老侵尋不眠數盡雞三唱自嘆當年起舞心　華鎮

詩　綠波照日情無柰碧草連天恨未消欲問夢中傳彩筆柳絲低拂曲欄橋

在惠濟寺前曰惠濟橋即鳳堰橋又東曰東賜橋　嘉靖癸丑建城民多借用橋石乙卯慮倭夷奔突橋道又多折毁丁巳令魏堂督民重脩如東賜大通長寧廣濟皆其大者

在新林鋪前曰石橋　舊名浮橋一名木橋架木成梁每壞與山陰縣均葺之弘治七年山陰周廷澤易爲石橋陸放翁渡浮橋至錢清驛待舟詩潮生抹沙岸雲薄漏月明江頭曉色動鴉起人未行扶携渡長橋仰視天宇清遥憐繫舟人聽我高屐聲水檻得少憩一笑拄杖横澄漪弄清影微風吹宿酲湛然方寸間不受塵事嬰寄與市朝人此樂未易明

在白鶴鋪前曰白鶴鋪橋　唐李紳詩未見雙童白鶴橋後錢鏐以錢爽守雙童萬曆間施良貴助修

在錢清鎮曰雙峯橋　一曰方家橋會稽續志橋歲久斷圯郡守汪綱重修寧宗御舟經行撤而復葺

在便民倉前曰

倉橋又西曰真濟橋一曰都亭橋即市心橋又西曰永興橋一曰新橋在鳳堰鋪前曰永壽橋又西八里曰板橋在西興鹽課司前曰倉橋又曰官橋邑人通判戴光建在治之東者凡九里許曰東仁橋十五里曰驅虎橋里有虎患邑人來端操建橋厭之故名」三十二里曰施家橋三十五里曰沈家橋曰路西橋四十里曰鄭家橋又里許曰畢公橋差折而南曰八字橋在治之南者凡二十有八曰興仁橋又曰府橋今廢曰保壽橋在南門內舊無橋邑人典膳張臣捐資建東南曰芹沂橋舊志云儒學故址在縣東南有芹沂橋存焉又里許曰廟橋曰道源橋元戴成之建四里曰羅婆橋五里曰王

家橋曰大通橋舊名板橋今魏堂修十里曰楊公第一橋今楊鐸建十二里曰惠津橋邑人蔡應山周有科等助建十五里曰漁臨關橋邑人田惟祐漁臨關橋記畧蕭山爲紹興屬邑密邇省治而濱江瀕海西通衢婺徽嚴諸郡凡商販竹木簰筏自上江順流東下經冨陽入小江悉集蕭山漁臨二浦故工部分司雖總設于杭而于蕭山漁臨則亦各置榷場焉每竹木到浦分司主政渡江蒞縣監視抽分縣之來蘇鄉地濱東小江名單家堰江之東西爲山陰蕭山之界而抽分廠則在小江之西通山會諸暨數縣及商民往來衆樂聞有木橋跨江以渡尋廢歲久民病徒涉代以舟楫不便嘉靖壬辰工部主政薛公移水關于此商民往來者尤衆公議建石橋未果而去民架木梁以渡而江闊水漫危險可畏今歲六月衢嚴洪水汜溢逕趨蕭山木梁衝漂無存行者患之值今工部主政林公朝臨縣詢知民病遂決前議鼎建石橋計度工費不貲公區畫措處給發羨餘委本縣醫學訓術張官督理其役悉

心殫慮購集工料用土實涯鼓木植水疊石爲基橋列五洞跨江東西以丈計者十餘丈橋之下密設樁柵以防疎漏凡木石灰料工費通計白金若干兩皆公自處給並無干民肇工於七月十九日迄工於十一月二十日規制崇廣甃築壯固絕長流而橫亘凌深波而隱起如蜻虹下垂浮鼉欲渡不惟一時觀瞻稱美誠俾萬世往來稱便公之功詎不偉與　二十五里曰小江橋曰王村橋西南里許曰惠政橋元簿趙誠建　三里曰清泠橋十里曰長寧橋舊名樂大橋成化丙午令朱栻建嘉靖丁巳令魏堂重建　十五里曰埭上黃家橋工部主事謝體升朱惟一爲同官主事黃九皋建　曰東平橋主事黃九皋題嘉靖丁巳秋仲石梁新建東夷適平故名　二十五里曰峽山橋三十五里曰公孫橋舊朱村木橋狹甚多有墮死者隆慶間華賓改建石橋十五洞未就孫華陞續成之凡廿一洞約費千兩鄉人義之故名　四十

里曰觀音橋四十五里曰石蓋橋五十里曰新橋六十里曰濟遠橋又一里曰太平橋又一里曰天濟橋曰峽浦橋又三里曰沈家橋又五里曰順濟橋（今魏堂督民建）在治之西者凡十里許曰儒林橋（即北藥橋）曰惠民橋（即南藥橋舊惠民藥局在此今魏堂修）曰清風橋曰會龍橋（舊名林家橋邑人林可山建萬曆七年鄉官張試勛修改今名）二里曰望湖橋（舊志楊郭二先生祠在湖口民登橋望之故名）又里許曰盛家橋五里曰弘濟橋（官塘十里無橋邑宦來端崍來端操同郡）曰村口橋曰南寧橋曰南溼橋（俱里人來士建附會稽尚書陶承學詩黃龕山下行人悉白馬湖頭水更寒共說褰裳愁落日可能驅石駕迴瀾俄驚斷峽空中下笑指雙龍望裏蟠銀漢近知秋色靜清時題注

定誰看八里曰清水閘橋曰渾水閘橋十里曰資福橋曰望海橋舊名王家橋邑宦來端本建曰應道橋舊名光濟橋生員來援同來應朔建曰江龍橋舊名湯家橋邑宦來端蒙來端操建曰三中橋舊名孫家橋知州來日升封君來端容建曰海山橋大戶來保來潮建以上五橋皆令魏堂督修海山又圯涉多溺死里人來士建重刱曰筴竹山橋里人來弘輝刱孫來士建重建凡橋道傾圯者弘輝皆爲修理不惜所費海濱不便夜渡則懸燈以示之且教子有方睦族以禮遠近頌馬巡按舒汀獎于旌善亭曰東湖鎖翠橋邑宦來端蒙來端操建在治北者凡十有一里許曰永封橋嘉靖戊午張封君翼孫封君煥開堰立橋令魏堂定以今名因記曰宋時令顧冲云運河之北爲由化夏孝鄉每遇歲旱引湘湖水由鄭河口入以資灌溉則鄭河爲通渠舊矣近海鹺徒私貿者率由之

國初有居民王姓者私鹽事發官司遂𡌛其口因名曰王家堰築城後其河之北口亦塞一經霖潦遂爲水鄉民稱弗便者三歲矣余承乏尹蕭見學宮頹敝欲建尊經閣以存典籍但近城無地取土築基邑民張燈以生員父兄素習禮教衆推董事進言曰王家堰爲禁鹽設城築而堰可廢矣於此而取土既成學基復通舟楫去水患一舉而三善無焉余曰開堰可矣更橋之以通往來閘之以時啓閉斯爲全善乃召工濬之其深務與運河底平其濶不究古程度全民居也浚深方尺許兩岸巨石山積而舊橋椿石堅實異常則古之時固常於此建橋云於是燈之父翼率族捐資建橋適孫君賈宅北城亦助工費橋成余因題之曰永封用表二封君且啓後焉近河非無他姓不皆富也而富者又弗助工故他姓不與、又書於碑陰云勾提舉之開鄭河口也顧冲謂未知後日通塞如何愚亦慮此河深濶後或有淺而狹之者因識其丈尺如左閘內濶二丈者長二丈五尺次濶一丈八尺者長十五丈次濶三丈者長四丈四尺次即舊堰後有犯者里老呈究

曰雲津橋曰望

峯橋今廢曰張家橋曰金家橋曰普惠橋舊名和尚橋今魏堂修二里曰東百石橋里人丁應雷助建曰西百石橋三里曰施家橋五里曰郎家橋曰高遷橋十道志云董襲見孫權于此吳志云孫策入郡郡人迎于高遷東北五里曰廣濟橋舊名洞橋今魏堂修

塘堰閘壩

邑境三面阻江海中瀦湘湖恃堤防爲固而若閘若堰壩又節引湖流及諸水備旱澇秪因地之勢而利導之大都爲農也時加葺之俾勿壞足矣頋山鄉當諸富二縣萬山水口易澇易涸即欲多方利導安所用之豈爲地勢所限耶抑講求之不得

要領也

塘凡十有九治西十里曰西興塘西興自官巷至龍口舊有石塘面廣六尺壅以沙土而塘隱隱起僅一二層嘉靖甲子以來沙堋潮撼漂塘石如捲荐齧内地田墓莫可誰何萬曆十四年秋潮異常一夕漂毁百餘廬令劉會力請改築石塘其制先溝土三尺每丈以松椿徑七寸長九尺者五十根花矴浚土尋以羊山等宕石廣二尺厚八寸兩塊連接丈有六尺鱗次直壓椿上爲脚石疊至十六層高一丈二尺九寸每二層縮尺許至塘面廣一丈

用統石盖下每層止用兩塊直接自官巷至永興閘用此制自閘南至官埠具因舊塘基增築不用樁石用八尺者直疊十六層自官埠至股堰址徧仍用樁疊石一如官巷制特每層縮八寸作階級以便上下官巷中衕口塘外可蕩浪樁二匝共長六十餘步計塘延袤三百三十二丈工費計一萬六千一百六十八兩樓閘等費在内

知縣劉會申文云爲海潮突變急救生靈事萬曆十四年七月十八日據通縣人民張本滔沈良臣等呈稱本鎮坐臨海口民居稠密自越宋至今原

有石塘捍禦雖堋沒已久然未及內地人皆安堵近因錢塘沙漲海潮衝激而東入秋以來風浪滔天沙地洗蕩者千餘丈室廬衝壞者數百間即今灌入內河勢在咫尺懇乞拯救民命並查錢越建塘舊基山會協助故事以垂永久等情知縣聞之隨即徬徨走視果見沿江一帶波震浪擊石捲上崩其舊塘以內桑田入于滄海民居沒爲汙池悲號滿前流徙載道且隔運河僅僅丈餘萬一潮勢湧進豈惟蕭山爲長浸之區即山會皆吾鄰國之壑矣計今要害去處日暮宜爲石堤者約有五餘

里灰石樁木不知當若干具工匠徒役不知當若
干人變生倉卒即欲一一遲度之未易也但訪之
故老謂此塘始建於錢鏐氏用百萬緡乃成又詢
國初兩經脩築洪武間曾遣工部主事張傑宣德間
復遣都御史周文襄公忱當是時特以重臣奉命
親督豈非以此事重大旣關百里生靈之計又保
千百年長久之規必德位隆重者理之而後能勝
其任哉自古徒杠闕而鄭僑刺川梁墮而單公譏
知縣聞之矣㤀食茲土目擊民艱烏敢自諉第蕭
山疲敝之邑每歲錢穀幾何以此興作責之一縣

力小任重未有不仆者也合無依昔海鹽築塘舊例以各郡佐之或依三江築閘近例以各縣佐之則庶幾事可濟耳主持力議周文襄公之事此惟有台臺在若知縣則奉令惟謹不敢不殫厥心力也合用工費侯計定另行上裁

巡撫温純記

在越紹興郡蕭山縣西十里許爲西興鎮鎮被錢塘江江被海而起鎮以達於郡者運河也錢武肅王鏐故建塘其鎮海潮日再至歲久嚙決浸修丙戌大決民居漂數百家江且及河害且及郡郡蕭守良幹若邑劉令會上狀余下藩臬朱君臬副令狐君議僉謂更爲塘以障之便議大略言越蓋東南一都會也西興實其門户故名固陵以可守故越生聚教訓廿年竟以沼吴以此鎮也漢買臣稱一夫守險千人不得上晋元帝稱浙今之關中亦以此鎮也無塘無鎮無鎮無越爲塘而庶幾其有越乎一利也江入河即

蕭山西興以水不可居山陰會稽以滷不可田爲
塘而蕭山西興安於居山陰會稽安於田二利也
余于是同直指使者傅公李公請于
上而各以贖鍰佐之發郡若邑倉粟半不足取于山
陰會稽蕭山田畝不滿升量工授食以卜判鐘總
領郡幕陳策縣丞王箕典史徐閔分任其事六閱
月而工竣又復故鎮海樓余渡江中流而觀塘壁
立樓峰峙而榜人則指中流謂余此錢氏故塘所
也余悵然低徊嘆而不忍去者久之旣登岸還武
林署會有客過余言塘自武肅歷宋守吳芾氏而
來畚鍤之役畧可得而言洪武中
高皇帝遣尚書郎暨藩大夫治而周文襄公功最著
于宣德間沿至于今波流極矣否非因于故也而
下木以爲楗朝下則潮夕推之夕下則潮朝推之
雖鞭之長不及馬腹毋論武肅舉一國力捐數百
萬緡集强弩射潮即洪武之役取材他郡藉力他
邑而文襄周便宜括贖鍰數莫可詰難矣
主上神靈嶽瀆挾貯鑾而左右相之守祭潮潮退判
令幕丞身氈樺經營費不盈二萬工不及三時人
力不至于此豈禹陵廟函裔在越而陰以濬川刊

木之烈導耶何成之易也越自是有裨而公中流嘆者向余應之曰若謂越而有此塘乎胡不求錢氏塘以觀之也今天下大患在失時在諉事孔子曰使民以時其以農隙解者語時一端耳及時則事半功倍踰時則事倍功半不待知者而後知也而事半功倍或不以功名事倍功半則以其勞苦費多而功之矣是以漢廷有曲突徙薪焦頭爛額之喻今之守令無能名一錢費以萬計不效則有文法效則亦有唇吻以故事即不可已苟可緩目前即遺大費于後曰後之人之責也文法唇吻我無與今日之役蓋迫於江且及河害且及郡而爲之也亦會令之守若令皆任事人也藉令江不及河害不及郡而守若令亦以狀上而身任之矣語曰蟻穴不塞將成江河夫人而不蟻穴忽也費或無事於萬而錢氏塘與西興數百家居在今以往有不蟻穴忽者而越庶幾其有此塘乎不然余恐後之視此塘亦猶今之視錢氏塘也而越奚裨余故不能不臨流而嘆客曰善會守索余言爲記余故記此以告後之守令而因以自警事固有類此者其味孔子時使之言鑒失時諉事之弊察蟻穴

江河之戒毋若此役之迫于江且及河害且及郡而爲之也塘爲丈三百三十有奇所費金爲兩萬七千有奇工興于十四年十月成于明年三月傳公名好禮固安人以按浙至李公名天麟武定人以按浙直至而藩參朱君名文科則分部其地臬副令狐君名一槐則以清戎攝水利者也効勞諸執事書碑陰餘姚尚書趙錦記越負海之郡也東起句餘歷虞會山西抵於蕭凡五邑地皆瀕海未有不恃隄以爲固者然其壖地尚廣民居未迫海無大故尚爲安流至於蕭之西興則海折而南與江接矣江之流至此漸以大海之委至此漸以狹蓋江海之交而西直武林路當孔道兩涯之民櫛比以居海之潮汐自龕赭二山而入激於沙潬而起其勢之來比之他處獨猛若山岳之爲崩而雷霆之爲吼不西撼於武林則東齧於西興蓋以會省之孔道櫛比之民居而當江海之交會孔棘之潮汐苟非有以捍之則其害之大陸阻於行水阻於運民不可田蕭會山並受其患矣其所恃於隄蓋文有甚焉而不可以緩者隄之始治遠莫可考方錢氏據有江浙時嘗傾其國之力沿江爲隄以

捍武林因謂之錢塘西興之塘亦傳治自錢氏蓋
兩皆其地理或然也嗣而治之其可紀者三自宋
　隆興之後
明洪武宣德間嘗再治之然日侵月削迨至嘉靖中
故隄之圮又幾於盡矣雖近歲江沙之漲嘗依武
林而潮汐之行勢益趨左然要之其初人事未嘗
無得失其間而不能歷世以滋久也萬曆丙戌九
月隄復大圮壞民廬舍以百計不治將害於田於
是郡縣丞議其事以上維時撫臺溫公按臺傅君
李君相與惻然若恫瘝之在己而嚴其議於大參
朱君文科副憲令狐君一槐遂以轉聞於
上乃剗舊剏新作石塘三百三十丈有奇濶若干丈
又作鎮海樓益弘於舊以爲一方偉觀工始於是
歲十月至明年三月告成事吁其可謂成而速也
已先是塘非不石而中未免於土今竟其闊石皆
縱置率用完石其不足者亦才用兩而未嘗及三
既可不土而治之極精合之甚密視之若天成然
亦可不灰蓋今俗所稱爲清縫者其又可謂速而
能精非徒以告成事者矣工成之日溫公閱之而
喜自爲文紀之凡其沿革始末經營次第財用之

所自出諸皆具矣而郡守蕭君良幹蕭令劉會復謂出之人宜有執筆者而以屬不佞錦蓋温公推言司議執事者之勞而不自以爲功郡縣之意以爲非三臺力主率作於上而出贖以爲之先則今日之功何由以成成亦何由以速間嘗論韓愈氏之言以爲天下之事成於自同而敗於自異今一方之病一後之興而主其議者能洞悉利害而持之力任其事者能曲盡隱微而美其成若股肱心膂之相應然此正今日之功所由以成而成之所由以速而善也而上下不自以爲功濟濟相讓若此此尤足爲後來任事者之式抑古人有言千丈之隄壞於蟻穴又日消消不塞甯爲江河蓋古今害禦患者未嘗不在於豫防而害爲防者未嘗不在於能守故能守則瑕者亦可以爲堅不能守則堅者亦未免於瑕況茲塘之成不在曠遠而在廛市則於守爲尤易試爲之法使分任而責成隨隙而輒補則更千百年猶一日亦可也若一成之後漫不加意罔視其既極徐起而更張之豈惟於計爲左民之受其患者亦必多矣此温公所以惓惓於事倍功半之説而不佞亦因以申言於末俾後

之有事茲土者思前人締造之維艱而所以防其微漸者不可不謹之於平日也是役也初議嘗有十難云及臻厥成役不踰時費不加溢蓋非在事者皆賢則亦不能相與以有成總其事者爲通判卜鏜若照磨陳策縣丞王箕典史徐閔亦皆分任而有勞於下者因併書之會稽侍郎羅萬化塘閘

海樓記　蕭之西西興外阨浙潮之衝内爲鑑湖八百淢漭之一道故有石隄里許隄之缺爲龍口塞以大堰堰左上有樓樓前沙渚彌望蓋西興雖越之鄙江之壖實浙東第一關隘也嘉靖壬子沙荐堋及石隄甲子隄亦盡且及内地矣樓亦尋圮而龍口猥塞鬼祠矣視昔何莽莽哉萬曆丙戌秋潮大作漂毁田廬無慮數百幾及堰旁地將穿内水混鑑湖矣扶携叫號載道而尹劉侯泫然曰是誰咎邪夜即燒燭草移文十通告災于上官二日通判卜公鏜來勘災而太府蕭公良幹來議石隄障潮并公費焉侯曰隄固石矣顧何所藉手如採舊基築起則浩漫靡就如塹内地則易就而棄地轉多其築水涯乎而費則取之丁力不可取之蕭之獨力不可得與山會利鑑湖者共之可也蕭公曰并

助之爾不足則以府鍰足之由是奏記撫臺温公
巡臺傅公李公會議題
請得
旨檄侯丞隄而侯乃領出會助費并本縣派徵具辦
輒分委照磨陳策縣丞王箕董役典史徐閔監椿
僉督長率副長程工匠十月三日告江始事頗椿
木出他境不易買而日下地數椿尤難石在數百
里外不易伐又水淺難運開土夫丁不易募而潮
過則土漲難開冒風雪侯潮平而工難晝日變出
不易料而議卒難定以朔時逆慮人皆謂侯何爲
興必不可成之役温公亦廉其難乃遣參將假兵
力助之然業已委卜公矣卜公知侯之能其難輒
移書止參將行慮紛擾也而侯亦自以爲難之不
能我困也昕夕淬勵拊循工匠每聽政于氍毹間
人不敢玩愒六閱月而功成矣咲指新隄曰蝘蜓
若遊龍頭可復使無首乎於是葺舊石臺加隆四
尺架樓三楹其上重簷閣道迴廊柱石翼以碑亭
屹立江表壓怒潮矣已復爲內澇備易壩以閘閘
門丈有四尺撤鬼祠開龍口爲閘渠兩涯疊石十
層崖石二層橫丈有六尺縱五十步又閘以補隄

之鈌閘外左右各石級十二又石庢十餘步揷入江防放水衝奮也計費八百七十四兩先是隄事竣温公來聽成喜曰鉅工奚更丞邪乃徧犒諸在事者尋與兩院交章薦侯已復碑以記守令續而侯不自右也爰假重麟陽趙公文以歸美公而侯之績終不掩漸被者之口同年式王泰徵氏謁余曰我劉侯所爲續也澇龍昇晋潮固捍矣龍口吐吞澇可泄矣顧所繇然也者則有四懿焉隆冬興作天氣轉燠一千百人役再更冬無一人蹉跌失事二給費一一榜諸通逵可稽監督丞尉輩爵然毫無所染即督副工匠亦知自好毋竊三神光屢現若照夜作然四有此四懿其庢績易邪敢丐太史記以致頌云余曰昔漢王陽身當決河屹立不動水尋廻人服其勇壯第不知其精誠所貫也今劉侯一邑所天精神靡所不屬倘一念不在極溺則將群口競起且持左右矣奚天和致而神明格哉惟怒潮不下決河而侯之精誠軼于王固宜衆懿茲而能成不可成之功也猗與誠開金石于侯驗之余亦與被鑑湖澤者遂摭次以畀王式云若辦寃如神除折羡費施粥平糶以濟大侵全折漕

米以便運清浮山以省繁賦分造府覲艤而省山獨力之費諸凡吏僕未盡者當有德政碑在而其隄樓縱横高廣并助給費數具載温趙二記中緊不及西南三十里曰西江塘跨苧羅新義安養長興諸鄉横亘五十里治南二十里曰白露塘又曰荻徑塘在苧羅鄉横亘四里元王冑詩古塘頹荻徑秋來荻花盛留得荻花根能保蒼生命二十八里曰周家湖塘在苧羅鄉周圍二里三十二里曰黄竹塘在新義鄉横亘三里五十里曰横塘在孝悌鄉横亘一里治西二里曰湘湖塘跨夏孝長興安養諸鄉周圍八十餘里三里曰柳塘在由化鄉横亘三里治北十里曰北海塘跨由化由夏里仁諸鄉横

亘四十里其中之徑在由化鄉爲龍王塘東至由化鄉爲横塘爲萬柳塘又東至鳳儀鄉爲巨塘爲瓜瀝塘爲任家塘魏文靖公築堤謡天吳若作孽壞此長江堤沃壤變斥鹵平地成深池况值天雨雪正及農興時凶年轉豐歲須在人維持顧此長堤壞不葺害無涯鄉老訴縣官縣官惟戲嘘至委十大戸大戸不敢違大戸雖竭力十家豈能支椿石且不備夫匠尤甚虧葺寸反壞尺可柰心不齊欲求官總督總督刑必施刑施先姦頑姦頑生怨咨于是果何若只願天垂慈山水勿淜湃江潮勿奔駛移沙與換港扶桑吐晴曦天吳速悔禍庶免民流離

咸淳中捍海塘爲風潮所齧盡圮于海越帥劉良貴主議移入田内築之植柳于塘異其歲久根蟠塘固名曰萬柳塘宋府通判慈溪黄震記錢塘江濤之壯名天下其東自海門分而入

長山龕山兩崖之間者實趨越之新林其地窊以曲長風巨浪日夕舂撞其下豈惟居民凛凛動輿天吳海若爭疆界越東南大都會爲畿内輔藩今又爲帝鄉往來行都者總總無不由此途出其所關係又豈偏州下邑利害止於一方者比哉咸淳六年庚午秋海溢浙東新林被虐爲甚岸址蕩無存矣太守劉公具以其狀聞朝廷亟爲遣吏經度議畝築新塘計費用石當緡錢三百萬用工費十之一公以力未及石請用土而故地莽爲一壑潮汛翕忽甫立輒崩去公親臨按　禱之神曰此朝廷所加念者願有以相之未幾沙果驟漲始得立巨松數萬如櫛爲外捍吏民驩譟舂鍤雲興四閱月而工役訖其高踰丈其廣六丈其長千九十丈横亘彌望屹若天成公率僚吏行塘上釃酒相賀曰非朝廷之賜不及此而川后效靈其志亦不可忘也命立之祠且植柳萬株大書其扁曰萬柳塘以冀歲久根蟠塘以益固既而念不可忘日葺也復請之朝籍新林寨兵屬之西興都巡檢使任責焉蓋公雖力未及石而塘之堅緻殆不減石矣然聞自昔帝王之建都定邑未有不因長江大河之

勝而自昔水勢之衝横侵軼反多見於盛帝輿王之時是豈有他哉水之東西靡定本其常性世治日久則濱涯皆生聚故水至輒易爲患如河決然不聞於他時而獨聞於商周西漢及我朝之隆是其證已我朝自駐蹕錢塘距水彌切樓臺百萬多畸昔海變桑田之地凡司爲隄障者蓋無所不用其極越去行都咫尺實共此江濤洶湧之險水性匪西即東害每相關又宜何如其爲隄障哉頃歲庚子潮齧錢塘輦石後奏全功今歲在庚午適三十年是爲天道一小變今日之東齧新林即前日之西齧錢塘者也雖賴餘福之覃魚龍百怪已帖息必欲爲久安計尚惟後之人因公之志續公之功輦石如錢塘爾公名良貴東嘉人時以太府卿直華文閣出守董其役者參議官金華鞏公名栝

明年辛未二

月十日記

洪武中捍海塘傾于風潮邑令王谷器疏于

朝下議合鄰府縣夫力築之於切患處易土以石令

皆淪于海水縮時猶見其椿石之跡

洪武三十二年江潮壞堤蕩民田廬主簿師整乃力任其事增築堤岸四千餘丈

正統末新林凌家港等處壞潮入之巡撫侍郎周忱具奏仍築其塘所費令兩浙徒流者贖之備木石以資成功

弘治八年潮齧長山隄幾圮太守游興以屬縣水利聞事下參政韓鎬同知羅璞督工築爲石隄僉事山陰陳壯

長山隄記畧　蕭山縣東北十里許名曰長山直抵龕山舊皆土隄隄内乃運河外夷日本番舶畢獻方物浙東温台寧紹等府衛所官民商賈所必經之處良田民居比比緣海門以爲之障沙漲壅恒

十餘里近年海水泛溢所謂濤山浪屋雷擊霆砰有吞天沃日之勢者無間日弘治八年秋潮齧長山隄幾圮居民皇惑將扶攜徙避先是紹興守三山游公興以屬縣水利
聞事下分守大叅盧氏韓公鎬報至韓公疾馳視齧處經畫乆圖欲易以石旬工庀材諏日始事紹興貳守吉水羅公璞實專任焉羅公夙夜憂悸百物所須百方營備量地之遠近分人以董其役掘去浮沙易以堅石令行禁止工不後期不數月而隄邐迤垂成當塗鄒君魯來令蕭山嘗曰此吾責也無苦上人爲也相度已成之功益弘乆遠之規湫溢者高廣之衝突者縈紆之而石隄煥然一新矣且君子之作事固貴乎始謀精審尤貴乎規制弘遠蓋作者未始不欲其乆存而繼者常至於殆廢使繼者有人隄石幸乆不朽則諸君之惠利於人物者可歲月計哉是役也患塘延袤五百二十五丈價費五十七百緡役夫七十萬工經始於弘治八年十月成於次年十月記作於再次年之九月
正德十四年六月西江水溢塘傾邑市浸者數日司

府以鄉官錢玹議用穀募夫築之因濟饑者

嘉靖十八年六月水自西江塘入鄉市巨浸裏陵進士黄九皐上書言利害當道檄通判周表督而築之較舊甚高厚勒碑紀其績

進士黄九皐書切觀蕭山地方紹興府之西北隅錢塘江之東南濱也傍江爲縣堤東南自桃源十四都臨浦而至四都褚家墳南北四十里所以防上江之水在縣之西謂之西江塘江至四都則折而東矣故自四都而至龕山東西六十餘里所以禦大江之潮在縣之北謂之北海塘皆沿浙江爲之也浙江上流蓋自三衢之水東流龍游經蘭谿嚴州桐廬富陽直抵蕭之地名漁浦而匯于錢塘此上江之經流也其所受枝流尤多金華温處之水自蘭谿入徽州之水自嚴州入新城分水之水自桐廬入皆東注之漁浦之南則槩浦江也受諸暨浦江義烏之水經臨浦磧堰而北注之漁浦受江經流又合諸府山水曲折而北經四都

瑞

西北十餘里則又自北而東匯於錢塘是謂浙江蕭人呼爲大江蕭山正在其東南轉屈之間此江流之曲逆水勢所必衝其害一也大江兩涯相去一十八里江面汪洋水有休息則左右游波寬緩而不迫上江之面不盈一里則窄隘而不容泛濫而難洩此上江之不寛水勢所以必溢其害二也蕭山在江東南地頗低窪杭嚴徽信金衢温處八府在江之西崇山峻嶺凡遇霪雨山水奔騰而東俯視蕭山若建瓴然此地形之高卑水勢所必趨其害三也方山水之初漲也西江塘面去水無幾杌梍之勢惟恐不支然山水自上而下海潮自下而上朝潮夕汐應時而至勢如排山逸於奔駟東風駕濤一息千里時方小信猶有落水之候若遇大信潮水有升而無降山水有加而無已上下衝激彼此怒號傾刻之間沸湧尋丈塘土幾何而能當此此際既無洞庭彭蠡之匯則必有衝潰泛溢之勢此潮信之加漲江塘之反卑其害四也

國初上江洪流在漁浦西北十餘里東北入大江若夫槩浦江之水經臨浦麻溪是謂小江東至三江入海大江在縣西北小江在縣東南縣以三江爲

界素不相涉成化年間浮梁戴公琥來守紹興見
山陰會稽蕭山三縣之田歲被小江之害且小江
兩涯皆斥鹵之地萑葦之場可以田而耕也相度
臨浦之北漁浦之南各有小港小舟可通其中惟
有磧堰小山爲限因鑿通磧堰之山引槩浦江而
北使自漁浦而入大江由是槩浦江與大江合而
爲一乃大築臨浦之麻溪壩使槩浦江之水不得
由小江而下以爲山會西北蕭山東南之害又于
濱海之地修築三江柘林夾篷褊拖四所閘門節
潮水之上下由是附近小江之民反藉小江爲利
而兩涯之斥鹵者今民居矣萑葦者今桑田矣戴
公之功也小江居民實受其福而西江水患從此
滋甚考工記曰善溝者水齧之善坊者水淫之蓋
謂上水湍流峻急則自然下水沙泥齧去矣戴公
之初心惟恐漁浦磧堰之沙不能一朝齧去以通
槩浦江之水而瀦滌之尤拳拳焉豈知數十年來
日漸月洗決齧流移漁浦江塘屢被衝壞日徙而
東瀕爲巨浸里冊之坍江不知凡幾貧民之賠米
了無紀極戴公豈知有今日哉漁浦受累蓋亦久
矣是以上江洪流亦徙而南混爲一區以漁浦爲

匯　國初洪流之在此者漲爲高沙乃在錢塘縣之境今之所爲新江嘴俗呼爲米貴沙即此地也此磧堰之既開江流日剥而東南其害五也受此五害蕭民日以西江爲患蓋嘗訪之江濱西江之塘從古有之不知其始自四都至漁浦十五里古塘也古塘之式崇高三丈基闊五丈其面半之間有内外溝港抵塘之處甃以巨石輔之木樁樹之榆柳聯之民居歷代雖久尚有存者若漁浦而至臨浦麻溪壩二十五里則磧堰既開之後江水泛濫所以戴公仿古式而爲塘崇廣之數一如古焉是皆謂之西江塘也夫何時平瀵玩歲久不修而塘之三蠹生焉一則蠹於私窪之穴窟也二則蠹於削塘以通貨也三則蠹於上都之偷掘也蓋近塘高田凡遇旱乾則掘塘甃窪以通車戽汲引江水以灌田禾苟辦目前之惡不虞身後之患江流漲時窪穴通水涓涓之泉勢將滔天禾固無收而家亦蕩廢矣此爲塘之蠹者一也在臨浦義橋倪家壩則有木簰引鹽之出入在汪家堰楊家浜閘家堰則有薪柴磚瓦之出入射利商人削去塘土以便搬運凡此之地不知幾所容貨既過而塘上

不增但知用時而不顧後患矣此爲塘之蠹者二也久雨之後西江水漲大信之候江濤沸湧時有桃源鄉田在西江之西爲水注溺計出無奈則百十爲郡負夜偷掘江塘使水從內而灌桃源始得蘇息不知一鄉之害雖去而三縣之害無紀極矣此爲塘之蠹者三也凡此三蠹塘長知而不敢言告諸官而不加禁一經淫雨三蠹畢生即出不意踰塘而入自正德已卯大水入嘉靖元年水再入六年丁亥水又入十二年癸巳水又入今年六月大水又入凡江漲也必以梅雨水之入也多以六月自已卯至已亥首尾剛二十年而爲大水漂流者五度矣是豈水之罪哉地勢卑而不振堤防缺而不修三蠹集而不知人心懈而不守遂使滔天之勢排空而入不惟巨浸蕭山而且流毒山會茫無堤岸連爲一壑流徙我桑田漂泊我廬舍汩溺我士女損蝕我農功斯民之不爲魚鱉者能幾何哉惟時蕭山山會三縣洩水之處惟三江閘門而已連年閘門久閉海道湮塞我府尊篤齋湯公移置三江城外建應宿閘多張水門二十八洞賴此而水有所歸始易疏洩然是閘也本以疏內河之

水非爲洪水而設民懼不保計出無奈則次北海塘許家鈌二都蘆康河三都股堰大堰等處分殺水勢徐俟旬月然後水落土見降丘宅土幸未即死而一年之生理去矣交秋之候買苗插田而佈種失時必無西成之望卑濕沮洳疫疾繼發而無和藥之需待哺嗷嗷群聚爲盜而無垣墉之蔽家無儲石野無青草服食之物腐爛一空啼哭之聲達於四境目擊其害誰不痛心然則西江無塘蕭民難保其生塘弗崇廣猶無塘也十年之前憲副丁公沂僉憲蔡公乾相繼來督水利慨然動慮加志窮民乃准近年之水痕尋先朝之故迹謂塘非高三丈不足以當江漲也謂基非闊五丈不足以爲巨防也乃出舍于江皋責山陰之助役又作樣塘十餘所制準架一座預期塘成之後使人挽曳而前有不如式即治其罪甚盛心也民方樂於赴功擬觀厥成不意二公陞秩繼去執事之人不皆二公之心竟托空言良可嘆也嗣後張侯選王侯聘相繼來尹蕭山隱憫之心民豈可忘而工役浩繁非邑可辦措置艱難而銀錢有限督理心勞而民力易竊是以塘之高廣不如古式而補塞罅漏

終非永圖故曰不一勞者不永佚不暫費者不竭然則大興工役必何如而可蓋西江之害小江之害移之也然西江塘決潮浸蕭山而夕達山會唇亡齒寒裘破而毛無所傅害每相因竟未嘗免蕭山既爲山會而受害則山會當助蕭山而築塘近聞小江新漲之田年來三縣從輕科糧漁浦之民欲將此糧奏抵西江之坍江今非所及也亦且未暇以小江之利爲辦近年湯侯之築三江塘閘也本在山會之地而蕭山水利亦賴疏洩是以民皆樂從而助費助工未嘗有失今西江之塘雖在蕭山而山會之民同其休戚然則築西江塘之費應倣三江閘之故事而行之夫豈不可蓋三江閘三縣之下流也水患所由洩西江塘三縣之上游也水患所由來水脉流通本同一地利害相因事同一體防江捍海罔非民功我往彼來罔非已事請以蕭山山陰會稽三縣連年庫存患塘銀兩額倩築塘丁夫并力合心共興大役分授地里各效其能在山會所不能辭在蕭山亦不爲泰理所相應情所必至也恭惟　明公在上俯念斯民之窮彌縫　天地之缺尋按舊跡講明古今利害之原

相度原隰務爲萬世永賴之利以三縣之田丁與四十里之工役秉獨斷以致決而百堵皆興禁三蠹於將萌而五害屏息是謂逸道使民雖勞而不怨慎終于始不惡而自嚴其間經畫區處之方明公自有成算奚俟於贅辭哉謹將地圖一幅并作荅難一篇以獻惟　明公留神幸甚幸甚兵部員外郎武林吳𢍰重建西江塘記會稽郡實大禹治水功成會計之地當時乘舟踏麓滌源陂澤之跡邈不可想見蓋已數千年矣唯故穴窆石巋然猶存越民至于今仰之曰微神吾其魚乎凡端冕薦紳而臨民於是者咸望洋顧嘆思繼禹績又安烝民云郡今爲紹興府而蕭山邑于西鄙北濱鉅海南當太末東陽富春諸川下流西漸錢塘江水波尤惡前代三面環設長隄以防患雖非聖人法固亦隨時救弊策也然隄外諸暨之民利于隄壞則彼無壅閼田多收往往竊來毀隄隄故卑薄又苦商旅負載躝踩不戒爲日久矣嘉靖十八年夏五月天連雨至于六月上游諸郡水大至咸滙于下流江海盆溢決壞西江塘四十餘里水高于防三倍湛溺官寺人民廬舍田稼畜藏無慮數千萬

百姓嗷嗷流散浩然懷襄之勢未止時部使者應
山傳公按越聞之瞿然失席曰水菑殷于甲下之
地猶日月變見於朔望也天實以儆我二三有位
何敢不傾府庫平蹊作堙塞洪流以綏元元之命
乎顧兹役甚大惟通判周表職司治水宜益奮貞
亮秉節爲民禦患大禹神靈亦當相之而况於民
乎而况於肉食諸人乎毋崇空文以避法毋諉諸
下吏他綱紀節制其聽諸廉訪若郡守毋忽是時
水利監司真定張公如京師而山陰盧公攝其事
南平游公分巡東道咸下教郡縣申飭經營於是
周君日夜圖上方畧愼簡諸執事而傳公傳諜于
鄉士大夫使同守孫君仝來會周君集諸長吏丞
簿尉邑中父老深論便宜分別利害擇善而從盖
其愼也衆獻議曰計築西江塘萬有百餘丈程之
合役六千人人三十日日受平價不過費白金百
二十鎰亦可以事諸失業浮民衣食縣官而爲作
治乃兩便五堰通商尤爲要害計作石堤勢必完
安發邑中諸豪坐盜者代買薪石贖罪夫喜免刑
辱而自爲除疾亦人情也其董役六官經歷歐陽
昊項惠主簿王良弼典史陳舉盧昆林希俊各有

分地庶可考驗成功議上報曰善亟行之乃閏七月朔周君如策率吏民事事凡八旬西江塘成崇於故防四之三基廣於舊十之四其網二丈屹如崇墉限隔江海越民知免於昏墊矣於是傳公勞列諸執事而疏周君治狀于朝請增秩褒異之周君暨諸吏民來言曰此實明使君捍禦之功諸大夫贊襄之力也盍紀諸余聞使君言水之方割也吾爲民咎焉復閔焉已而深思焉何使鄰邑不以防爲壑也通商之家毋見小利也則隄豈易敗哉斯有任其咎者蕩析奔播之餘饑渴風雨胼胝手足三月底績亦已病矣可不大哀邪雖然敬天之命惟時幾康而股肱不良萬事隳壞安不忘危逸能思始彼何人哉嗚呼何念之深也大禹不云乎勸之以九歌俾勿壞是宜紀功叙遺厥嗣守之人是年冬張公至自京師而漳浦進士林策新爲令上下相冀慎固封守遂立石焉

蕭山爲塘者二分捍江海向並時葺邇來俱停其工爲休息便利計然中有必當葺而不可停者安可

置其辯耶塘曰西江者江受常山以北之水而蕭山之西偏四十里當其衝春漲而蕭必浸且及山會矣所恃以捍之無虞者僅一帶土塘耳所係詎不大哉塘曰北海者捍狂潮而爲之也似與西塘並要顧彼海沙漲十里許潮不及塘即及塘湧入内地秖淤鳳儀二鄉而二鄉害孰與三縣害故議者僉二鄉聽修北海塘而西江塘則派由化等九鄉修之役不相及以利害自相當也顧有謂北海無論已即西江可無葺而盡葺其部石焉食以噎廢可乎彼或時值波宴漲不及塘修築料價徒資

惰夫故爲此議耳儻一旦難作悔奚及哉竊謂此
役終不可罷在矯其弊而拯之耳如慮近塘惰夫
堄月築費莫若派該畝得利田戶身操版鍤定其
處遇大造而更如慮丁夫劃舊塘冒新功封肉充
飽立甃莫若分都按里修葺工竣輒以石表識堅
瑕如慮椿節洗出居民拾之爲薪莫若僉近塘殷
戶爲長察之某工洗出尋令其工復完之不惟斷
拾取之弊而塘日益堅矣如是廢里長各保門戶
知利害且葺塘即自葺稼也設有不虞一呼即至
不啻手足之運子弟之赴孰有惰窳敗事者顧乃

懲惰夫之兜冒紐波宴之一時輒欲廢三縣莫大之長計左矣左矣且如萬曆乙酉梅水江漲隄防庳缺椿節無具余雖捐俸市築暫捄目前終非久計即此當爲不時葺之一驗云

萬曆元年六月江溢漂溺人畜三年潮勢異常東瀉西興古塘盡圯于江形家云造塔與杭六和對峙可厭潮四年署丞來端操獨力建興勝塔厭勝司府屢旌之仁和尚書張瀚記洪潮作祟謂縣蒼昊天闕耶謂縣地軸勝形所激闕耶而人道厭勝鎮定之勣謂有藉天苞地靈平抑無所藉資遷然襲得之耶水原天津天漢穿星絡萬萬里而潮震下東溟且又時時憑蟾月之餘威爲祟則事厭勝者非有得禎兆玄符家不可東溟晝夜再

激再回穿沙潭歷海門挾其沃日吞天之勢以崇
江南之西陵則欲厭制之非深合地竅地脉合堪
輿家不可顧有陶猗程卓之雄貲不擅二家名而
慨然出不貲屹然成鉅觀赫赫然厭洶湧無窮殆
若嘿臍二家而得其陰庇者無迄喜施一念遠格
玄黃玄黃遞樂爲陰庇而東海阿明君亦且樂爲
之抑狂瀾呈順道者乎羅刹故洪流惡道自鳴夷
革浮而怒濤益洶湧自武肅奮臨安强弩而潮曰
避日徙日南薄于西西陵最西陵舊有鎮海樓厭潮
水衝頗得消颶浪鯨波之警頗無柰樓址不固積
圮成墟萬曆初元水益南奔爲崇川廬民畜漂溺
萬千一時正無可若何而與勝浮屠自臚署來君
肇矣來君敬江南右族豈必以其擅形家更豈必擅
符北之秘迺形家固有以祔浮屠告者鄉父老方
擬募合材工而君獨玄寢示符更謌謌有良工自
我之告已復寢鉅錐神授視其錐脩廣復大類浮
屠君益喜益載不厎俛仰叶勝曰起輒悉謝群力
獨麾其旋緒千金當樓址之墟扼江潊之要高舍
利之表備七級之形挾形家之奇擅厭勝之秘自
丁丑夏五迄秋季塔成塔初以樓故名鎮海繼以

吴允

上官旌異更名興勝云復于塔下立護塔祠舍若
干楹文昌書院若干楹蓋自落成七級江壽漸平
沙漲漸拓十餘年來毋論伍行人素車縶轡不重
焉弋民驚毋論武肅王萬矢欵飛不重爲西陵福
即赤乖大觀赤厭洪波庇脊生無旣詎一非來君
驟格升沉嘿昭二家而成洪勳乎人謂來君格升
沉非僅而一旦也嘗聞壓壓好施門内則孝友踰
常人施門外則郷塾里中施姻婭則折券書助嫁
婚甚衆施菑瘦疾苦則調藥餌賁𧽚粥孑衾棺瘞
浮胔其他若捐產以祭先華田以洩澇建大通南
新驅虎諸橋築諸孔道以便褰裳募義拒倭以免
鄉邦之焚戮舉平生歷歷自呂少傅吴少保而下
多不惜美詞揚詡果若斯言則格孚有素其合天
道地靈有素何怪一浮屠之告成今日而抑何怪
從價厭患之勳之未來將來耶或者謂浮圖本縣
桑門而藉厭滑水尤近虛荒余曰悲悲坎蛙哉伯
禹發宛委發金簡符籙深明水道尚矣其他外家
書若鍊石聚灰劈山趕山驅石諸幻異事事俱有
成驗達觀遐採何至瞪瞪不信一浮屠哉山陰尚
書吳兊記萬曆丁丑余舅氏龍巖來君端操書以

議剏鎮海塔謀於余時余奉
命總師上谷雲中鴈門討授李將軍獲東虜名王適
奏捷獻俘告　廟無暇悉其議逮癸未戢寧歸
朝告成南還舟渡西陵偕來君攬湖山之勝見長江
繞山驚濤拍岸浪花隱隱作輕雲中揷鰲山高凌
霄漢儼若應龍之欲吞噬蛟鼉然者則興勝塔也
問其制曰高以七十尺有奇以象七十二候廣三
之一以象二十四氣築基則下布松椿上施鉅石
厚十有二尺以象四時基之廣竟一畝有奇基之
方以象地而其圓以象天而其最高一級冠以承
露石盤以象天一生水下連六級亦傍水涯則地
六成天也問其所以作之利害自鎮海樓傾圮江
流東徙萬姓之居幾於淪沒建塔將以鎮海而衞
民社也問其所給則石以萬計磚以百萬計工三
年而成亦萬計費溢千緡皆來君一身任之問其
謀始則父老上其事於邑邑上於監司監司酌定
其議而下之邑邑侯諏日躬祭告以興事事成則
監司嘉其義隆之以禮命其名曰興勝余因爲之
說曰古今人刱造始患其難成而終防其易毁賢
智之士每爲民捍災興利乃遺跡多無存冨厚之

家爲穹臺廣廈以貽後而子孫或不能守豈以存心非厚而上天難孚用意非公則人心難協無惑乎虔始之難而厚終之不易也今來君起大衆而捍民之菑動大事而興民之利費不仰給於公家值必溥酬於衆力備此四舍以經營當世之務舉艱大裕如矣詎一塔之虔始慮終云乎哉每嘆釋氏絶倫滅性乃獨造浮圖以藏既毀之骨私而愚來君爲民捍裁興利造浮圖以樹不朽之名公而智合天順人審謀畫制水火靡能爲之災勢家不能爲之奪任一時之勞而貽地方之利於無窮損一時之費而造子孫之福於無量視彼居官而鄉相居家而千金竊升斗以立家業爲子孫作馬牛甚之希非分之獲以釀禍本爲子孫作蛇蝎悖入悖出若朝露然殆胥壞矣曩余兩督列鎮久當鎖鑰之司城塞以數千里計建扼險臺以千計繕邊腹城垣以數百計皆純用磚石甃砌以圖堅久使虜不敢犯若西鎮之順義稱臣及用銅鐵造火炮以數萬計使虜即有佗者咸碎骨若東虜之名王授首凡所剏造皆一成不朽疆場可以永賴與來君之事適相符因爲之叙次其事俾世之留心民

事者知所採焉

堰凡十有九治之東二里曰鳳堰三里曰章家堰二十里曰孫家堰二十五里曰楊新堰三十里曰沈家堰曰衙前堰四十里曰石湫堰曰蔡家堰曰季家堰又東南一十五里曰單家堰南二十五里曰丘家堰萬曆十四年西江水溢衝堰爲潭令劉會修築曰湊堰曰大堰其石路一帶省祭周揚鳳砌三十里曰磧堰水利書云磧堰決不可開西一里曰王家堰宋志名鄭河口十里曰殷堰曰大堰萬曆十五年令劉會改建永興閘又西南三十里曰汪家堰曰聞家堰

景泰四年縣丞王璡興工濬新河以洩由化昭名里

仁諸鄉之溢

天順間知府彭誼建議開通磧堰於西江則築臨浦麻溪二壩以截之既改其上流又於下流築白馬山閘以遏三江口之潮汐故知府戴琥水利碑曰磧堰決不可修三江決不可開

邑之西河舊有林家堰以爲水勢乾溢之節後或廢或存無一定之規況兩岸多爲人填出架屋乃漸淺狹舟不能通民病之弘治十四年屯田僉事張鸞開浚亦不能復其舊矣萬曆十一年重建橋稍廣之

閘凡十有七治東北二十里曰長山閘東北禦海西

南節由化由夏二鄉之水三十里曰龕山閘東北禦海西南節鳳儀里仁二鄉之水歲澇並以出諸鄉之水東北入于海
二閘並成化間郡守戴琥建今長山閘歲澇開洩水龕山閘今復開合置閘夫以時啓閉
治南四十里曰吳家閘節孝悌諸鄉之水東南十二里曰徐家閘
元邑人戴成之建景泰間縣丞王瑾重建
二十里曰螺山閘
天順間令梁昉重建
並以禦小江之水坊昭名崇化二鄉凡旱南引江水澇北決諸渠行之于江治西五里曰村口閘八里曰清水閘曰涸水閘十里曰資福閘並以瀦湘湖之水坊夏孝長興三都凡歲穐三日則慎其坊曰永興閘閘基故

大堰外障江潮内節運渠二百里之水道時鑑湖湮澇逆奔于蕭昭名崇化由化諸鄉滙爲巨浸鄉民爭開大堰放水入錢塘江顧潮汐奔潰塞之甚難嘉靖三十年土人剏鬼祠于堰外塞龍口水無從洩轉于股堰洩之第塞之尤難此係一方利害非淺萬曆十五年今劉會因石塘功畢計羨銀二千餘兩貯府庫酌請閘費八百七十四兩零改堰爲閘二座以洩諸鄉水澇且便啓閉而山會則以爲公羨也亦領費于府庫因剏青山白洋二閘並洩鑑湖水云

知縣劉會申文云爲懇恩建閘救民水患事本縣自蒞任以來間嘗召長老問圖籍以知民所疾苦則具言邑最苦水患蓋其西接長江北通大海內有運河四十里外有諸湖數十派以故稍稍遇雨輒成巨浸廬舍傾圮田疇渰廢本縣蓋四載于茲而蕭之沒于水者屢矣今日修西江明日築北海又今日則築土壩又明日則築石塘邑無寧民民無寧歲至于今日爲苦極矣此職所目擊心痛蚤夜焦勞欲爲蕭民一拯而未能者也近據通縣人民徐淵戴和等呈稱邑有西興大堰昔嘗于此建

閘前基雖廢遺跡尚存往三十年前曾一開洩水患立消今望救民陷溺垂恩再建萬姓幸甚本縣聞之惻然遂復召邑中長老按故道詢之則各言所以可建閘狀大都以水勢直瀉入江最便職猶未敢遽信復詢之諸縉紳詢之通學諸弟子員則又人人言便如前爲保百無一失且云此閘一建不惟本縣可免魚鱉而山會既無蕭山上流之增注則三江之水亦可分殺其勢是一舉而數邑俱受其利也願建必然之畫夫有司職在爲民民有一利則當興之民有一患則當恤之借使利多而

害少猶當斷在必行況百利而無一害者乎今見
剩海塘銀兩原爲蕭山
題請以築塘之餘者取爲建閘之用則上無困于公
帑下無苦于私徵惠之而不費勞之而不怨此眞
千載一時也伏乞俯從民願特俞縣請倘有利害
本縣願以身爲百姓甘之

治北十五里曰簄頭閘節由化鄉之水北注于運
渠治東三十里曰麻車閘節鳳儀鄉之水南注于
運渠又東三十五里曰許家閘捍北海之水南溢
于里仁鄉治東百步許曰鳳堰閘嘉靖三十三年未城之先開受

崇化鄉并芹沂陸家河水自鳳堰徑入廟橋河自造城後水北入運河出東門南經城濠始入廟橋又經東塘河至徐家閘東流以達螺山閘並入于江治西百步許曰林家閘西受夏孝長興諸鄉之水南受新義苧蘿諸鄉之水會于西河達于運渠東經于錢清又東入于江治東三里曰新河閘十里曰溇湖閘昭名崇化由夏諸鄉之水會焉一入于溇湖一入于山北河會于長山閘又北入于海國初大學士吳寬龕山閘記浙之東多可耕之田而常苦水旱然亦莫甚於紹興蓋其地介於江海之間潮至則海沙漸壅而水不通故雨溢則江流暴漲而田皆沒其患豈無自而致者常考之郡志有漁浦有磧堰凡水自山陰天樂慈姑麻溪而來與金華義烏諸暨之水合流於江者足以障之入海而不使分殺其勢則沙涸不能湍悍矣夫水道無

阻則澇易泄而旱有濟其爲利也莫大於是自堰之廢農人始以爲病久之莫有爲民慮者浮梁戴侯廷節由監察御史出知紹興之三年政既有成益留意水利既相山陰境內置五閘以洩江南北之水矣他日行蕭山問民所苦縣令陳君珪亦以苦水對侯遂與之行水指龕山斷處曰是獨不可置閘乎乃以委陳君陳君召父老沈珪輩經度材用而命司稅凌禎宣義郎江雷督工工既訖因名之曰龕山閘仍設卒守之相時旱澇以爲啓閉自是水有節宜田無汚萊農人復以爲利於是陳君念侯之功不可無記述爲書授儒士沈鍔求記於余未暇以復會陳君以憂去而宜興吳君淑來代臨視修治益謹不懈曰是不可使侯之功終泯泯也乃復以書來蓋事未有不由人力而成者雖天地之大凡可以利民者必其人之輔相而致其可以病民者亦必其人之壞遏而去況乎雨澇于天水澇於地所以爲民病者尤甚牧民者首宜施之力而治之然人莫不曰治水而得其要者難耳治得其要雖洪水能導之於禹治失其要雖淮水不能堰之於梁則人之力亦未可以槩施之也今夫

蕭山爲縣東南有小江既漲塞以阻其水之行矣西北有錢塘江顧其廣足以有容而龕山當其涯適有斷處此循兵家井徑之險馬陵之隘也使治水者不於此而他啚又循兵之四出漫戰於野舍其宄而不之扼也是豈可哉今也爲閘於此雖尋丈之間凡木石之具足爲吾當關之一夫抑何水不能捍哉此戴侯之功書以告夫後之人也寔宜是閘也久而必敝後之人修之而復敝而復修之雖至千百世可也雖與龕山相爲存亡可也則其利豈止今日而已閘之制爲門二中施横木深若干尺廣若干尺傍列石柱上架石梁各四其材用木爲樁三百石爲丈六百灰爲斤三萬五千其工四千五百六十起於成化乙未之四月訖于是年之十二月又三年戊戌七月戊子記

宋嘉定間汪綱知紹興府以蕭山有古運河西通錢塘東達台明沙漲三十餘里舟行則膠乃開濬八千餘丈復創牐江口使泥淤弗得入河水不得洩

淤塗則盡甃以達城闉十里創一廬名曰施水主以導流甚便綱運民旅皆利或云古驛道由漁浦渡入浦陽江宋南渡攢宮于會稽乃取便絶江抵西陵發舟因通此河予考夢筆橋建于天聖二年則南渡前已有此河

壩凡有八治之東四十里曰錢清壩南三十里曰臨浦大壩曰臨浦小壩曰麻溪壩萬曆十六年令劉會重建以石三十五里曰倪家壩曰義橋壩九鄉各築壩以滀湘湖之水曰湘湖水壩苧羅鄉各築壩以滀周家湖之水曰周家湖水壩皆先甃而築畚白露而隨毀各以鄉都爲界

臨浦小壩爲西江之内障商舟欲取便乃開壩建閘

甚爲邑害嘉靖十三年令王聘塞之十五年令蕭敬德建民造亭爲之記勒石使不可廢記曰民造亭何重民造而作亭也重民造而作亭何亭據要害之地作亭民造關焉鈞轄於蕭莫匪地也而獨作亭之地爲要害何蕭過漕阽海北築塘禦鱉子門之潮今剥床以膚矣西築塘禦臨浦悍湍兩溢洪漲金衢嚴上流之水灌臨浦港襄陵而入挾海之鹹潮彭湃演溢湃民居盪轄塲民用昏墊轄事弗登壯者散老者轉死民之造關水之害厥惟甚哉故築黄樓以捍河流而彭城之民奠厥攸居若今臨浦之小壩是已壩廣不踰三尋外通港港通大江內防浜浜浜通合境故壩塞則洪漲暨鹹潮俱不能爲之害民用安焉曰塞壩特百人之力一勞永逸而膚剏其事何曰蕭人之壩徽人之利也故錢之泉勝於海之患蕭究於浙東魚鹽木植與夫諸貨之貿遷必繇於蕭西來自西興而達運河東來自東關而達運河鮮弗四通矣蕭人非必障而厲之也商人取捷徑必欲繇江入臨浦港繇港決壩衝腹心

以直遂雖蕭人胥溺僅利厥載亦忍爲之矣曰是鈞商人也而必曰徽人何曰魚鹽木植之大賈十九爲徽人徽人培厚貨錢本神徽人又神其術故敉民者不暇討大禹胥溺之心而惟通徽人恐緩曰臨浦之人亦若是慹乎曰臨浦之人衣食於徽人且樂爲之罔媒曰吏茲土者豈無蘇東坡之憂勞者乎口有之而念未皇耳東皋王子以司諫謫判太倉遷蕭令蒞任即歎曰蕭之利害莫有大於海潮者北巨磨西臨浦其要害之最者乎遂峻禁商人百計壞之而申請於憲臣者益懇誠有如已溺之之心因得允命立亭勒碑以爲永禁事未成而東皋擢南京地官正即去任蕭子以承乏至歎曰予毋過彭城登黃樓而羨東坡曰茲殆非禹之徒與東皋茲舉雖謂之迓續民命可也爰爲之立亭勒石以齊美焉因名其亭曰民造使人知重民造必不至於毀亭矣不毀亭則壩吾知其無恙矣壩無恙民造其有永哉商人雖有呂不常之知之貲不復於此居其貨焉亭甃石甃甓經始於嘉靖丁酉十月念有二日落成於戊戌十一月念有六日亭修十尺廣加修五尺崇如廣之數

水利

邑之水利由化等九鄉賴湘湖爲多今法寖民惴罔無顯然侵利如曩時者矣然不無私竊盜洩此不過一塘長可督察之爾惟遇旱開放不顧則例時刻獨强有力者先得之此不均之端曷可長哉

宋神宗朝居民吳氏等奏以崇化等鄉有田高阜兩岸皆山連雨則水散漫下流由化鄉濱浦趨墅五里等地低窪受浸乞築爲湖上可其奏政和二年楊龜山來蒞政視山可依度地可圩以山爲止築土爲塘均稅于得利田内民樂從之名曰湘湖

熙寧元年以落星湖地高許民開田止存低處瀦水

宣和間有以湘湖復田之議民咸不可遂寢

紹興間沈綜以白馬湖中地三千畝獻之行在壽

館朝廷下轉運驗視禁不許

乾道中頑民徐彥明献計恩平郡王有以湘湖爲田之議邑丞趙善濟力爭之時史彌遠帥浙東榜禁不許事寢

乾道九年盡以落星湖賜歸正大節度使張氏以湖干水利乞還民間淳熙十年朱察院朝陵過邑審干民生休戚上聞復之

長興鄉有詹姓者承田六百畝鈌水灌溉歲率不稔聚族謀以百畝爲湖疏受白馬湖水謂之湖妳詹氏後衰族屬散徙有詹八百者獻之知宗趙承宜爲田淳熙十一年鄭六四訴戶部復爲湖

淳熙間邑令顧沖改正湘湖白馬湖落星湖梓湖詹家湖瓜瀝湖股堰臨江堰鄭河口之侵佔者著爲水利事蹟乃爲之引曰紹興府蕭山縣瀕海枕江地皆斥鹵厥田惟下下有湖蓄水以救旱有堰泄水以防潦歷年稍深强有力者悉據爲田一遇旱潦無不束手以待枯腐不知其害何時而可去耶

淳熙七年大旱八年大水百里之内爲江湖魚鱉之鄉壯者流移四方弱者轉死溝壑民之憔悴莫甚此時沖九年上計來任邑寄不量綿薄慨然欲去其害而欣然欲就其禍人皆笑其愚而已曾不悟未幾郡太守欲移檄部使者欲按奏將行而止未上而寢是憐其愚不忍使其去也亦不忍農民苦於旱潦而終不復也淳熙十年十二月九日蔣正言論白馬湖十一年十一月朱察院論落星湖二湖既復不三年間湖堰皆得如舊非人也天也

今具六湖二堰鄭河口事蹟

淳熙十一年邑令錢塘顧冲湘湖均水利約束記謹

按圖經湘湖在縣西二里周圍八十里溉田千餘頃水之所至者九鄉紹興二十八載縣丞趙善濟以旱歲多訟乃集塘長暨諸上戶與之定議相高低以分先後計毫釐以約多寡限尺寸以致洩放立爲成規人皆悅之八鄉既均有未及者若許賢居其旁不預後有告於上者雖得開穴以通其利卒用舊約焉二十有餘年莫之重定淳熙九年冲濫邑宰適丁旱傷之餘知其湖有利於民甚博既去其奪爲田者復謀於衆取舊約少損八鄉以益

許賢利始均矣九鄉晉田一十四萬六千八百六十八畝二角水以十分爲準每畝合得六絲八忽一杪積而計之以地勢高低之異故放水有先後之次分爲六等柳塘最高故先黃家壅最低故後其間高低相若同等者同放此先後之序不可易者去水穴一十有八每穴闊五尺自水面極深三尺並樂尺其旁柱以石底亦如之非石則衝洗深闊去水無限矣水已放畎澮皆盈方得取之先者有罰私置穴中夜盜水者其罰宜倍昔召信臣居南陽作均水約束刻石立於田畔以防紛爭後人

敬慕之兹以放水穴次時刻開列于後第一柳塘溉夏孝鄉范巷村二百二十四畝一角四十步得水一釐三毫七絲七忽放四時一刻止周婆湫溉夏孝鄉杜湖村六百五十畝得水四毫四絲二忽放一時三刻止歷山南溉安養鄉孫茂村一千四百九十七畝三角得水一釐一絲九忽放三時止歷山北溉安養鄉孫茂村一千四百九十七畝三角得水一釐一絲九忽放三時止第二黃家湫溉夏孝鄉斜橋村一千七百五十五畝杜湖村六百五十畝共得水一釐六毫三絲七忽放四時九刻止金二穴溉夏孝鄉寺庄村一千五百一十六畝二角四十步得水一釐三毫二忽放三時一刻止楊岐山穴溉新義鄉前後峽村二千三百五十六畝一角三十步得水一釐六毫五忽放四時八刻止河墅堰溉安養鄉百戶村二千三百四十二畝三十步長興鄉河墅村一千六十四畝二角黃山村五千八百三十七畝三角山北村九百三十六畝一角夏孝鄉許村一千九

百五十三畝三角二步共得水八釐二毫六絲三忽放二十四時八刻止

第三東斗門溉昭名鄉縣東村一千二百八十五畝由化鄉滂湖村二千四百三十畝北幹村六百四十二畝去虎村一千九百八十三畝安射村一千六百三十六畝長豐村一千六百二十六畝共得水七釐二毫一絲一忽放二十一時六刻止

石家湫溉由化鄉北幹村六百四十二畝長豐村一千六百二十六畝安射村一千六百三十六畝滂湖村二千四百三十畝去虎村一千九百八十三畝共得水四釐三毫四絲五忽放一十九時止

划船港溉夏孝鄉寺座村一千五百一十六畝得水一釐三絲二忽放三時一刻止

亭子頭溉新義鄉前峽村二千三百五十六畝一角三十步共得水一釐六毫四忽放四時九刻止

許賢霪溉許賢鄉羅村六千三百三十七畝三角二十步荷村三千三十七畝二步朱村三千四百六畝一角六步共得水八釐七毫三忽放二十六時一刻止

第四童家湫溉崇化鄉黃村七千一十畝百步村二千八百五十

四畝徐潭村八百三十一畝來蘇鄉孔湖村三千八百二十畝共得水九厘八毫八絲四忽放二十九時六刻止

第五鳳林穴溉新義鄉莫浦村三千八百畝前豪村三千八百二十九畝何由村七千二百四十一畝宂村五千一百七十三畝共得水一分三厘六毫四絲九忽放四十時九刻止

橫塘溉夏孝鄉斜橋村一千七百五十五畝杜湖村六百五十五畝范巷村二千二十畝一角共得水四厘五毫一絲三忽放十三時五刻止

石巖斗門溉崇化鄉史村三千三十三畝徐潭村八百一十三畝社壇村一千三百一十七畝二角趙村二千二百五十三畝陳村三千八十二畝二角昭名鄉龔墅村三千四百一十二畝五十步縣南村七十六畝二角社頭村一千五十四畝二十步南江村三千一百六十四畝二角一十步由化鄉五里村七千七百一畝一角四十步趙士村一千四百六畝二角濱浦村二千一百二十九畝共得水一分五厘三毫三絲一忽放四十二時止

第六黃家溎溉崇化鄉趙村二千二百五十三畝史村三千三十畝徐

潭村八百三十一畝社壇村一千三百一十七畝二角陳村二千八十畝二角昭名鄉龔墅村三千四百一十一畝二角社壇村一千五十七畝二角縣南村七十六畝二角由化鄉五里村一千九百六十畝二角四十步濱浦村二千一百二十九畝趙士村一千四百六十畝二角一十步共得水一分五厘三毫三絲一忽放四十六時止

慶元六年臨安府龍華寺僧寶浤乞以落星湖爲田豪右孫華二姓利其有從史成之民遂失灌溉之利

國朝洪武十年邑令張懋爲湘湖水利圖記湘湖去縣治之西僅二里四面多山麓地勢高廣築塘滙水而成湖周圍八十餘里所以蓄水而防歲旱者也水利可及者凡九鄉溉田一千四百六十八頃有奇以所溉田驗其遠近高低均派湖稅則湖水之尺寸

皆入貢賦矣湖塘自宋紹興間縣丞趙善濟繕治殆完至淳熙時邑宰顧沖立法始備度地勢之高下議放水之後先時刻分毫各有次第勒記于石以示久遠自宋歷元迄今幾三百載民守其規無少間焉予忝民社之寄來治斯邑首詢風土躬歷湖岸視其放水之穴甚均獨顧公所立碑石毀裂無存旁求得其舊本所載九鄉放水之穴十有八所班班可照其立約束之法尤明誠有不可易者予今爲斯民計者特念舊碑既沒誠慮愈久而失其真使民不守法者得以乘隙而更變或通私竇以泄水或倚堤而田或滙岸而漁培高抑下適已自便必致害湖之利九鄉之田一遇旱虐得無憂乎於是乃述顧公舊製約束之記謀及丞簿重鐫于石以垂不朽仍戒飭居民增築堤防以禦泛濫并去私竇以除盜泄禁遏請佃以杜侵奪民利務使九鄉之田均受其溉而無旱荒之虞上不失公務下可厚民生則湖之爲利博矣既而邑之士庶復請繪圖刻石以爲民鑑吁予雖不敏嘗聞爲政之道要在事約而施遠也昔鄭大夫子産以其乘輿濟人於溱洧孟子譏其惠而不知爲政爲其施

之不能遠爾若夫我邑前賢約束水利之法其庶
乎得爲政之要矣予故重復斯言俱爲民勸宣爾
九鄉之人追昔會計之功視今
緝繪之意未示約束之法云

永樂間奸民豪族多以湘湖近山地墾田起科以妨
水利宣德中文靖魏公賛有司盡革之著有水利
事述公卒其弊浸復附湖小民冐于白冊自實佔
佃幾半弘治十二年邑人何競奏
聞先後差法司覈實盡行改正乃以
國初起科并白冊自實之糧重派各鄉許賢上八都
七都水利今不能及故不坐其池蕩米仍舊存焉
池米四十石七斗三升蕩米三十九石三斗五升
改正湘湖勘結云草蕩魚池俱在湖底於水無碍

蕩地每畝科米二升五合池地每畝科米五升若欲盡行分派又恐向後人民取魚草花利無主必爭貽害

無餡

正德十五年湖民吳瓚等佔種湘湖用府巡視都御史許庭光委分巡副使丁沂勘都御史邑人張瓚備言興廢改正之由利害之實榜禁之無復侵冒

嘉靖十三年邑令王聘纂修水利圖志其目曰河渠曰管轄曰水則曰文翰而因賦其端賦曰蕭邑水政敝也久矣適我臨司朱公夙夜咨謀荒度底績土用作乂水歸其壑民以敉寧聘忝下吏承休讚德作賦以敘賦曰漫餘暨之作邑跨東越而稱雄生阜所鬱茂百城而隴萬水陸所輳萃兩浙而豐隆大江奔騰泙湃而環其外湘湖浩漾長河縈紆橫亘而瀦其中崖錢塘之灙漭旁通婺睦之萬水儵春夏之涇

漩瀧奔潰而未已或胥臣怒而揚沃日之濤或天
吳乳而蕩頹山之汜矧鏐箭之西射陽侯避而東
逝吁茲邑之衝鋒如羆貅百萬之方至鈎援輣車
塞川蔽野而我以孤城腹膺其虐駭形勢之若是
那生靈之免魚化歷陽波濤之墊蕩蒙古龍蛇之
壚茲蕭邑水害之當驅除者也維湘湖之澄泓仰
龜山之芳蹟瀦萬頃而為淵滋五稼以流澤雖師
曠奏清徵之歌而三年草枯公子發仰天之嘯而
千里地赤于是漏其遺波蘇槁芟於九鄉洩其餘
瀝蔚頡苗於萬陌何必曾國焚巫邀龍宮之降雨
樊君設奇灑蜀都之飛墨至於長河連屬江湖控
引南北經營乎州都徑複乎四域蓄洩波流旱不
竭而澇不盈通融舟楫往者過而來者續茲蕭邑
水利之當修復者也維公智行無事謀圖有成西
洛神龜啓玄營之秘蒼昊王女授疏導之經嗟周
丹之未工誚劉虁之多拙錫玄圭於燕臺按水利
於吳越厥庸丕哉緊蕭邑言之築西北二塘以捍
江潮之虐兮則乘高如虹用予瞻之功覆釜如山
試廷俊之奇而崚嶒鞏固可以遏洪流之險巘修
石巖諸堰長山諸閘臨浦諸壩以沃湖河之壤兮

則堤防孔固陋女媧之積灰啓閉惟時法文莊之遺制而吞吐輸納可以沛百里之霑濡眠庸遠於沉溺懋於灌溉降丘宅土野有來蘇之歌化鹵爲穰室無懸磬之害彼茂陵之雄傑兮方同天而倒海斬淇園之萬竹兮窮南山之崔嵬竟莫能塞匏子之方割徒投文而寄慨維媧氏之神聖障九川而寧坤輿叱鼈鼉而沉困鞭蛇龍以放菹地平天成兮黎氓奠乎厥居惟公之遐軌兮藐異代而同轡其屬馭于末乘兮覩河洛而思烈

吾將獻茲于太史兮與夏貢乎同書

嘉靖二十一年令林策改正周家湖民感之立石記其事置于通闤坊寅賓亭

邑人毛公穀改正周家湖記

周家湖記者記周家湖之改正也正之者誰我邑宰丹峯林侯也湖在苧羅鄉去縣南三十里肇建自宋嘉祐中邑人周其姓者族衆繁衍產業亦甚饒裕環是鄉田屬於其家者居多然其地連山延谷未始有湖故旱潦相仍往往被其害焉周人苦之聚鄉人合謀相度山形酌量水勢各捐己田瀦而深之遡衆流而

湯

納諸中以備灌溉而周家湖成矣南渡以來尚未啟也沿至勝國入於國初周人日益替而居於其鄉者亦死徙靡常於是向之所謂湖其名雖存轉展貿易寅緣侵佔先之以奸民之填塞繼之以豪右之兼併誣起則例混報升科蕩然無復舊觀宣德間至今極矣去任錫山張侯東皐王侯每常究心於此力欲釐正之適以遷轉之速功未就緒以去于後隨革隨借瀆莫有禁之者乃者丹峯林侯來宰茲土興衰剔蠹百廢具舉深知是湖爲厲階不淺也躬履其地諭告諸鄉民曰昔人棄田爲湖乃今易湖爲田豈昔人之見出汝輩下哉其所慮誠遠也然竊怪前有司者不塞其源而逆禁之於其末不豁其升科之稅而徒有借種之罪是使奸民有辭莫之禁以甚焉於是委陰陽訓術田玹等按圖籍之傳稽額例之舊丈量其涯岸而新之正其冐者裁其竊據者剗其壅塞而田者釐其妄科而誕漫者自是無廢前業而規制猶昔宿矣計其廣四百一畝九分八厘分豁其稅原額九石二斗合妄科二石二升七勺約十有一石二斗二升七勺均派本鄉每畝代輸一合六勺一秋嚴其洩[illegible]

以利及爲準先後次第各有規則毋致紛爭又慮塘圩弗禁啓閉無方也委耆老于循子毛官者鳩鄉夫運土累石築以塘垣啟以版閘工告成且僉塘長三人晉東爲久遠計申諸當道以賜大工侯之惠民可謂宏且遠矣循子毛官以德毀不可使泯也請言志諸石予惟侯之德政存於湖湖存萬世則澤流萬世鄭國白公可知也已奚俟予贅右湖之興廢彼惡害己者利於速去其籍不有言以昭諸永久則繩約弛而防範踈法禁隳而勸懲廢歲月流易耳目改觀後之弊安知其有今乎是使侯之德政不衍於世世也斯則不可不記也已故悉其始末以示方來侯諱策字直夫丹峯其別號也閩之漳南人以名進士來行有公輔之望云

諸暨縣泌浦湖按諸暨宣德間志泌浦湖舊傳爲五十九都之地又傳爲水所豬每歲梅潦泛溢水勢浩瀚至錢清江則逆潮汐動經旬月方退蕭山

之田逾時則不可藝因以湖瀦水乃可及時藝也
元初遂以此都稅糧責於蕭山蕭賦之重蓋緣於
此　明興奸豪據爲田嘉靖間彼民各奏告邑令
林策欲復歸其舊稅司府命勘之乃爲之辨曰按
彼志傳會附五十八都即五十九都此殆不然考
諸暨里志稱附者甚多如附三十四仍有三十五
附四十七仍有四十八者豈得以附爲正又云無
租賦責之於人又不然按湖之建由元崔嘉訥始
崔公蕭山令也能使彼縣四萬餘畝膏腴之田了
無所利奪之爲湖專爲蕭山除害耶此甚不通矣

今改正爲湖稅仍存于蕭
諸暨新志曰舊說暨水每爲蕭山害元時因以泌
湖畜水而責其稅于蕭按湖之建由元崔加訥始
崔公蕭令也能使隣縣四萬餘畝膏腴之田了無
所利奪之爲湖專爲蕭山除害耶且　明興則壞
成賦必現科暨之湖稅不復以舊時田糧苛責于
暨矣暨尚無田糧碩復派于蕭耶又考蕭山舊志
云往日浦陽江水從麻溪入小江有妨十六十七
十八都之農因近秘湖遂借以瀦水農乃利焉此
代納泌湖之糧且無論泌湖肯借否即肯借也當

弘治間太守戴公琥開碛堰江分爲二一水入江不賴泌湖則稅亦瞭然不必代納矣嘉靖以來暨豪據湖爲田稔歲倍收則稅自應有所歸矣而猶責于蕭何循習之弊錮而不可破一至是耶

邑壤二十四鄉以浦陽江界上下自由化至鳳儀十五鄉而上則許賢至桃源九鄉也是九鄉不惟聲容習尚頓與下鄉殊而土田磽确亦不可與較蓋許賢以上七鄉當富諸及我南境萬山諸水入江之口而溪溝淤窄霖雨即匯桑田爲壑瀉之且甚緩而桃源二鄉爲浦陽江壖或霖時潮逆諸暨

山水往往倒塘湧入爲湖秋時正梅雨候而九鄉詎無妨耶俟水退而蒔業已入夏至矣時下鄉正耘擁而彼方時求禾之亟秀得乎即秀矣而秋之蓼水又至一滅沒而盡爲腐草求有秋穰穰如下鄉又可得乎以故號荒鄉誠苦之也如此水利可弗亟講耶竊謂江水宜障山水宜瀉譬如痸瘵者防穀道而飧饔積結之症補之則死九鄉士人之病水也開已稻田私築塘圩以捍之大小官溪一任其淤塞而不顧且利其沙漲而佔植焉沾沾如處堂燕雀何自喜也孰知塘愈築溪愈塞水愈

大一旦倒塘而入且淤稻田不如無塘是無異于積結之症而補之也愚矣愚矣然則欲病之瘳也莫如利導而泄之嘗謂下鄉阻江海患山水其初澀滯未必不與上鄉相當顧近縣治民居輳集地形便而經畫者易爲力故自楊龜山開砌湘湖而後之講求羽翼者不下十數輩自劉師築捍海近築西江等塘而後之葺治者恒屢屢焉隨聲附影咸克底績以故海潮不入而山水自瀦下鄉遂爲樂土今人咸謂湘湖爲旱備不知當時亦爲備澇計也乃上鄉則不然去縣遥矣民居稀矣地形雖

而即欲經畫亦無庸藉乎山溪通江水固不可湖

矣土人能爲隄防而不知利在洩也盍亦濬而溪

决而漲分殺其狂瀾乎剏開新溪力固不及僅因

其故道而疏滌之不猶愈于築塘而障之乎與其

開毀私田以築塘而水或倒塘反爲田患孰若開

濬官溪以築塘而溪愈深水愈泄塘愈高且固田

愈無患乎如西鄉之廣義堰沙河口閘峽吳家閘

下海橋靈橋等處東鄉之李家堰橫山前鍾家灘

梅里灘等處周遭不越五十餘里計其得利田數

約十萬餘畝均派而興工不過畝僅數尺名爲大

工寶則衆擎易舉不煩官緡而鄉無不役之田溪無不通之水如血脉周流于一身而積結且洩而通利何災害之能爲而其所獲也未必不與下鄉等矣此理易知亦易舉而上人顧以靠天荒都自諉恬然不爲意何哉夫地方利害惟在呈舉農于水利尚恬不爲意矣而上之人又復奚顧哉且下鄉今日修湖塘明日修西江塘又明日修北海塘本縣亦未嘗無所事事奚暇舉恬不爲意處而擾之耶況經畫下鄉舊跡易術人心易附績易成名亦易赳顧于恬不爲意處一振作焉則開創難而

人心頓駭非見真守定者一經浮議未有不盡棄前功反不若不爲之便也蓋上之人誠慮之矣豈於下鄉厚而獨於上鄉薄哉余蒞任來屢行部未嘗不以荒都增慨每與彼處父老講求得此曩嘗奏記于觀風使者李公時方區畫潛溪適戊子大侵遂寢其事何此鄉之不偶哉然中常耿耿不釋討有年大舉而猶恐未能也值諸生志水利因論著以告將來云

郵鋪

古有亭長亭侯今鋪有郵亭夫亦古之遺意與公

文往來之所而廳廨門宇暈煥道旁豈虛設耶乃棟撓不葺墟址莫辨殆非制矣殆非制矣

治儀門之東曰總鋪嘉靖十八年郡判周表署縣事肇建距治東八里曰十里鋪二十里曰新林鋪三十里曰白鶴鋪抵山陰界距治西二里曰鳳堰鋪十里曰沙岸鋪迫西興關凡鋪曰急遞鋪鋪各有廳有廂有郵亭有外門有司兵有鋪長司吏一人領之　高啓早過蕭山歷白鶴柯橋諸郵詩　客起何失早村荒絕鷄鳴况時江雨晦不得見啓明淩競度高關山空縣無城隔林聞人呼巳有先我行側身避徑滑聚足防厓傾衣寒復多風聒聒遠水聲千峯霧中過不識狀與名嵐開見前郵如覺歷數程越禽啼楓篁冷日傍午晴煙生沙埂

寂葉落澗寺清登臨
亦可悅但恨時難平

兵防

自海烽息而儆備漸弛矣卒有一旦何以禦之人言邑于藩郡之間藉防有在第不知控帶江海動爲藩郡儆也非尠故簡弓兵練民壯抽鄉兵帶操皆要術也當不以時平而迂視之云

營 宋錢塘壯堰營額五十人
西興捍江營額二百人

寨 宋龕山寨額一百三十二人漁浦寨額四十八人西興寨額一百三十二人新林寨額一百人
西興都巡寨額
一百三十八人

龕山寨 扼錢塘江下流實郡西臂嘉靖三十二年倭賊登犯三十四年復殲倭賊于此時當

置寨馬有委官一員
軍一百名守今裁革

黨旗嶺 南去縣城六十里昔鄉兵樹旗拒寇處

烽堠 一在長山一在龜山今又增西興爲要鎮

教軍場 舊在縣治西湘湖岸上甚湫隘頃歲練兵率借用便民倉而又甲戌嘉靖三十五年今魏堂於倉北隙地增高三尺又增三尺爲廳基移建廳及夾堂於上東夾堂前爲土地祠一間祠左爲退廳三間退廳前爲屏墻屏墻外爲將臺前仍爲門三間內設中軍大纛一面將旗一面五方旗五面令旗二面點閘旗二面傳報旗二面巡哨旗二面民壯哨長黃旗二面隊長五色旗纈甲乙丙丁等字爲號共二十面鄉兵千長黃旗一面百長紅旗六面伍長藍旗二十四面副長白旗二十四面大金一副並架立鼓二面並架東西墻下各房十間即倉廒凡練兵收糧皆在於此用武職衙門事例遇霜降日於此迎軍器祭旗纛

民壯 舊凡百有五十人後增至二百七十六人又增至四百人今裁革止百人

弓兵 漁浦巡檢司原額四十人今裁革一十名白洋巡檢司原額七十人後止四十六人今又裁革二十六人其裁革者俱追銀解爲軍餉之用

凡弓兵民壯初皆以從戶充之今則取諸縣邑人田隨糧帶徵歲官募之人給工食

鄉兵 嘉靖三十五年令魏堂增置在城西興龕山長山凡四處有千長在城西興長山各一人有百長在城六人西興四人長山三人龕山二人有伍長副長在城各二十四人西興各十六人長山各十二人龕山各十人衆兵在城六百人西興四百人長山二百九十人龕山二百四十人○平時聽其各務農商操練日則量給賞勞有事防守則計日給與工食但比民壯差薄爾今暫革

兵船 倭夷徹息每歲仲春發省營兵二千防汛用船載至曹娥取諸里甲船不足掠山會客船補之其妨船戶商旅萬曆九年令王一乾與山會會議船駕蕭山營趂應代蕭山載兵着店戶識認

船戶姓名造冊在縣如遇載兵聽西興八埠小甲僉差發問年一僉差不應僉差者管趁自若皆欣然願代里甲船而强掠之害免矣官民兩便永爲定規川陰給事中張博撰王侯均僉德政碑記蕭山古永興之地而西興則蕭之重鎮也鎮之西南濱錢塘邇備嚴爲八省通衢東北達寧台際溟渤逼倭夷諸寇竊邇者鯨鯢猖獗猾我東夏

當宁軫念特遣重臣總制而瀕海諸司巡督尤毖有警則調官軍募驍勇徵外省簡練介胄之屬烽屯攻討而舳艫接濟日不暇給嘉靖戊午間先任魏侯峴山以西興鎮爲停舟要會編立八埠船總董率厥僉差法制雖立猶歉于草創之未備也蓋船戶多山會人去留靡定計可叢出故强者往往駕勞於蒴臨濟則百而一卒之兵擾村落老羸供載商旅沮抑船總受責併之辜戍羅行役之逃敝也滋蔓益淺淺乎哉萬曆改元初泰和王侯以名進士筮仕蕭山事制曲防動立良法詢知鎮船泌校店戶貿易識認此非專有所屬何以能稽其弊爰立一十四家以管攝之令其公報船戶姓名編著號簿貯縣仍置木牌一十二面居民九十六名輪

班總率縣以號票給之驛驛給之總總給之店戶店戶給之各船按月輪差照票驗證聽其生理否則禁之調停均節咸有定則永絕前弊夫邑令父母乎民庭樹而郊循興利而祛蠹父母之道也今法立而船便於差差均而民樂於役𦕭濟無虧居民安業歡騰遐邇德厚流光謂之召父杜母非耶侯行將陟臺諫歷台鼎輔

聖天子父母天下固侯之夙心亦侯之餘發也而蕭之赤子亦安能一日忘情於侯也哉甘棠遺謳非碑弗永鎮民戴恩德戴午星等謂予厚侯年雅奏幣懇記予不佞敝書以志不朽云

蕭山縣志卷之二終

蕭山縣志卷之三

知縣事溫陵劉會　重修

邑庠生張　諒編校

戴文明

蔡大績

食貨志

戶口　田賦　則例　課程

物產　貢法　役法

戶口

蕭之戶口其先代無論也上遡洪武參之弘治以逮於今而盈縮稍異夫數盈於開創之時而反縮

於熈洽之日何也豈開創之時人不得隱戶戶不得漏丁而熈洽之日戶雖得以分析而丁多得以攢頂故歟然戶口向有定額不容擅自裁損而乃頓耗於弘治若此或者當災傷之後上多寛恤之意而有司亦以保障為念得損其戶數未可知也今戶口隷於籍者視弘治僅僅過之而較之洪武頓減數千況邇者水旱相仍閭里多故行當開造者抑在所益乎抑亦在所損乎休養生息以追舊額不無望於後之君子云

晉太康間戶九二千三百三十有三

唐開元戸部帳戸凡二萬三千八十有六丁凡二萬九千四百五十有三

宋大中祥符四年戸凡二萬三千八十有六丁凡三萬九千四百五十有三

嘉泰元年戸凡二萬九千六十有三丁凡三萬五千一百六十有八不丁凡九千四百七十有五

元至元二十七年戸凡二萬九千六十有三口凡三萬五千一百六十有三

國朝洪武二十四年戸凡二萬一千四百八十有一口凡九萬七千七百四十有八

永樂十年戸凡二萬一千五百四十有八口凡九萬八千一百七十有四

弘治十五年戸凡一萬七千七百五十有八口凡九八萬七千八百有十

正德七年戸凡一萬七千八百三十有六口凡九萬二千九十有三

嘉靖元年戸凡一萬七千九百一十有七口凡九萬二千七百五十有八

嘉靖十一年戸凡一萬九千四百四十有五口凡九萬二千八百六十有九

嘉靖二十一年戶凡一萬九千四百四十有五口凡九萬二千九百有九十

嘉靖三十一年戶凡一萬九千四百五十口凡九萬二千八百八十有四

嘉靖四十一年戶凡一萬九千四百三十口凡九萬二千九百一十

隆慶五年戶凡一萬九千四百二十口凡九萬三千

萬曆九年戶凡一萬九千四百三十口凡九萬三千一十有四總之爲丁男者六萬三千三百七十有四爲女婦者三萬九千六百四十

析之民之戶一萬五千七百五十五口六萬六千三百九十四軍之戶一千三百八十一口一萬二千一百八十四竈之戶一千二百七十九口七千三十九匠之戶二百八十五口三千八百四十七官之戶二十九口二百七十八生員之戶四十口三百二十一力士校尉之戶一口十有二醫之戶五口三十八廚之戶五口二十有六捕之戶四十七口二百有七弓兵鋪兵皂隸之戶一百七十四口一千一百二十八水馬驛站夫之戶二百五十六口一千二百八十九外府縣寄庄之戶口九十有八而女婦在其中矣僧之戶七十二口一百四十三道之戶三口則十

田賦

由洪武以來田之則數不一其賦亦參差難甚合戶有無糧之田而亦有無田之糧公私交病莫可推詰沈太府始履畝而丈量之定爲三則而均其

賦馬知縣復履畝而丈量之定爲五則而再均其賦自是户有實田田有實賦而公私大稱便矣雖然蕭之田僅三十餘萬耳邊於海者有坍毁之患而鄰於山者多淤塞之憂其户口十餘萬皆衣食其中而一應賦稅供億亦取給焉歲有益丁田有加賦而邑無增田吾恐待哺者衆矣司國計者其審之

明興有官田有寧徽寺官田有永寧庄官田有名慶寺官田有没官田有古官田有糙官田有老官田有文老官田有抄没官田有沙没官田有續抄没

官田有西興場官田有才賦官田有三皇官田有沙租官田有上則原官田有中則原官田有下則原官田有永寧庄職田有白雲宗田有財贓田有民沙田有抄没沙田有湖田有抄没湖田有續抄没官湖田有四都續抄没湖田有民湖田有改正湘湖田有民田有僧免田有道免田有站田有民站田有抄没站田有續抄没站田有官站田有學田有附餘田有無補坍江田有續勘坍江田有積荒田有四都積荒田有沙塗田有存田有自實田又有山有池有蕩有瀝有浜有港有漊亦各有官

有民有僧道有續收賦則有麥有米有稅鈔有租鈔有賃鈔皆計畝起科視則定徵十年則登其數於黄册

嘉靖廿七年知府沈啓均平後總曰民田

以後田俱照萬曆九年令馬朝錫均平後爲準

原額正賦之外有曰水鄉銀七百八十四兩三分五釐三毫五絲六忽八微七纖曰水馬銀一千八百四十兩六錢四分四釐五毫八絲五忽以上二項派於槩縣田曰民壯原額二百七十六名新增至四百名每名工食銀七兩二錢共銀二千八百八十兩曰

丁田銀一千九百五十三兩四分二釐四毫（以上二項派於槩縣人田地山出辦）

洪武二十四年官民田地山池蕩浜瀝港漊凡五千八百二十二頃九十四畝五分九毫六絲（田三千六百三十三頃七十五畝三分六厘二絲地四百一十七頃四十三畝九厘八毫九絲山一千六百五十八頃九畝一分八厘五絲池七十四頃二畝六分四厘四毫蕩三十頃三十九畝一分三厘九毫瀝八頃九十一畝六厘二毫浜十七畝二厘五毫港十五畝漊二畝）官房屋凡四百五十七間半四十六披七帶夏麥凡一千五百七十七石九斗九升八合六勺稅鈔凡一千二百七十八貫四百九十四文秋米凡三萬九千一百三

十石九斗六升六勺租鈔凡三千一百五貫七百二十五文官房賃鈔凡二十六貫一十四文

永樂十年官民田地山池蕩浜瀝港漊凡五千八百八十八頃九十三畝四分四毫六絲田三千六百六十六頃二十四畝五厘一毫二絲地四百三十四頃七十七畝七分六厘九絲山一千六百六十五頃二十六畝一分五絲池七十五頃三十九畝八分二厘蕩三十二頃五十七畝四分三厘九毫瀝一十三頃七十九畝一分二厘二毫浜六十六畝一分六厘五毫港二十一畝漊二畝官房屋凡一千二十九間半五十披一十三帶六所夏麥凡一千五百七十八石四斗三升五合二勺稅鈔凡一千二百九十五貫二百二十二文秋米凡四

萬八百二十八石一斗三升六合六勺租鈔凡三千二百二十五貫六百八十五文官房賃鈔凡一百三十四貫七百五十文

弘治十五年官民田地山池蕩浜瀝港漊凡五千八百八十四頃五十六畝七分四釐五毫四絲田三千六百八十二頃九十七畝九分四釐三毫地四百四頃三十六畝六釐二毫九絲山一千六百六十五頃二十七畝六分五絲池七十五頃八十畝九釐蕩三十六頃三十六畝七分八釐九毫瀝一十五頃九十一畝八分九釐五毫浜七十六畝九分六釐五毫港一頃九畝四分漊一畝官房屋凡一千二百二十七間半五十披一十三帶三扇六所夏麥凡一千五百八十一石一升四合九勺秋

鈔凡一千三百三貫七百八十四文秋米凡三萬六千五百五十九石六斗五升租鈔凡三千一百四十八貫九百一十五文官房賃鈔凡一百三十四貫五百三十文

正德七年官民田地山池蕩浜瀝港漊凡五千八百七十三頃九十三畝二分七毫一絲田三千六百八十三頃六十八畝六分二厘七毫七絲地三百九十四頃六十八畝六厘二毫九絲山一千六百六十五頃二十七畝六分五絲池七十五頃七十二畝四分八厘七毫蕩三十六頃七十五畝九分八厘九毫瀝一十五頃九十二畝七厘五毫浜七十六畝九分六厘五毫港一頃九畝四分五厘漊二畝

官房屋凡一千二十七間半五十披一十三帶三

扇六所夏麥凡一千五百七十八石四斗三升五合二勺稅鈔凡一千三百四貫一百九十五文秋米凡三萬六千五百六十四石一斗三升四合一勺租鈔凡三千一百一十九貫八百七十五文官房賃鈔凡一百三十四貫五百三十文

嘉靖二十一年官民田地山池蕩瀝浜港漊凡五千八百八十一頃四十二畝七分八釐一絲田三千六百九十五頃三十四畝九分二毫五絲地三百九十四頃七十一畝九分九釐二毫九絲山一千六百六十五頃二十七畝六分五絲池七十五頃七十二畝四分八釐七毫蕩三十六頃八十四畝五分八釐九毫瀝一十五頃九十二畝七釐五毫浜七十八畝九分六釐五毫港一頃九畝四分漊二

畝
官房屋凡一千二十七間半五十披一十三帶三扇六所夏麥凡一千五百八十二石八斗九升六合八勺稅鈔凡一千三百九貫六百一十八文秋米凡三萬六千五百九十八石六斗七升三合八勺八抄租鈔凡三千一百一十九貫九百九十三文官房賃鈔凡一百三十四貫五百三十文

嘉靖三十一年民田地山池蕩瀝浜港漊凡五千八百九十九頃五十二畝四分一釐四毫田三千八百九十三頃一十四畝三分五釐二毫地二百七十四頃二畝四分五厘二毫山一千六百六十五頃二十七畝六分池蕩瀝浜港漊一百三十四頃八畝一厘官房屋凡一千二十

七間半五十披一十三帶三房六所夏麥凡一千五百七十八石四斗三升五合二勺稅鈔凡一千三百一貫九百文秋米凡三萬六千五百六十四石六斗五升租鈔凡三千四百一十五貫三百九十五文官房賃鈔凡一百三十四貫五伯三十文

萬曆九年民田地山池蕩浜瀝港漊凡五千一百五十頃九十六畝三分六釐四毫五絲田三十八萬六千三百九十一畝五厘四毫地二萬八千六百八十二畝六分五厘五毫山一十一萬六千四百三十八畝八分五絲池蕩浜瀝港漊共一萬五千四百八十三畝八分五厘五毫官房屋一千二十七間半五十披一十三帶三扇六所東廁一

所混堂窪三分三釐夏麥一千五百七十八石四斗五升五合二勺稅鈔凡一千三百一貫九百文秋米凡三萬六千五百六十四石六斗五升租鈔凡三千四百一十五貫三百九十五文官房賃鈔一百三十四貫五百三十文

今萬曆十七年田地山池蕩浜瀝港漊以萬曆九年令馬朝錫丈量爲準其賦分爲五則比年量有增減大畧以萬曆三年令王一乾賦役成書爲準萬曆九年丈量田號由化一都一啚天二啚地三啚玄四啚黄五啚宇六啚宙由夏二都一啚洪二

啚荒三啚日四啚月五啚盈六啚昃夏孝三都一
啚辰二啚宿三啚列四啚張五啚寒六啚來七啚
暑八啚往九啚秋十啚收十一啚冬十二啚藏長
興四都一啚閏二啚餘三啚成四啚歲安養五都
一啚律二啚呂三啚調許賢六都一啚陽二啚雲
三啚騰四啚致許賢七都一啚雨二啚露三啚結
四啚爲五啚霜許孝八都一啚金二啚生三啚麗
四啚水五啚玉孝悌九都一啚出二啚崑三啚岡
長山十都一啚劍二啚號三啚巨四啚闕長山十
一都一啚珠二啚稱三啚夜長山十二都一啚光

二啚果三啚珎桃源十三都一啚李二啚柰桃源
十四都一啚菜二啚重三啚芥四啚薑五啚海辛
義十五都一啚鹹二啚河三啚淡四啚鱗五啚潛
辛十六都一啚羽二啚翔三啚龍四啚師苧羅十
六都一啚火二啚帝三啚鳥苧羅十七都一啚官
二啚人三啚皇苧十八都一啚始二啚制來蘇十
八都一啚文二啚字三啚乃四啚服五啚衣裳崇
化十九都一啚推二啚位三啚讓四啚國崇化二
十都一啚有二啚虞三啚陶四啚唐五啚民六啚
代七啚周八啚發九啚殷十啚湯十一啚坐十二

啚朝昭名廿一都一啚問二啚道三啚畓四啚拱五啚平六啚章七啚愛八啚育九啚黎十啚首十一啚臣十二啚伏里仁廿二都一啚戎二啚羌三啚遐四啚邇五啚壹六啚體七啚率鳳儀廿三都一啚賓二啚歸三啚王四啚鳴五啚鳳鳳儀廿四都上一啚在上二啚竹上三啚白上四啚駒上五啚食上六啚場下一啚化下二啚被下三啚草下四啚木下五啚賴下六啚及下七啚萬

用三十八萬六千三百九十一畝五釐四毫萬曆九年令馬朝錫合各都田丈量之得田三十八萬九千六十十五畝八分七厘比嘉靖二十七年知府沈啓丈數

增田五十一畝五分二厘六毫內除竈戶蕩[illegible]地沙田二千五百九十三畝五分六厘二毫奉文改入運司納鈔又除章金告歸諸暨縣田三十三畝又除埛塌荒蕪磽瘠等田共三百四十八畝二分五釐九毫准改作地實入萬曆九年清量冊者凡三十八萬六千三百九十一畝五釐四毫較之嘉靖二十七年丈數缺田二千五百七十五畝三釐九毫缺米二百一十三石二斗五升一合四勺均派槩縣田內每畝加派米五勺五抄一撮四圭八粒八黍緣槩縣田有肥瘠遂糧分重輕通共秋糧米三萬四千六百五十八石七斗五升九合六勺每畝科麥四合八抄一撮三圭九粟三粒八黍通共夏稅麥一千五百七十八石四斗五升五合二勺

地二萬八千六百八十二畝六分五釐五毫原額地二萬七千四百二畝四分五釐三毫每畝科米五升全徵非折每石折銀二錢五分今萬曆九年丈量除縣治併二分司公館二倉儒學城隍廟祇園寺江寺及公估等項不科外實入冊凡二萬八千三百三

十四畝三分九釐六毫又磽田奉文改地者三百四十八畝二分五釐九毫比舊稍增每畝均減科米四升八合七勺四抄內納各倉米二合五勺八撮三圭三粟一黍餘俱仍納北折無分肥瘠以五十畝折丁每年起科丁田民壯均徭里甲等銀每畝科銀四釐貳毫貳絲

山一十一萬六千四百三十八畝八分五絲國初山額未詳止據縣志有山一十六萬六千五百二十七畝六分五絲一體科鈔自嘉靖二十九年倭奴寇亂始派兵食山別光荒稅分輕重六都起至十二都止爲荒山以五十畝折一丁與田同派均里民壯其各都爲光山仍舊科鈔通共光荒山一十一萬七千四百六十九畝三分五釐萬曆五年令陸承憲據孫寶呈稱於荒山內加四萬九千五十八畝二分五釐光山內加一千三十畝五分五釐以足原額未經徵派萬曆十年民俞相等呈辯浮山至十二年本縣申請准豁今據入冊實山一十一萬六千四百三十八畝八分五絲仍自六都起至十二都止二十七啚爲荒山計五萬八百畝每畝折鈔

銀一釐一毫九系一忽零每五十畝折一丁科丁田均里雜辦每畝四釐二毫二絲其各都一百十三啚爲光山計六萬五千六百三十八畝八分五系每畝止納鈔銀一釐一毫九絲零其丁田均里雜辦俱

免派

萬曆十二年五月蕭山縣知縣劉會爲申豁無名山稅以復成法以甦民困事本縣受冊山總計一十一萬六千四百餘畝每畝科鈔若干共銀若干山無異名稅無別稱此國初舊制也後因兵亂丁耗差役不敷議將前山分列荒光以潤厚植竹木者爲荒山自六都起至十二都止以瘠薄不堪封植者爲光山自一都起至五都止自十三都起至

二十四都止尤山無利樵供猶難故依舊科鈔與舊制不異荒山稍利人喜爲力故以五十畝而折一丁派銀一錢六分零不復如舊科鈔之例二項各梓成書著爲定則此則嘉靖二十九年制也後因老人孫寶稱縣志所載之山多於成書呈請加派爲是遂於荒光山內共增五萬八十餘畝求滿志中所載之數因名曰浮山一體折丁如前此則萬曆九年制也照得賦役版籍國初爲定內無新增外無新收則舊額百世不易也縣志不過紀事易至舛誤成書按據黃冊似應的確當時申請本

司查發成化八年冊總比對相同安得謂成書山額尚有五萬八十餘畝不足乎此浮山之不當增也明矣且志載山多五萬八十餘畝是矣何科鈔僅銀一十五兩五錢乃不異成書成書所載少五萬八十餘畝是矣何科鈔亦銀一十五兩五錢不異縣志山有多寡鈔無增减以此推之志於銀不誤山則誤無疑也此浮山之不當增也又明矣況浮糧之稱本於田地崩陷無存只緣冊籍未除姑以浮名之未聞原額之山畫野分區截然齊一乃創制立説而托之以浮也此其妄昧無稽浮山之

不當增也又明矣彼老人孫寶者不過喜事生端借公用私以投所好耳該縣追徵覈詳前項鄉民俞相等亦於萬曆十年間呈訟前因反覆故牘眞僞明白荒山折丁的因戶口流亡之故方今人物繁盛丁既復舊山宜如初但本山頗利以五十畝而折一丁爲銀僅錢六分計之每畝銀不過三釐有奇於稅甚微爲力易辦嘉靖年間行之經今四十餘載圖籍確定民習其故況稅出於山法非無據雖爲折丁之名實爲科山之說何者莫非王土也若浮山五萬畝者借無爲有飾僞成眞縣志既

不足憑孫實尤爲響影山上加山稅外增稅原非惟正之供大爲國法之玷合無將五萬畝盡行除豁荒山原額五萬八百餘畝之外增入四萬九千五十餘畝者悉去其浮餘則依嘉靖續供之例照舊折丁光山原額六萬六千六百餘畝之外增入一千三十餘畝者悉去其浮餘則依國初五則之例照舊科鈔原在書冊刊刻已定一時欲便更改似爲紛張無漸斷自今十二年爲始就將浮折免派候下次造冊盡行除出改正庶上不失中正之成法下無拂輸納之常規即今日通裁之宜似經

来本刊

久可行之道爲此具申

督院蕭批據申詳明依擬浮山侯下界除豁

池蕩浜瀝漊港共一萬五千四百八十三畝八分五釐九毫原額共一萬三千四百八畝一釐無分官民均爲一則每畝科米三升七合七勺六抄三撮全納比折萬曆九年清丈入冊共一萬五千四百八十三畝八分五釐九毫視原額有加每畝均減科米三升二合八勺一撮八圭二粟一黍共米五百六石三斗二升七合五勺以足額米每石折銀二錢伍分共丁田均里雜辦俱免派

農之賦曰夏稅麥一千五百七十八石四斗三升五合二勺俱徵於田曰秋糧米三萬四千六百五十八石七斗五升九合六勺合田地蕩池浜瀝派徵

而多寡本折不等曰夏稅鈔二百六十錠一貫九百文俱徵於山曰秋租鈔六百八十三錠三百九十五文獨徵於山其鈔每貫折銀二釐

傳之賦曰馬價三百五十八兩八錢九分六釐徵於槩縣田原額三百八十七兩一錢七分今萬曆十年減派曰驛站西興驛館夫十名本縣九名諸暨一名錢塘水手二十四名蓬萊驛鋪陳船隻上三項俱類入均徭

兵之賦曰兵餉額派三千二百三十六兩五錢七分三釐三毫六絲零內田地山銀二千一百三十八兩六錢九分九釐二毫零預備秋米二百二十石五斗八合二勺零每石折銀五錢共銀一百一十兩二錢五分四釐一毫零均徭

充餉銀二百七十七兩八錢民壯充餉銀七百九兩八錢二分

戶之賦曰水鄉銀七百八十四兩三分五釐三毫零先年責辦於水鄉竈戶今改徵於槩縣田輸塩運司曰蕩價銀一兩一錢九分六釐零先年徵解於煎鹽竈戶之草蕩今徵於得利人戶曰諸鈔銀一百七十五兩四錢九分八釐七毫遇閏加數分泒於田蕩

口之賦曰鹽糧米三百十六石八斗五升五合八勺遇閏加數俱責辦於鄉都成丁之人內顏料解京者每石折銀六錢解各學者折八錢解各倉者折五錢常本折半曰鹽鈔銀四百八十一

兩二錢七分二釐遇閏加數俱責辦於城市成丁之人

里之賦曰額辦銀二百五十七兩五錢五分二釐五毫零曰坐辦銀一千七百六十四兩六錢九分八釐七毫曰雜辦銀三千六百六十九兩七分一釐零俱出均平里甲

力之賦曰銀差曰力差嘉靖四十三年將二差一槩徵銀顧募計二千六百三十三兩九錢一分四毫

海之賦曰鹽本色分二曰存積四分常股六分折色每引徵銀四錢西興場十二團二千四百九十九丁濱海本色鹽四千八百七十三

引一百九十四斤十三兩零折色鹽一百五十二引二十五斤十三兩零俱本場實徵水鄉折色鹽三千一百五十一引一十八斤四兩零於縣田帶徵詳水鄉下又錢清場本色折色於蕭山山陰帶徵

湘湖周圍計三萬七千二畝零內原額有田一千六百八十二畝一分五釐九毫弘治十三年間俱改正爲湖其田糧派於九鄉由化由夏夏孝長興安養辛義來蘇崇化昭名得湘湖水利田一十三萬九千四百一十六畝五分九毫每畝帶科米三合至萬曆九年後又加五勺六抄

原額苧羅十六都周家湖田三十四畝一分嘉靖

二十年間改正爲湖其田糧派於得周家湖水利田六千八百五十八畝二分八釐七毫每畝帶科米一合五勺至萬曆九年後又加五勺六抄

則例舊額七十五則後改爲三則今又改爲五則

蕭田舊則大約七十有五嘉靖二十七年總曰民田分爲三則至萬曆十年又改則爲五法益便且密矣嗣後勒爲成書給民由帖家喻而戶曉雖豪奸亦不得假釐毫於則外後之司計者信而行之可也

原額由化鄉一則八升九合三勺二則八升三勺三則七升一合四勺四則六升二合五勺五則五

升三合五勺由夏鄉北幹安射長豐三村與一都同杜湖寺庄二村與三都同夏孝鄉一則八升四合九勺二則七升六合三勺三則六升七合九勺四則五升九合四勺五則五升九勺長興鄉一則五升七合五勺二則五升一合七勺五抄三則四升六合四則四升二勺五則五升四合五勺安養鄉一則九升五合二勺六抄七撮二則八升五合七勺四抄三則七升六合二勺一抄三撮四則六升六合六勺八抄六撮五則五升七合一勺五抄九撮內羅林大郭二村一則七升七合二勺六抄七撮二則六升九合五勺一抄三則六升一合七勺七抄四撮許賢鄉一則七升九合六勺二則七升一合六勺三則六升二合七勺四則五升五合七勺五則四升七合八勺內朱村七都與六都同洪村與八都徐村同許孝鄉一則六升四合四勺九抄二撮二則五升八合三抄二撮三則五升一合六勺一抄五撮四則四升五合一勺五抄五則三升八合六勺八抄五撮內方村鄭村與九都同孝悌鄉一則五升九合二則五升三合一勺三則四升七合二勺四則四升一合三勺五則三升五

合四勺長山鄉一則五升一合二勺四抄二則四升一合六勺一抄六撮三則四升九勺九抄二撮四則三升五合八勺六抄七撮五則三升七勺四抄四撮桃源鄉一則二升九合九勺六抄三撮二則二升六合九勺八抄七撮二圭三則二升三合九勺八抄五撮八圭四則二升九勺八抄四撮四圭五則一升八合八撮六圭新義鄉一則五升八合三勺二則五升二合四勺三則四升六合六勺四則四升八勺五則三升四合九勺苧羅鄉一則五升五勺三抄六撮二則四升五合四勺五抄八撮三則四升四勺三抄五撮四則三升五合三勺五抄五則二升三勺二抄二撮來蘇鄉一則五升一合二勺二則四升六合一勺三則四升九勺四則三升五合七勺五則三升六勺崇化鄉一則七升五合七勺二則六升八合二勺三則六升六勺四則五升三合五則四升五合五勺昭名鄉一則七升三合六勺二則六升六合三勺三則五升八合九勺四則五升一合五勺五則四升四合二勺里仁鄉一則七升一合六抄二則六升三合九勺八抄三則五升六合九勺四則四升九合八勺二

抄五則四升二合七勺四抄鳳儀鄉一則七升三合一勺一抄一撮二則六升五合七勺六抄五撮三則五升八合四勺八抄九撮四則五升一合二勺四抄五則四升三合八勺六抄七撮

嘉靖二十七年太府沈啓均平後止存三則

萬曆九年令馬朝錫丈量後分作五則派徵

全科田高阜而得湘湖之利者爲腴凡六十八啚曰一都二都三都四都辛十六都來十八都十九都二十都廿一都其五都三啚六都四啚十五都五啚高田坐江北亦得湘湖水利兼附全折田例內除塘外沙田併地田不沾湘湖水利田一百二十頃八十畝九分四厘八毫外每畝今科九升三合五勺六抄

全折田言全與之北折銀也桃源十三都十四都田甚低窪爲瘠以十四畝而成丁開會不出都亦不入都每畝今科八升八合五勺六抄每石止折銀二錢五分

量折田 言量與之北折銀也在江北江南等田及里仁等鄉比之腴田不及比之瘠田過之故亦與之折而列其等新義十五都五啚新十六都田坐江北因得湘湖水利已列於全科但田土稍瘠故每畝科北折米三升五合新義十五都一二三四啚苧十六苧十七苧十八都啚頗瘠故每畝亦科北折米三升五合其有派剩北折米奉文悉歸於廿二廿三都潮患處田故每畝止科北折米二合六勺七抄六撮謂之量折

輕糧無折田 言減輕其糧而不與之北折銀也長山鄉田雖腴然界於富陽諸暨間遇山洪則驟水淹没遇天旱則車戽艱難是以長山之民告爭桃源北折自嘉靖二十七年丈量之後始減其糧而不與之折每畝科米六升一合九勺九抄其各折銀照腴田同科

新增輕折田 萬曆九年丈量之後本縣三都等來功伯等告批地田三百五十一畝六分三厘二毫廿四都施良翰告批蕩田一百十畝四分四厘二毫及本縣申明廟基田一十二畝四

分六毫無主官灘田八畝四厘草蕩田一十八畝一分六厘五毫又廿四都蕩田七十八畝五分共田五百七十九畝一分八厘五毫原入田額數內申蒙批准輕折照依桃源例全納北折一應均里
照舊
科差

附退歸諸暨田 原諸暨章金買蔣湖田諸暨三十三畝蕭山二十六畝因地界兩縣蕭山先行丈量混入冊內金告司府批審改正

自條鞭法行令賦大率秖二曰本色米約八千五百三十八石四斗五升三合曰條折銀約三萬一千三百四十三兩八錢八分二釐五毫 由化等鄉田每畝米二升七合八勺銀七分五厘八毫安養等鄉田米二升六合九勺銀七分三厘七毫許孝鄉田米二升六合三勺銀七分二厘八毫新義鄉田米一升七合六勺銀六分九厘苧羅鄉田米一升七合二

勻銀六分八厘三毫学新鄉田米一升六合二勺銀六分六厘九毫里仁鄉田米二升六合一勺銀七分三厘二毫長山鄉田米一升八合八勺銀六分一厘七毫桃源鄉田米麥五勺六抄銀四分九厘二毫告陞輕折田米麥五勺六抄銀五分八厘一毫地銀二分二毫池八厘四毫花山銀五厘光山銀一厘一毫人田丁每丁共銀一錢二分六厘九毫此其大約也

派法　每歲布政司承戶部會計府承司之派單縣文承府之坐帖將該徵夏稅秋糧鹽米爲一總除本色米麥某項某價上納外其折色某項各若干每石折銀若干將縣田地派徵其均徑里甲三辦均平爲一總某項各該若干將縣田山派徵造冊具榜申守道查覈發榜諭百姓通知又逐戶開塡由帖印蓋着各遞分結照帖承辦依期赴約

納法　自條鞭法行稅糧一櫃均徑一櫃里甲一櫃定立櫃頭一十二名各櫃徵收萬曆元年申詳稅粮均里總爲一櫃投納分爲四花每花二名萬曆十年奉文革去櫃頭止定里長四名知數登

記出票萬曆十三年奉文僉點里長知數一月一換萬曆十七年正月奉文革去知數每里自置小桶一隻自收本區錢糧置天平二於門内外納戶自兊入桶報數原封點發解戶領銀傾解

輸法　除本縣存給外每遇輸解俱輪直見年撥任審貧富别坊里多寡遠近不一臨解將寄庫銀原封領傾足色成錠留心鏨字給批差官護解各衙門責限銷繳如南北折以輸兩京預折以輸軍門而存折本色及廣折嘉折米折常折分頭各納以供官軍之需向年廣豐常積等倉或本色或本折各半今俱申准全改折色

常積倉米改折色　萬曆十四年蕭山縣知縣劉會爲袪倉弊以甦民困事蕭山縣歲派嘉興常積倉米一萬五百餘石本折各半其折色每石徵銀五錢五分無容别議内本色五千二百五十七石例

當起運顧縣去倉數百餘里必涉江渡河越關過壩歷兩府五縣然後可至運則爲費不貲故往者運頭止領空批各賫價於彼處買米上納但異縣之民一入積棍之手歇牙主保視爲奇貨官攢斗級肆爲魚肉方且輸納之時里長百四十名勢不能齊一畏法之民米先至倉早欲自完以歸則故意揹勒不肯呈委監收於是有堆倉守候之苦動經旬月米積如山則倉始聞之於縣及縣委收者至而其先納者囤已濕而腐矣於是有灑揚加貺之若幸而收之則又有鋪墊有脚耗有報單呈樣

有淋尖加贈有蘆蓆倉料等項之費且通縣里長總同一批一里未完則原批終不可獲升合有掛則通關終不得掣一遇沓盤無批者罪矣無通關者罪矣絞者戍者徒者杖者日相接踵囹圄之中半爲糧犯監追之久扳及平民則尤仁人所不忍言者此卑職之所以痛心切齒欲祛其弊而未能者也嚮蕭山亦有杭州廣豐倉米三千石其苦與常積倉等卑職已申改爲折色民咸稱便而議者以常積爲不可折恐有脫巾之虞不知前此亦改折數年軍士懽呼動地後因積棍無所售利故謀

而復歸爲本色耳卑職愚以爲改折色便具申司院蒙批准改折色今萬曆十七年正月又奉文將折色改寧波府兵食

課程

本縣課有油榨碓磨課鈔有茶株課鈔有係官樹株果價課鈔有窰竈課鈔有茶引油工墨課鈔凡二百七錠七伯三十文共銀二兩七分一釐四毫六絲如有閏鈔凡二百一十五錠二貫七伯六十文共銀二兩一錢五分五厘五毫二絲今隨糧於縣縣山起徵

税課局課有商税課鈔有門攤課鈔有契本工墨課鈔有酒醋課鈔凡四千四百二十錠二貫七伯

七十三文共銀四十四兩二錢五釐五毫四絲六忽如有閘鈔凡四千八百五十五錠一貫五伯八十五文共銀四十八兩五錢五分三厘一毫七絲今於徑平內編派

漁浦稅課局課有商稅課鈔有門攤課鈔有契本工墨課鈔凡七千五百四十八錠九伯六十文共銀七十五兩四錢八分一釐九毫二絲如有閘鈔凡八千二百六十八錠一貫五伯八十七文共銀八十二兩六錢八分三厘五絲四忽今於徑平內編派

河泊所歲辦生銅二百六十七觔四兩八錢折銀二十一兩三錢八分四釐有閘生銅二百九十三觔一錢七分七厘七毫折銀二十三兩四錢四分八毫零黃麻一百三十三觔十兩四

錢折銀二兩九錢四分三毫有閏一百四十六觔五兩三分七厘折銀三兩二錢一分八厘九毫零苧麻一百五十三觔十一兩一錢六分折銀七兩六錢八分四厘八毫零有閏苧麻一百六十八觔五兩九錢六分折銀八兩四錢一分八厘六毫零

以上三項每兩加派路費一錢於槩縣田科徵

帶管河泊所課鈔凡六百四十一錠三貫八伯文共銀六兩四錢一分七釐六毫如有閏鈔凡六百八十一錠四貫八伯三十四文共銀六兩八錢一分九厘六毫六絲八忽今於徭平內派

物產

夫山川合氣以毓百嘉以阜百用隨在有之蕭山

固一隅爾然北濵滄海南接層巒其孕毓而蕃殖者豈特以陸吉者聲耶語曰用物由人生物由天余以爲生物亦由人故君子必以勤茂育力樽節爲務其中不任地力者察而罰之俾地無遺利亦守土者責也

秔稻之屬十有一金成稻四月種七月熟米尖長性硬五十日稻四月種六月熟黃稑稻六月種八月熟早色稻五月種九月熟米員白早晚白五月種九月熟粒白銀杏白五月種九月熟粒員雪白味香甘稻品之最高者晚白稻五月種十月熟香秔稻五月種九月熟氣香色斑粒細烏嘴五月種九月熟老烏稻九月熟老則稃烏米亦不甚白稻品之最下者羊鬚白五月種九月熟

芒長故名

糯稻之屬十有一趕陳糯四月種七月熟粒細青稈糯四月種九月熟宜良田稃黃芒赤巳熟而稃微青臙脂糯五月種九月熟稃紅粒白白殼糯五月種九月熟細稈糯五月種九月熟瘦八尺五月種九月熟雖瘦土而苗甚長羊鬚糯四月種九月熟芒甚長泥裏變以易晒而名老少年熟則色紅故名凹殼糯五月種九月熟蒲萄糯色似蒲萄故名

麥之屬四毛大麥光大麥小麥蕎麥

荳之屬十有七黃荳赤荳白荳褐荳黑荳青珠荳蠶荳豌荳刀荳菉荳虎爪荳羊眼荳虎班荳沍荳赤黑二色裙帶荳飯荳

蔬之屬二十有一

白菜八月種冬月以甕醃之曰醃菜暴其餘者曰乾菜　油菜冬種春初生薹可食至四月取其子壓油　芥菜有紫白二色春冬俱有之亦可醃藏薹長幹肥者不甚佳又一種名黃農芥又名百箭芥矮小味極佳　蕓薹菜　萵苣菜　莧菜紫白二種　黃矮菜　曉菜　羊角菜形如羊角　菾菜　菠菜其種來自波稜國故名比人謂之赤根菜　薺菜　茄紫白花紅三色　筍　葱　韭　芫荽　薤　蒜　蘿蔔又名盧菔其苗亦可食下子而初起者爲佳苗葉細碎而根黃赤者曰胡蘿蔔也　瓠長員二種　薑

果之屬十有九

楊梅有接種大而味佳有草種細而味酸出湘湖諸塢者爲勝　枇杷以接者爲佳初接則核小再接則無核　櫻桃出夏孝鄉者佳　林檎一名來禽俗名花紅　杏海杏實大梅杏實小　梅杏梅實大遲熟　李有五品曰鵞黃曰花紅曰拏杷曰青

消曰麻葉桃有五品夏桃五月六月熟其實大秋桃七月熟有油桃實光扁桃其形扁雪桃至小雪始熟味佳梨有七品落花甜早熟早稻梨晚稻梨黄扁梨棒槌梨鴈來梨爍梨柿有三品緑柿方頂柿溙柿棗有五品曰鹽官曰水團曰久蟲曰白浡曰馬矢惟鹽官味佳橘有五品緑橘未霜時擗問一點先黄而其味已全乎橘蜜橘扁橘金橘實小如彈丸味帶微酸其本高三尺許累累如金橙其皮入茶甚香亦可漬蜜香櫞可以供茶柑石榴銀杏葡萄有水晶紫色二種

瓜之屬有七西瓜東瓜香瓜王瓜菜瓜生瓜絲瓜

水之實有七菱芰芡實出湘湖藕出湘湖葧臍茨菰蓮房

溪毛之屬有四蓴菜出湘湖味甘滑東南佳品茭白即菰芹荇菜

佀蕁所結子爛煑之味甘如蜜蕭人多不知此味

藥之屬三十有九白朮茯苓南星芍藥木瓜半夏枳殼枳實槐角香薷紫蘇薄苛玄參蒲黃萹豆桔梗木鼈香附青木香蒼耳子枸杞子車前子葶藶子鼠黏子草麻子地骨皮五加皮桑白皮黑牽牛何首烏天花粉金銀花益母草露蜂房桑螵蛸山梔子山查子陳皮茱萸

木之屬三十有三桑海桑其葉大鷄桑葉小子多柘松栢檜樟柟椿榆槐柞楢梓檀楓楮椴谷樸楝山桑楊柳水橘白栗冬青梧桐柏白楊青䖂黃楊香槤櫻櫚木

槿

竹之屬十有五貓竹紫竹斑竹箭竹苦竹石竹筀竹筋竹慈竹水竹鳳尾竹哺雞竹桃枝竹碧玉篏黃金竹慈姥竹叢生俗名慈孝竹

花之屬三十有九菊花品色甚多桂花丹黃白三色蘭花香泉下多種萱花牡丹花粉紅大芍藥花赤白二色鳳仙花紅白粉紅三色雞冠花赤白二色海棠花別有蓮花海棠水仙花單葉千葉金燈花玉簪花紫白二色瑞香花別有金絲瑞香山茶花有單葉千葉之異芙蓉花紅白二種薝蔔花荼蘼花又名木香薔薇花紅白雜色別有一種黃色者花葉稍異紫荊花罌粟花又名米囊有千葉單葉異紫薇花

又曰百日紅百合花凌霄花鷺爪花佛手花紅蓮花石竹花鹿葱花滴滴金花翦春羅花夜落金錢花蜀葵花紅白紫襍色秋蜀葵花郁李花梔子花長春花碧桃花荷花紅白二色臘梅花

草之屬十有六莛草可織席稗草梂草茗草可為箒蓼草茅草蓼蘋鳳尾金線吉祥菖蒲芣苢青蒿遍地錦茜草

貢法

邑之貢有鵝鵓二隻有鴈六隻有麂二隻有蜜有橘無定數五者皆始於洪武初迨成化改元詔悉蠲免有荒絲二伯二十七觔有農桑絹六疋一丈

一尺二寸一分七厘七毫有翎毛四萬一千三百根有麂皮一十二張有雉皮六十八張有桑穰二千八百觔有半夏五十觔有茯苓六十觔有白芍藥一伯二十觔有乾木瓜一十一觔有牛膽南星一觔二兩有吳茱萸三觔七兩有白朮六十八觔八兩有豬牙皂角九兩有天門冬三觔五兩有黃藥子一十一觔有牡丹皮四觔七兩有南星四十觔有紅花三十八觔有梔子二觔有洗花灰五伯九十六觔有靛青二伯二十九觔五兩有白礬七觔十二兩有黃丹九觔有弓一伯八十四把有箭一千一伯七十三枝有曆日紙九千三伯張有水牛底皮有胖襖有桐油有段疋凡貢今謂之坐辦

役法

皂隸凡二十九人南京額班柴薪七人直堂四人布政司直堂一人理問所直堂二人海道二人都司斷事司柴薪一人直堂一人兩浙鹽運司柴薪一人本府照磨所直堂一人本縣柴薪九人

馬丁凡六十有一人布政司參政員下九人按察司副使員下九人本府三人本縣四十人

庫子凡八人布政司廣濟庫一人軍冊庫一人兩浙鹽運司將盈庫二人本府泰積庫一人本縣儒學庫三人

門子凡一十有五人布政分司二人按察分司二

人水利道一人工部分司一人公舘一人本縣二人本縣儒學五人啓聖公祠一人

斗級凡六人本府大有倉二人如坻倉二人本縣預備倉二人

弓兵凡七十七人分巡道一人本府直堂二人本縣直堂二十六人漁浦巡檢司二十八人白洋巡檢司二十人

司兵凡二十五人鳳堰鋪沙岸鋪十里鋪新林鋪白鶴鋪各五人

夫凡三百廿八人本府儒學膳夫二人齋夫二人

本縣儒學齋夫六人膳夫八人西興驛館夫一十二人岸夫九十人水夫七十二人縴夫一百三十六人皂隸二十六人使客皂隸九十人

獄卒凡九人按察司司獄司一人都司斷事司一人本府司獄司二人本縣五人

巡鹽應捕凡十人

西興場工脚凡七人

解戶凡四人

富戶凡八人

革折僉差申文

蕭山縣知縣劉會爲查革折差事照得本縣里役總之一百四十名舊法輪僉解户以通縣錢糧責之通縣里長差役均矣顧法久弊生歲每於通里之中擇其富有力者數十名别立折差名色大都謂縣孔道之衝過客如織當官者慮無以爲禮故以供億委之里遞遂將正差改而爲折且折者問之多且三四十金少不下一二十金輕重不等數似積於無限前後相仍弊已習於罔覺道府非有申請撫按非奉明文於解户則獨任負重之艱於折户亦不聞就輕之便利實一開染指者衆覩之

慕蠅之集固隱隱然忍不能割者職蒞任以來習訪此弊甚爲痛心議將通縣里長酌糧戶之大小定解戶之輕重彼收此解挨次相承裒多益寡適可而止除止解錢糧之外不復更爲別差大書國門永著令式蓋今日里甲之弊折差爲甚去今日里甲之弊惟去折差爲先非惟里甲宜蘇固然若曰矯情干異喜爲名高則職之所不敢聞也爲此具申　撫院准詳

嘉靖四十五年龐院題行一條鞭以易均徭法甚善矣然糧里猶二之也至隆慶五年令王一乾始

據　撫按批發逝年張匡等呈申議併爲一役任

一年之勞享九年之逸糧里至今便之

蕭山縣志卷之三　終

蕭山縣志卷之四

知縣事溫陵劉會　重修
邑庠生張　誥編校
戴文明
蔡大績

人物表

官師表　選舉表

官師表

史遷傳循良而不及令，唐傳儒林而不專博士，此史法也。而邑則非令丞師儒將奚志焉？蓋蕭自設官立師以來，即制有隆汙，然要於政教之責，均也。

故今次列先後自陸凱以逮今考據前簡悉表其人其功勣顯著者則別爲傳述庶幾觀者得以自鏡焉

吳

長

陸凱 吳郡人後移諸暨長是時蕭山尚稱永興至唐天寶始改今名有傳

晉

令

泰始年 王雅 東海剡人有傳

宋

令

景平年 羊恂

劉僧秀

年代	令	縣丞	主簿	尉	學諭
齊	令				
永泰年	李蕁				
唐	令	縣丞		尉	
開元年	韋知微	李令思		丘丹臨平人	
	李士約				
	葛君				
宋	知縣一人	縣丞一人	主簿一人	縣尉一人	學諭一人
景德二年	杜守一有傳				
大中祥符年	蘇壽武功人有傳				
天聖二年	李宋卿隴西人有傳				

四年 王式

景祐五年 苗振

元豐六年 許賜 丹徒人，由貢士知蕭山縣，入爲大理寺丞，權少卿，秦檜[illegible]岳飛[illegible]事，大理丞欲文致以謀反，賜不可，出知南[illegible] 卒

大觀三年 俞昌言 金華人，由進士

熙寧九年 楊時 將樂人，有傳

靖康元年 曾喜

紹興年 陳南

年 宋敷

乾道年 趙善濟 四明人，有傳

淳熙年 顧冲 錢塘人，有傳

宋昌期 行縣尉兼主簿

游酢 建陽人，有傳

年　張暉 有傳

開禧　年　方信孺 有傳

嘉定六年　郭淵明 有傳

十一年　姚元哲

寶祐一年　高曆 剡人

年　金炳

咸淳　年　胡雲龍

丁大全 後以戚里擢侍御史尋拜相

元

達魯花赤一人 號曰監縣主縣事兼勸農官封署縣印

縣尹一人 號曰司判正

縣丞一人 僉署縣事

主簿一人 僉署縣事

縣尉一人 僉署縣事

教諭一人 主管學事

訓導一人 分掌學事

	至元年	至元年	大德年	年	延祐二年	至順年	至元年	元年	至正元年
收掌縣印				可馬剌丁					亦馬丁
	裴思聰有傳								崔嘉訥居延人有傳
				王泰亨		周彥祥寶婺人不有傳			劉伯煥
			王振大名人有傳					陳英	
		王熈山陰人	陳慶父天台人由舉人		李貞餘姚人由辟舉		趙孟善		
			陳適四明人由舉人						

年	年	十二年	十五年	至正　年
華凱會稽人有傳	於善有傳		君性有傳	
		趙誠宛平人有傳		
戴子靜[illegible]	趙子漸金華人有傳			盧中諸暨人

余讀爲善陰騭書宋有鄭承議任邑丞與朱統制抗衡釋部民大辟八人民蒙其施事在名宦傳及讀元志有王琛李適衛應昇趙鎧蘇友龍咸任邑令然其受任年代皆湮滅無攷故不敢妄論列焉

國朝　知縣一人　縣丞一人　主簿一人　典史一人　教諭一人　訓導二人

徐惠

	洪武十年	十二年	十九年	二十年	二十一年	二十二年	二十四年	二十五年	二十六年
總治縣事	張懋有傳		王希器徽州府人有傳		姜仲能四川人有傳		湯義		彭彥彬吉水人有傳
僉署縣事		崔權							黎清吉安人有傳
僉署縣事		張執中							
專主關署公牘		陸靖汪							
總署學事		朱右臨海人		周巽湖口人					
分署學事						周郁本縣人由制舉	屠佳嵊縣人由明經	陸端卿本縣人由制舉	

三十一年	三十三年	永樂元年	四年	六年	八年	十二年	十六年	宣德元年
			張崇 建安人 有傳		曾永聰			吳汝芳 撫州人 有傳
熊以淵 靖安人 有傳						劉得遠		
師鑒 汶上人						李翔		
						李應斌		
								陳顏仍 廬陵人 有傳
	王翰 如皋人 有傳 徐端蒙 本縣人 由制舉	高震 華亭人 由儒士		陳起 本縣人 由舉人		錢復亨	祝以中 南昌人	

三年	胡景仁					
四年		石麟 岳陽人				
正統二年	李珙 泉南人					
三年	楊勝 陽城人				商瑜 黄梅人 由解元	
八年	蘇琳 蒙陰人 有傳		周仁 南昌人			
十二年	鄧					
景泰元年	楊			陳敬 吏員		張璘
二年	朱玉	李孟淳			劉寬 泰和人 有傳	嚴衡 [illegible]
五年		王瑾				
天順二年	葉芳					

年						
四年	梁昉 順德人 有傳	姚義			王讓 姑蘇人 由舉人	賀圭
八年		于友				
成化二年	賞昱 河南人		徐訥 江陰人			
七年	李華 武陵人 有傳					曾本宣
九年		劉璧			葉滐 山陽人	
十年	陳珵 金州人 有傳		商顯宗 洛陽人		石正 金陵人	李渤 浮梁人 由舉人
十三年	吳淑 宜興人 有傳			謝昂		
十六年	朱栻 崑山人 有傳				鄭遷善 莆田人 由舉人	
二十年						
二十二年			谷智			丁昊 長洲人

年					
弘治元年	趙鑑 壽光人 有傳				
二年		何鋹			
五年					查庸 太倉人
					蕭綬 姑蘇人
六年	于宏		史彪	文隆 靖江人 吏員	李塤 鄱陽人 由舉人
七年		李鐸 鳳陽人 監生			
九年	鄒魯 當塗人 由御史			林有言 莆田人 由舉人	
十一年		焦玘			劉用 姑蘇人 由歲貢
十二年	楊鐸 莆田人 由進士			張桓 儀真人 由舉人	
十四年		倪洋 安仁人 由監生		張興	

十七年	十八年	正德二年	三年	五年	七年	八年	九年	十年	十一年
朱儼 莆田人 由進士			吳瓚 休寧人 由進士		王璋 江浦人 由進士			倪希周 安福人 由進士	
				李孟春		阮璉 南陵人 有傳			
劉守正 泰安人 由監生		羅志 程番府人 由監生		蘇綱			任俊		葉芳 全州衛人 由監生
								吳傑	
	梁魁 武進人 由舉人				楊武 嘉定人 由舉人				
	李遇春 遂陽人 由舉人	宋綸 上海人 由歲貢		何重 昭會人 由舉人		余蘊 饒平人 由舉人		高明	

十三年	十四年	嘉靖元年	二年	五年	七年	八年		九年	十年
	鮮瑚 四川人 由舉人	高鵬 蘄州衛人 由進士	秦鎬 三原人 有傳			張選 無錫人 有傳			
	董信 嵩縣人 由監生	吳裔 吳江人 由官生	劉鰲 清河人 由吏員			潘棠 宿遷人 由監生			
						高仲芳 宿遷人 由監生			鄭沂 武進人 由監生
		鄒仲和			劉恭			陳吉 豐城人	
	萬楷 武陵人 由舉人			蕭仁 長沙人 由歲貢					
吳昂 休寧人 由歲貢	劉禎	蕭璟 太和人 由歲貢	任柱 東莞人 由舉人			龍輔 新淦人 由舉人	阮文頊 羅源人 由歲貢	王鑾 衡陽人 由歲貢	

十二年	十三年	十四年		十六年	十七年	十八年	十九年	二十年	二十一年
王聘 利津人 有傳		蕭敬德 泰和人 由舉人				林策 漳浦人 由進士			
		潘坤 山陽人 由監生			楊喬 鉛山人 由歲貢		張珵 德州人 由歲貢	閻中倫 潁州人 由監生	
				王良弼 西安人 由監生			王允叙 陽曲人		王尚志 永城人 由監生
		陳舉 懷遠人					周爵 信陽人		李銓 安仁人
	方傑 新建人 由歲貢								
		劉滌 三水人 由歲貢	周建中 曲江人 由歲貢			楊鋭 沅陵人 由歲貢		蔚楷 合肥人 由歲貢 有傳	

孫文刊

二十二年	二十三年		二十四年	二十五年	二十八年	二十九年	三十年	三十一年	三十二年
	王世顯 長洲人 由舉人						施堯臣 青陽人 有傳		
			徐端 武城人 由吏員			萬鵬 合肥人 由歲貢			
				劉應科 西和人 由監生					張瑭 陽城人 由監生
			龔綬 丹徒人 由吏員			王元貞 盱眙人 由吏員			
	丁奎 華容人 由舉人			周易 貴溪人 由歲貢				朱埍 建安人 由歲貢	
	揭琦 廣昌人 由歲貢	姚仁 華亭人 由歲貢			劉崇文 邵武人 由歲貢	吳釆 仁壽人 由歲貢		徐演 邵武人 由歲貢	

三十四年	三十五年	三十六年	三十七年		三十八年	三十九年	四十年	四十一年	四十二年
魏堂 承天人 由進士						歐陽敔 彭澤人 有傳		趙膺 涇縣人 有傳	
		華斎 句容人 由歲貢					張儀 由吏員 懷安人		
		程堂 黃梅人 由監生			吳臬 餘干人 由吏員			俞鉞 常熟人 由吏員	
	秦良 臨淮人 由吏員					張奎 巴陵人 由吏員			陳濤 莆田人 由吏員
	林則時 懷安人 由舉人				陳僖 廣德州人 由歲貢			成果 由舉人 鹽城人	
			朱金 徐州人 由歲貢	黎仲時 桂陽州人 由歲貢		池鍾慶 甌寧人 由歲貢			王師禹 貴州人 由歲貢

四十二年	四十三年	四十四年	隆慶元年	二年	三年	四年	五年	六年	萬曆元年
		李文餘 平和人 由進士			許象周 昆山人 有傳			王乾 泰和人 有傳	
	陳第 江都人 由監生						鄭薦 石城人 由歲貢		王嘉賓 沛縣人 有傳
	張沛 嘉定人 由監生			胡祥舜 上海人 由歲貢			祝廷實 荊州衛 由監生		朱燦章 六安州人 由監生
	朱晉 莆田人 由吏員		魏晃 南昌人 由吏員					蔣思澤 全州人 有傳	
	鄔維夔 [illegible]新昌人 由歲貢			雷沛 江陵人 由舉人		龔明 孫武人 由歲貢			
	卞邦顯 武進人 由歲貢		張維表 長樂人 由歲貢		朱良相 餘干人 由歲貢	竇守中 壽光人 由歲貢		呂端性 永康人 由歲貢	李阜 連城人 由[illegible]

年						
二年					黃時濟 豐城人 由舉人	
三年						
四年		黃希周 羅源人 由恩貢				羅徵允 淮安人 由歲貢
五年	陸承憲 華亭人 由進士		胡元學 黟縣人 由監生	任澯 豐城人 由吏員	莊重 長洲人 由舉人	馬一化 順德人 由舉人
六年		陳理 青陽人 由監生				
七年				徐本勝 青陽人 由吏員		解子惠 鄆里人 由歲貢
八年	馬朝錫 新繁人 由進士		康承學 和門人 由歲貢	王朝賓 閩縣人 由吏員		李懋仁 太倉州人 由歲貢
九年		張愷 豐城人 由吏員			何良勳 黃巖人 由歲貢	
十年						龍訓 長興人 由歲貢
十一年		黃裳 南城人 由監生	朱登墀 南循人 由歲貢	杜邦 無錫人 由吏員	應楠 慈谿人 由舉人 文學模範足稱	

十三年	十四年	十五年	十六年	十七年	十八年
劉會 惠安人 由進士					
	王箕 海澄人 由監生				
		孫商錫 婺源人 由監生			
	徐閔 吳江人 由吏員			俞朝器 福清人 由吏員	
			魏良翰 德州人 由歲貢	張汝聰 上海人 由舉人	
楊李 天台人 由歲貢	邵元龍 長泰人 由歲貢	傅楠 臨川人 由歲貢			

選舉表

蕭自設科以來或薦辟或貢舉或進士所羅不必盡同均之爭奮風雲域民楨國則於賓興有光焉譬之梓材川輸嶽貢所繇雖殊其有裨於作室一也乃若制科以待異常武舉以招勇畧蕭僅一二指數舊未之志余故表而列之俾都人士知所向慕焉

薦辟

吳　鍾離牧有傳

晉　孫虨

齊 戴僧靜

唐 許伯會 玄度裔舉孝廉有傳

沈 融 籍佚舉秀才

進士

唐 賀知章 有傳

按宋有制科有舉人有進士元承宋制有歲貢有舉人有進士今制科歲貢多漏失無可考僅著宋進士凡三十七人元舉人凡二人

宋 進士

太平興國八年王世則榜

大中祥符八年蔡齊榜

天聖二年宋郊榜

馮鍇
景祐元年張唐卿榜
王綜 臨鐵判官有傳
慶曆二年楊寘榜
卜伸
皇祐元年馮京榜

沈衡 郎中有傳
嘉祐六年王俊民榜
汪泌
熙寧三年葉祖洽榜
王霖 絲之子
熙寧六年余中榜

顧沂 光祿大夫有傳
沈衎
沈義
鄭知微
王彥昌
元祐元年李常寧榜
崇寧二年霍端友榜
大觀三年賈安宅榜

吳孜
方誥
孫寶著 宣教郎有傳
方赫
孫忻
政和五年何㮚榜
紹興二年張九成榜
紹興三十年梁克家榜

王致柔
吳康年
顧宣

隆興元年木待問榜

張孝伯 有傳

淳熙二年詹騤榜

方秉文

淳熙十一年衛涇榜

吳雲

嘉泰二年傅行簡榜

方秉哲 秉成兄

張震 金紫光祿大夫吏部尚書

乾道二年蕭國良榜

王日永 致柔子

王日新

淳熙五年姚穎榜

徐邦傑

淳熙十四年王容榜

張叔陽 監察御史

紹定二年黃朴榜

戴鯨 迪功郎

顧宣

乾道八年黃定榜

卜共

淳熙八年黃由榜

張叔椿

慶元二年鄒應龍榜

馮大受

張炳

方秉成 秉文弟

寶祐四年文天祥榜

張願孫

張飛卿 通直郎有傳

徐理

元 舉人

至正四年戊寅　樓壽高

至正七年辛巳　戴子靜 本縣學教諭

國朝

薦辟

洪武元年戊申 詔禮部行所屬選求民間經明修賢良方正材識兼茂及童子之科

三年庚戌 沃野 舉明經科温縣知縣

周服

四年辛亥 戴謙 宿遷知縣魏文靖公外父

歲貢

舉人

詔開科以今年八月爲始

韓守正 詳進士

詔各省連試三年自後三年一舉著爲定式

進士

詔凡鄉試中者行省咨中書省判送禮部會試

吳伯宗榜

韓守正 利津縣丞

	五年 壬子	六年 癸丑	十二年	十三年
陳旺	詔科舉暫且停罷令有司察舉賢才 王士喆 舉秀才 荔浦縣丞	王士貞 舉秀才 給事中改御史		陳近智 俞期 丘縣知縣 鄭思敬 遷江知縣
			孔驎 傅霖 俞叔珪	

十四年辛酉	十六年癸亥	十七年甲子	十八年乙丑
張叔剛 松江知縣 韓參 沈惟慶 吉安府同知 陳本 何遜 德化縣典史			張本淯 應聘 雲夢知縣 洪海 舉懷才抱德 鳳翔府教諭
	奏准天下府州縣學自明年為始歲貢生員各一人 蔡良 永豐知縣		王震 福建都司都事
		頒行科舉程式凡三年一舉 顧觀 解元詳進士	
		凡鄉試中式舉人給公據赴禮部會試以次年二月為始 顧觀 大理寺評事 有傳	

	縣丞		
十九年丙寅	朱義道 舉孝弟力田慈利知縣	徐應節	
	華克勤 應孝弟力田聘山西布政使		
二十年丁卯		殷輅	朱衍 江陰教諭
		成以仁 祁縣丞	
二十一年戊辰		詔天下縣學三年貢一人	
二十三年庚午	張圻 舉人才長山縣丞		葉林 經魁詳進士
	趙原德 由儒士九江府同知		朱伯安 河南按察使有傳
	張經 舉明經國子助教有傳		陳安 刑部郎中左遷鎮江府通判

年	歲貢	舉人	進士	其他
	周郁 由儒士本縣訓導			
二十四年辛未	方以規 由儒士廣濟教諭善詩文題詠足稱名家	蘇壽 兵部主事		錦衣忠榜 葉林 以進士副御史拔民疾苦
	張原一 舉稅戶人才龍江河泊所使			
二十五年壬申	陳仲淳 舉經明行修工部員外郎	詔天下歲貢縣學一年一人		
二十六年癸酉	阮端卿 舉經明行修本縣訓導	王伯謙 漳州府知府	胡嗣宗 詳進士	
			張貞 詳進士	
			湯本 故城訓導	
二十七年甲戌		陳冕 都督府都事		張信榜 胡嗣宗 山陽知縣

孫大敵刊

	二十八年乙亥	二十九年丙子	三十年丁丑	三十一年戊寅	三十二年己卯	
			魏希哲 舉老成上高知縣文靖公本生父	趙善 舉秀才工部郎中	張箕 舉人才光祿典簿陞東宮內傳	史翼 由營州戎籍從靖內難任戶部主事至山西布政使
	王濟	賈德善 寧德知縣	史巳安 龍岩縣丞	張顒	方儒 監察御史	
		姚友直 詳進士			孫完 詳進士	應琚 延平府通判臨江知府
張貞 漢陽知縣			陳郯榜 姚友直 太常寺卿有傳			

三十三年 庚辰	徐端蒙 舉明經任本縣訓導為人嚴正教訓有方			孫完 吏部主事任福建僉事
永樂元年 癸未	詔内外諸司文職官於臣民中有沉滯下僚隱居田里者各舉所知	鄭堅 監察御史謫廬州府通判	魏騏 希哲子 詳進士 王觀 詳進士	
二年 甲申	秦豫 舉秀才	詔天下歲貢用洪武二十五年例		會榜 魏騏 刑部主事降泰寧教諭 王觀 靈川知縣
三年 乙酉		周能 應楷書監察御史	魯璪 詳進士 殷旦 詳進士	

孫大猷

	四年丙戌	五年丁亥	六年戊子	七年己丑
	鄭滕	張質 興化府同知	吳崖 應楷書吏部主事任鎮江府知府	湯裔
錢巽 漢府長史坐累籍沒 魏驥 希哲子南京吏部尚書有傳			陳起 本縣訓導 方賓 禮部主事 俞昞 京闈中式辭進士	
	林環榜 啓旦 監察御史官至副使有傳 府志入忠節傳			蕭時中榜

八年庚寅	九年辛卯	十年壬辰	十一年癸巳	十二年甲午	十三年乙未
施安	孫忠吏部主事	賈復	何善	陸本道	賀隆刑部員外郎
	沈寅監察御史 衛恕詳進士			孫敏 戴宿應天中式宿遷知縣	
魯璪監察御史					陳循榜 俞廷輔初名炳欽改今名兵部主事改審理正

年	進士	舉人	舉人	進士
十四年丙申		何濬　山陽知縣	倪溥	
十五年丁酉		王信　福建市舶提舉	曹得　詳進士 何善　應天府中式　詳進士	
十六年戊戌	韓景生　舉人材　益陽知縣	董顯　辰州府知事 婁轅　建德主簿		李騏榜 何善　監察御史　有傳
十七年己亥				
十八年庚子		顧諟	沙安　亞魁　順天府治中 陳廣　興化府通判	

十九年辛丑
詔天下歲貢用洪武二十一年例
史佐 澧州府學訓導
徐海 四川僉事
曾鶴齡榜
衞恕 庶吉士詳府志 官至參政

廿年
毛序 鹽運司同知
王政 建寧教諭

癸卯
張璣 高平知縣
黃琮 武進教諭

廿二年甲辰
王平 舉楷書臨清縣丞
余蒙

廿三年乙巳
張子俊 舉經明行修禮部主事
翁文瑆 舉人才遷安縣典史

宣德元年
沃能 舉明經禮部主事改審理歷蘇
黃道吉 廬州府知事

丙午	州漳州通判		
三年戊申		金祐 睢寧訓導	
五年庚戌		曹寧 鄭州知州	
七年壬子		詔天下歲貢用洪武二十五年例	張輅 經魁 葭州學正
		沈衎 興國州判官	
九年甲寅		徐益 南陵知縣	
十年乙卯			王毓 太常寺典簿
			屠鏞 魯府長史
正統元年丙辰	汪景昂 舉楷書 由中書舍人 至太常寺少卿 浩子	王臣 鎮江府學訓導	

三年
戊午
五年
庚申
七年
壬戌
九年
甲子
十年
乙丑
十一年
丙寅
十二年
丁卯

朱瑛 鎮江府學訓導
詔天下歲貢二年一人
顧讓 政和知縣
方儁 常熟晉江縣丞
俞能 丞溪知縣
徐貞
趙昇 羅源知縣
鄭雨 星子訓導

汪浩 順天府中式 嵩縣知縣
韓祺 解元 詳進士
張靖 胙城知縣

商輅榜
曹得 監察御史 陞四川僉事

王時

十三年
戊辰
十四年
己巳
景泰
元年
庚午
二年
辛未
三年
壬申

詔文學才行之士隱於民間者並聽薦

韓璵 廣東鹽課司提舉
戎賢 東平州判官
嚴端 貢元荊門州同知
方正 江西都司經歷
朱順 直隸上元籍慶都知縣
楊璀 彭城衛經歷
張瑺 瀧水教諭

倪敏 經魁候官教諭
傅珍 閩清教諭精書義是邑多得其傳
沈環 南安教諭
沃乾 贛榆知縣
楊文 天順七年禮闈燬死賜祭葬贈進士

四年癸酉	六年乙亥	天順元年丁丑	三年己卯	五年辛未	六年壬午
徐藩 宣化知縣	張紀 陽武知縣	王康 靖州學訓導	胡旭 英德知縣 鎮寧知州	何評	詔廩增四十五歲以上者俱貢 沈俊 彭城衛經歷 王謨 林華 滎縣知縣
					徐洪 詳進士
		黎淳榜 韓祺 監察御史			

王時

王瓊　興寧知縣

王勉　九江府檢校

倪泉

俞振　黄岡縣丞

張霖

朱淮　安慶府經歷

沈清　江西按察司知事

金玉　歸化知縣

汪士昂　廣德州判

沈恭

年				
八年 甲申		俞完 王廣		
成化元年 乙酉	張玘 舉明行修平原 靳水縣丞 王鎬 舉秀才貢黃 知縣 魏完 曠之子 舉楷書 序班 陞寧國知縣		蔡瑛 兗州府通判	
二年 丙戌		黃傑 袁州府通判		
四年 戊子		楊昇 九江府學教授	何舜賓 詳進士	
			富玹 詳進士 沈恭 應天府中式 常德府同知	
五年 己丑				張昇榜

三十

蔡文

	六年庚寅	八年壬辰	十年甲午		十一年乙未	十二年丙申	十三年乙酉
	毛淵 否阡府學教授	來寧	何淮 望江縣丞			李欽 政和教諭	
			韓立 寶應太平知縣	孔斌 以遼東戎籍中山東式詳進士			沈鐸 廣信府通判
何舜賓 行人官至監察御史					謝遷榜 徐洪 二甲二名刑部員外郎 孔斌 未授職		

	十四年戊戌	十六年庚子	十七年辛丑	十八年壬寅
	毛吉 廣州衛知事	朱諫 仲安之孫 瑪祥州吏目		陳殷 師宗州知州 鯁介之操老而彌勵
沈淳 鐔之姪 湘潭知縣 黃兒卿 什加教諭		來登 葉清 詳進士 呂調陽 雲南經魁 黃陂知縣 王世禎 應天府中式 滄州學正		
			王華榜 富鉉 刑部主事湖廣福建僉事	

十九年癸卯	二十年甲辰	二十二年丙午	二十三年丁未	弘治元年戊申
		張序 太醫院御醫		蔡友 由懷才抱德授延平府學教授時薦舉者五百人僅取五人友在第二未抵任除僉事邑人宮琁行部延平謁諸生曰五經非吾業其孔雅堂記
	童顯章 廣德州訓導升代師謫戍不果疏草尚存	俞檜 河間府訓導升		俞寰 王逢古 萬承州吏目
張嵿 詳進士		張天球 詳進士 沙彬 順天府中式		韓憲 萬載知縣 胡昉 詳進士 朱彩 邵武推官
			費宏榜 張嵿 右都御史南京工部尚書有傳 葉清 太僕寺丞左遷潁州同知致知綿州	

八年乙卯	七年甲寅	六年癸丑	五年壬子	三年庚戌
				詩思清逸書法俊楷得者寶之
	王鈍 邵武府檢校		王所	李璋 程番州吏目
孫鳳 徐瓚 沙縣知縣			錢玹 詳進士 朱琪 程鄉知縣 張寶 漳平教諭	
		毛澄榜 胡昉 工部主事改刑部		錢福榜 來天球 工部主事官至陝西按察使

九年丙辰
奏准今年起至十三年每年貢一人

十年丁巳
孫昱 萬載教諭
沈瀛 莆江教諭

十一年戊午
張軒 荊門州學教諭

十二年己未
趙鏡 光澤訓導

十三年庚申
沈鎣 環之子陳州學訓導

十四年辛酉

沈文滂 靈璧教諭
陳璠 封州知縣
戴光 饒州府通判
毛公毅 汀州府同知
田惟怡 解元 詳進士

十五年壬戌

十七年甲子

十八年乙丑

沈沔　鎮遠知縣

沃寬　南城教諭

盛瀧　詳進士

蔡璧　永豐知縣

顧通　長樂知縣

孫光　徐州知州陞襄府長史

曹權　九江府推官

沈治　淳之弟

沈璇　雩都知縣

韓洲　立之子福安知縣

顧鼎臣榜

正德元年丙寅
二年丁卯
三年戊辰
五年庚午
七年壬申
八年癸酉

何舜卿 威海衛學教諭
楊理 潮州府通判
盛瀾 新野王府教授
丁洪 浦城訓導

周憲 詳進士
黃懿 萊蕪知縣
王鏞 亞魁 衡水教諭

錢玹 吳江知縣
呂柟榜
田惟祐 刑部主事官至潯州知府
盛瀧 太僕寺丞官至南寧知府有傳

九年甲戌
十一年丙子
十二年丁丑
十三年戊寅
十四年己卯

翁文 河南府學訓導有傳
王宏 興化府學訓導
任沛

徐守 洪子潮州府同知
徐官 洪子詳進士
黃禅 初知安谿終常州府判有傳
沈宋 鐸孫

舒芬榜
徐官 刑部主事官至廣西僉事

忠

十五年庚辰	十六年辛巳	嘉靖元年壬午	二年癸未	三年甲申	四年乙酉	五年丙戌
徐行	黃祻上饒主簿	陳欽鄰水教諭	何大猷長汀訓導	韓造宜章教諭		陳讓尤溪訓導 韓昆山靈璧訓導
		王良相順天府中式			來汝賢經魁詳進士 來應山天球子故城知縣	
			姚淶榜 周憲寧國府推官			

七年戊子　九年庚寅　十年辛卯　十一年壬辰　十二年癸巳　十三年甲午

童瑞　由楷書選禮部儒士中書舍人左遷辰州經歷

蔣錫　茌平訓導

來應薦　密雲知縣

來觀　伊府教授敏悟而教有方

何仕植　衛輝府學教授

孫宗器　寶坻知縣

黃九皐　懌之子詳進士

黃德賢　南康知縣

戴維師　光之子詳進士

來日升　亞魁興化府判陞師宗知州

翁五倫　文孫詳進士

林大欽榜

來汝賢　鄉會俱第二名有傳

十四年乙未	十六年丁酉	十七年戊戌	十八年己亥	十九年庚子
			孫學思由楷書選儒士陞中書舍人大理評事禮部郎中	童鑑由楷書任武英殿序班陞中
祝禮松江府通判	徐旭清河訓導陞崇明教諭以孝友溫厚見稱		黃啓學宿松訓導	文澤國子典簿陞通判
	韓逅洲子襄陽知縣	黃世顯潁州知州		張燭詳進士
韓應龍榜 翁五倫監察御史改福州知府有傳		茅瓚榜 戴維師監察御史官至四川僉事 黃九臯工部主事終魯府長史		

二十九年
辛丑
三十年
壬寅
三十一年
癸卯
三十二年
甲辰

中書舍人

徐景元青縣訓導
吳瑞單縣教諭賢直而有守
張瑛紀子灤州訓導淹貫經史事繼母以孝聞

楊應元以甘州戎籍中陝西鄉試詳進士
來端本順天府中式松溪黃岡知縣
孫學古詳進士亞魁
王仲山

秦鳴雷榜
張燭刑部郎中
孫學古東莞知縣附傳

二十五年丙午
二十六年丁未
二十七年戊申
二十九年庚戌

童儒 由吾書任武英殿序班陞鴻臚寺主簿

樓祁 蕭縣訓導
徐梗
王沂

張誼 詳進士
黃世科 世顯之第
韓惟論 汶上知縣有清似水明如鏡之謳

楊應元 官登州府推
李春芳榜
黃世科 [illegible]

四十年壬子　四十一年癸丑　四十二年甲寅　四十三年乙卯　四十四年丙辰　四十六年戊午　四十七年己未

方直　由楷書選禮部儒士鴻臚寺序班
曹嘉賓　由楷書鴻臚寺序班陞順天府知事
韓繼榮　由楷書鴻臚寺序班

黃九功　無爲州訓導
孫勳　平和教諭陞審理
徐卓　建昌知縣陞萬州知州
翁復明　清河教諭

李存中　鳳陽教諭
何世學　善從孫　詳進士
來經濟　天球孫　詳進士
黃世厚　九皋之子　江夏知縣

陳謹榜
張誼　都察院觀政　十二歲舉奇童　會試冠本房錄文　有文學名

三十九年庚申
四十一年壬戌
四十三年甲子
四十五年丙寅
隆慶元年丁卯

陞兩淮運判
知事

童仕　由世業武英殿序班
童偕　由世業武英殿序班

汪耀
徐大中　新興訓導
毛瑚　福安訓導
屠理　新淦訓導，著書經研幾錄
黃九作　六合教諭，懌之子
登極恩詔天下府州縣學考選廩膳生員內貢一人

王居望　詳進士
蔡萬里　詳進士
秦必上　河南中式，桐廬教諭，觀之子
張試　詔之弟，詳進士
黃世雍

二年戊辰	三年己巳	五年辛未	六年壬申	萬曆元年癸酉
來三聘	沈杏 宋之弟萬載縣訓導	徐大夏 初建德訓導陞饒教諭金華府學教授孝友模範均有足稱	施一言 潛山訓導	來文英 高安主簿
		來三聘 應天府中式		來士賢 任宗湯 黃縣知縣
羅萬化榜 張試 見任南京工部郎中 何世學 常州府同知 來經濟 見任四川副使				

二年甲戌	三年乙亥	四年丙子	五年丁丑	七年己卯	九年辛巳
				曹大至 由楷書鴻臚寺序班	
	來責		蔣育賢 見任沅州判官	蔡應選	丁鳴春 見任滕縣訓導
		楊道南 經魁杭州籍 戴尚志		來責 應天府中式 湯有光 應天府中式	
孫繼皐榜 王景星 河南府推官左遷五河知縣			沈懋學榜 蔡萬里 部武府同知今任青州府推官		

十年壬午	十一年癸未	十三年乙酉	十五年丁亥	十七年己丑
	樓[illegible]周三河訓導	吳應桂瑞之子見任定海訓導	黃世濟	
王明宰 張應桂 單有學		來遇龍 來行志		
	朱國祚榜 來三聘見任合肥知縣			

孫宗抑

	制科	武科附武勳
永樂十九年辛丑	翁鶴齡榜 衛恕 選翰林院庶吉士官至參政	
嘉靖四年乙酉		金實 中浙江武試
嘉靖四十三年甲子		戴昱昇 中浙江武試
萬曆元年丁卯		曹體仁 中浙江武試

成化年

王琚 大漢將軍

嘉靖年

曹南金 由生員立功任福建都司都指揮僉事

隆慶年

曹南濵 由生員立邊功任浙江左遊擊將軍

封贈 附恩廕

洪熙年

姚道 孫友直貴贈雲南布政司左參政

姚叔遠 子友直貴贈雲南布政司左參政

朱宗良 子仲安貴贈行在山東道監察御史

吳元振 子崖貴贈吏部郎中

宣德年

何景源 子善貴贈交阯道監察御史

史本 孫翼貴贈河南布政司參政

史樞 子翼貴贈河南布政司參政

景泰年

魏敎 孫驥貴贈南京吏部左侍郎

魏伯雅 繼子驥貴贈南京吏部左侍郎

魏年 驥孫恩補監生蒼梧縣丞

屠敏學 子鏞貴贈魯府長史

蔡文

曹佛 子得貴贈南京廣東道監察御史

沈大江 子俊貴贈府軍前衛經歷

成化年

楊務本 子璀歲貢貴贈彭城衛經歷

徐鵬擎 子洪貴贈刑部河南司主事

何璧 子舜賓貴贈南京湖廣道監察御史

冨景先 子玹貴贈刑部雲南司主事

弘治年

來雍 子天球貴贈工部都水司主事

施信睦 子隆吏員貴贈辰州衛經歷

胡永芳 子昉貴贈江浦知縣

來景稠 子恩援例貴贈和陽衛經歷

正德年

黃璋 子郁貴贈西城兵馬司副指揮

盛楠 子龍貴贈太僕寺寺丞

俞深 子相貴封裕陵衛經歷

嘉靖年

張濤　孫璜貴贈都察院右都御史

張弁　璜繼子恩補監生鄱縣知縣陞府通判

孫臣　子光貴贈安州知州

童顯章　訓導子瑞貴贈中書舍人

張翼　子燭貴贈刑部郎中

童瑆　子鑑貴贈中書舍人

曹鉅　子嘉賔貴封鴻臚寺序班

樓宗諧　子良材貴封鴻臚寺序班

張孔殷　義官子巖貴封上饒知縣贈右都御史

田鑑　子惟熾貴贈南京刑部郎中

瞿杭　子廷顯援例貴贈南京留守衛經歷

翁尭　生員子孟倫貴贈福建道監察御史

孫煥　子學思儒士貴封大理寺評事

童金　子儒貴封中書舍人

韓志民　子繼榮貴贈鴻臚寺序班

隆慶年

來端容 監生子士官貴封南京後衛經歷

萬曆年

來聞凱 生員子經濟貴贈太僕寺寺丞

項欽 子祥貴贈京衛經歷

蔡時滂 子萬里貴封撫州府推官

張廷柱 生員子試貴累贈建昌府同知奉政大夫持身恪慎教子端嚴

來騮 子弘遂吏員貴贈驍騎衛經歷

項録 繼子祥貴贈京衛經歷

何瞻 子世學貴贈都察院經歷

俞環 子榮吏員貴贈京庫大使

來捷 生員子三聘貴封合肥知縣

例貢

成化二十一年始令生員曾經科舉者赴陝西照例納銀納粟納馬入監出身正德年間令赴貴州照例納銀嘉靖四年又令官員子弟照例納銀十七年又令民間俊秀照例納銀其例多寡不一

施清
王澐 泰議州判
已上成化年
瞿廷顯 澧州州同
施彷
來端本 順天中式
陳一德 南陵縣丞

來恩 和陽衛經歷
來炳
曹森 揭陽縣丞
沈渟 雲南新添衛經歷
朱言
曹楧
張允 贛子江西都司經歷

王錦 安仁縣丞
黃郁 西城副兵馬
任遺 涇縣主簿
蔡霑 長汀主簿
已上正德年
任斯禮
田琇 惟恬子上林苑監丞

沈潤
徐黼 晋江訓導陞閩縣教諭
胡尚謙 清遠知縣
黃梟 連江主簿
魏璨 泰寧縣丞
來端言 覇州判官
丁周 鴻臚寺序班

來端蒙 嵩明州州同
來端操 鴻臚寺署丞後致仕
孫學孔
來端容 封南京前衛經歷
周鳳鳴
翁濟川
來文獻
蔡詳 見任臨江府經歷
楊麟
王嘉兆 見任餘干縣主簿

蔡守毅 崑山零陵主簿
來端人 任新興縣丞勞瘁卒于官
黃熺
高本孝 由序班陞崇明縣主簿
樓良材 由序班陞南昌縣主簿
周發府
徐大謨 魯府審理正
王家禎 夷陵州吏目
童化 德安府經歷
童俊

徐朝宣 武昌衛經歷
周發堂 如皋延平主簿
戴維孝 光于陝西布政司照磨
來端器
洪綱 高唐州同
丁伯潮
黃世厚 應天中式
瞿伯玉 撫寧衛經歷
魏承爵
徐如登

張熺
沈九峯 餘干縣丞
畀昇 丹徒縣丞
來端龍 崇明縣丞
張諧
來道升 徐州定州州同
翁濟美 見任廬陵主簿
張應春
周鳳韶
來文盛

徐如圭
丁應正
戴維吉 鴻臚寺序班
王嘉期

來捸 援儒士例饒州檢校陞典寶
黃世孚
俞至義 見任南安縣丞
倪嘉

黃從一
蔡經綿
周經先 見任南京鴻臚寺序班
王篙 見任副兵馬

來文德 南京西城兵馬司吏目
倪世達
來士官 援儒士例南京衛經歷
吳計

蔡子元
田琦 已上嘉靖年
王家祿
沈爟

沈有孚 揀選見任吉水縣丞
翁濟時
翁濟世
王魁賢

黃從卜
來自明 見任鴻臚寺序班
丁應宗
倪紹英

史璟
黃應遠
黃應城
黃從龍

已上隆慶年
施中達
丁元吉
黃世淳

來經正
何世科
楊鳳
孫承仁

蔡道全
來自京
來自平
丁一階
史諫
何思唐

黄世學
黄豹元
何汝成
蔡萬程
何汝愷
來自雲

何汝龍
來士章
蔡繼承
蔡萬言
丁元嘉

來自賢
黄啓元
來自周
來道登
已上萬曆十六年冬正

來弘通碣石衛經歷　來弘遂都司正斷事　已上隆慶年

王有年興平縣丞　童儀平陸縣丞　俞榮汀州府知事

來學易靖江縣丞　王化靈山縣丞　曹深楊州衛經歷

沈良璧見任保寧府經歷　張訓模見任廣南府經歷　黃世存見任吏目

項良心沭陽縣丞　沈澧寶應縣典史　陳岩恩縣丞

王應科見任袁州衛知事　任一統見任壽光縣丞　王灌見任騰衝衛知事

王可信見任翼城縣典史　王諒見任蒙陰縣典史　蔡道隆見任安福縣典史

周有科見任漳浦縣丞　唐宗見任長垣縣典史　已上萬曆十七年止

蕭山縣志卷之四 終

蕭山縣志卷之五

知縣事温陵劉會　重修

邑庠生張諒　戴文明　蔡大績　編校

列傳

名宦　流寓　鄉賢　孝義　列女

名宦

蕭自嬴秦剏邑迄今無慮數千載其間建利除害民是務𤄙者豈乏其人乃吳晉陸王之外下逮于宋指不多屈者則記籍脫誤所從來也副在之責

徐宇

烏可忽諸是用廣詢覆核存其可知者而闕其不可知者要本于民無遺訾焉則書之楚人有言曰以吏繩民民聽於吏以民徵吏吏聽於民聽吏者有時而聽民者將與世無窮也由斯而譚善惡之鑒不其嚴乎

吳　陸凱

陸凱字敬風吳郡人丞相遜之族子黃武初任永興諸暨長所在有治績寶鼎元年拜左丞相府祀名宦

晉　王雅

王雅字茂達東海剡人性好接下敬慎奉公以幹

理著稱官至左僕射

宋　杜守一　蘇　壽　李宋卿　楊　時

顧　冲　張　暉　郭淵明　趙善濟

方信儒　鄭承議　游　酢

杜守一景德二年以大理丞出爲令有德政縣東五里山常多虎守一爲令之二年虎負子渡浙江去邑人異之名其山曰去虎

蘇壽武功人大中祥符二年以大理丞出爲邑令明剛果决去就民服其治天聖元年守越州摧强照弊威名大振

李宋卿隴西人天聖二年以大理評事出爲令明練吏事撫循民情驅逐奸宄訟無留牘

楊時字中立福建將樂縣人政和二年爲邑令經理庶務裁决如流以邑民嵗苦旱開築湘湖以灌九鄉至今民賴其利祀名宦祠

顧冲錢塘人淳熙中任縣令抵任未久適嵗旱湘湖水利不均民爭不已冲乃度地勢高下放洩後先勒定時刻約束甚嚴又禁侵湖爲田者民始得其平其他善政多頼此

張暉淳熙中爲邑令寬猛適宜民畏而愛之會諸

暨水溢詔開紀家滙浚蕭山新江以殺水勢牌上言諸暨地高蕭山地下山陰則沿江皆山䟽小江可導諸暨之水欲浚新江其底石堅不可鑿若開紀家滙則水逕衝蕭山桃源諸鄉田廬爲沼矣時蔣其爲浙東提刑主諸暨之請欲開滙暉力爭曰暉頸可斷滙不可開乃止蕭邑賴之

郭淵明字潛亮嘉定中任邑令有宿豪父子爲奸悉置下法民有育孤女利其貲失時不嫁者論以禮律遂得所歸又䟽濬湘湖爲利甚博太守刁約聞之曰郭蕭山壓民望矣祀名宦祠

趙善濟四明人乾道中爲邑丞時頑民徐彥明獻計恩平郡王欲以湘湖爲田善濟力爭之得寢歲旱九鄉人多爭水構訟集議繕脩湖防至今賴焉

方信孺開禧中邑丞剛直有爲吏畏民愛名聞於時

鄭承議爲丞時有朱統制在縣縱牧卒侵刈西興鹽場草鹽司奏其事榜許格捕卒刈草如故亭戸捍之致殺傷其四人朱屬吏以歐擊論死者八人獄成令已署案次及丞責吏曰榜旣許人格捕殺之罪輕今以他事論死民甚負寃案不得書我名

吏惶懼退易前案八人皆免死

游酢字定夫建陽人師事二程時以游楊並稱天

聖中舉進士調蕭山尉辨决疑獄人稱神明在官

數年德惠旁洽用廷臣薦召爲太學録歷知和舒

濠三州伊川嘗言游君問學日新政事亦絶人遠

甚祀名宦祠

元

裴思聰　崔嘉訥　華　凱　於　審

尹　性　周彦祥　趙　誠　王　振

趙子漸

裴思聰至元間邑令廉明謹畏務以德化民天旱

蔬食遷居偏署引罪自責而輒沾足張士誠據浙遂棄官居嘉興士誠聞其名厚賂之不受憂憤而卒

崔嘉訥字泰舉居延人至正間邑令均稅賦平政治肄新縣廨役不病民

華凱字元凱會稽人至正間任邑令先時田多蕪沒民失其業凱覈實坵畝官給由帖鄉無爭競至今賴焉

於會至正間由杭州府推官改任邑令性寬厚率民以禮作新學校築堤捍水民受其利後遂家于

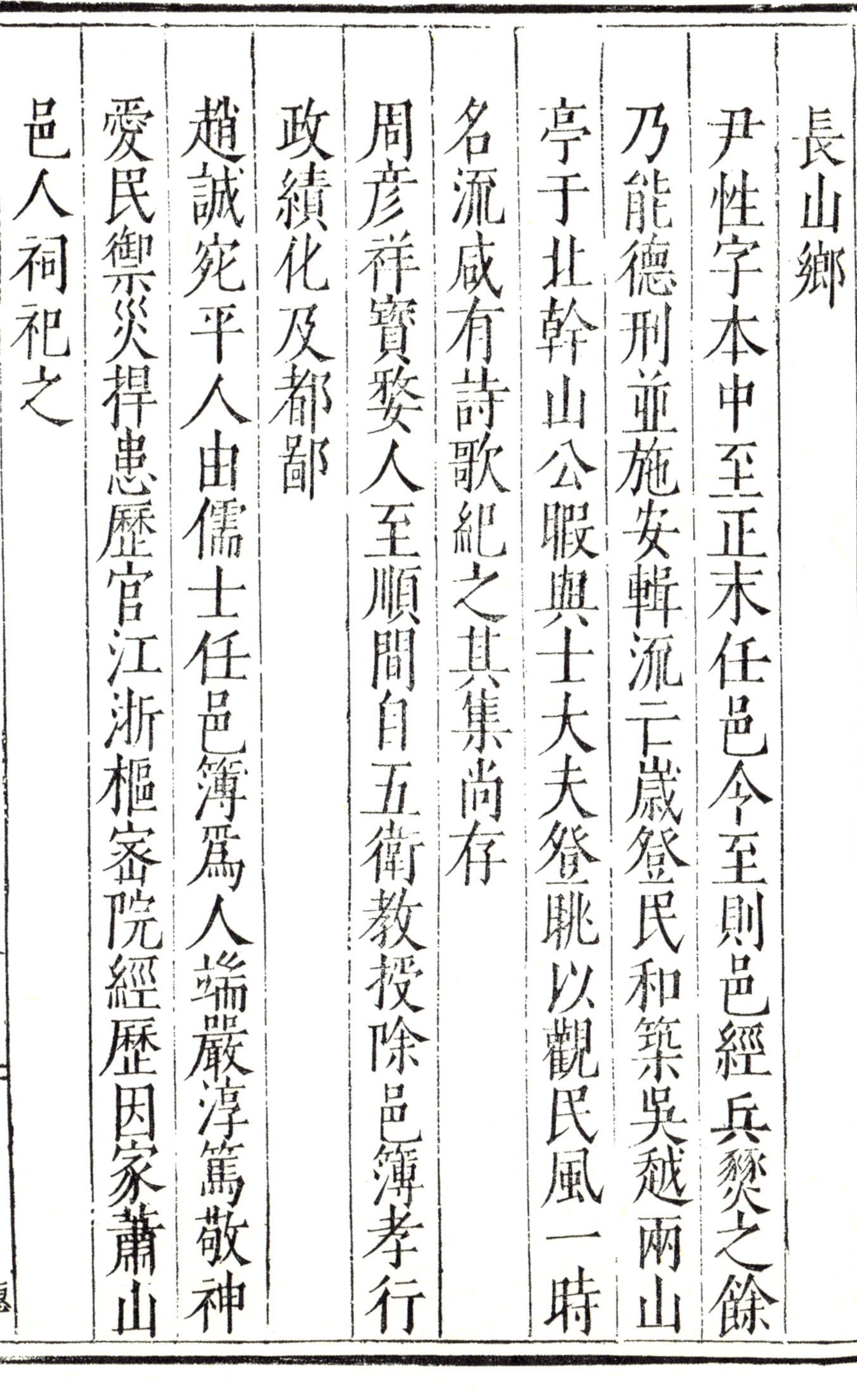

長山鄉

尹性字本中至正末任邑令至則邑經兵燹之餘乃能德刑並施安輯流亡歲登民和築吳越兩山亭于北幹山公暇與士大夫登眺以觀民風一時名流咸有詩歌紀之其集尚存

周彦祥寶婺人至順間自五衛教授除邑簿孝行政績化及都鄙

趙誠宛平人由儒士任邑簿爲人端嚴淳篤敬神愛民禦災捍患歷官江浙樞密院經歷因家蕭山邑人祠祀之

王振字麟伯大名人任邑尉見義勇爲才猷通達建學之績到今稱之

趙子漸金華人從遊許白雲先生辟蕭山教諭每以綱常大義訓迪後進遠近聞風而至

國朝張　懋　王谷器　姜仲能　彭彥彬

張　崇　吳汝芳　蘇　琳　梁　昉

李　肇　陳　瑄　吳　淑　朱　栻

趙　鑑　秦　鎬　張　選　王　聘

施充臣　歐陽敬　趙　春　許承周

王一乾　黎　清　熊以淵　阮　璉

王嘉賓　蔣思澤　陳顏仍　劉寬

王翱　蔚楷　岑子原

張懋洪武初知蕭山重農恤民尤注意湘湖水利爲圖記刻石今存於儀門之左

王谷器徽州人蒞政敏捷筆翰如流事無壅滯理民曲直黑白皎然

姜仲能四川人施惠愛均徭役政事謹嚴人莫能犯

彭彥彬吉水人愼刑罰均徭役時皆稱其廉能

張崇建安人永樂初知蕭山時方營建宮室供需

繁擾崇隨宜應答而上不失事下不勞民民甚德之

吳汝芳撫州人由刑部員外出知蕭山適歲歉撫綏有方生活甚衆且能修舉廢墜作興學校三年以疾辭去

蘇琳山東蒙陰人正統間由進士爲御史出知蕭山邑產櫻桃歲入貢後遣中官摘取多索常例琳抗不與中官故不時採之使易壞欲以罪琳琳遂與中官相格逮械至京

英廟問曰爾何爲格我內官對曰朝廷以口腹殘民

内官以威勢虐朝廷命吏臣是以抗之

上嘆曰直臣也薄責之令還職琳曰臣甘受責但使

櫻桃復貢蕭民死過半矣自是蕭山得免櫻桃之

貢祀名宦祠

梁昉順德人由進士任邑令政務大體不矯激干

聲譽幾三年以内艱去後陞御史官至浙江僉事

李著武陟人由舉人任邑令會風潮突新林塘田

廬漂沒人多溺死著撫存恤家收掩飄骸率多便

宜要法力請藩臬貸鄰郡倉粟以賑饑之補築堤

岸不遑寢食尋以才能受治長興

陳瑆字仲華廣西全州人由進士任邑令政治嚴明豪强斂跡征徑田賦行之以公謂學舍號房卑濕湫隘易置爲樓逮今奕峙於左逾兩載以外艱去官至都御史

吳淑字艾夫宜興人由進士任邑令博學能詩文居官五載創建居多革去奸惡民有所倚後陞監察御史歷湖廣僉事

朱栻字良用崑山人由進士爲邑令撫字小民振作士類開濬湘湖强梁屛跡立丁田法頒行諸郡邑利澤甚溥徵拜監察御史祀名宦祠

趙鑑字克正詩光人由進士任蕭令治民慈愛操守清白官至刑部尚書

秦鎬字子京陝西三原人以進士知蕭山才識明察而積弊多剗威斷不撓而强梁懾服官至大同府知府

張選字舜舉無錫人戊進士知蕭山薄於自奉勵精政務即有隱伏發摘如神興利剗弊動中事宜始刻黄冊畧以杜飛洒至今遵之不變歷戶科給事中

王聘字念覺山東利津人由進士知陝西盩厔縣

擢兵科給事中以言事出判太倉州遷蕭山令實心愛民躬行率下廉不徼名簡不廢事誠能動人威能畏吏皆稱爲古之遺愛蕭士慕而效之惟恐不及論者必置諸卓魯之上居蕭僅二期邑人至今思之官至河南衛輝府知府祀名宦祠

施堯臣字欽甫青陽人以進士知蕭山糲食敝衣不携家累明敏精練剖决如流其最有功於民者繕城平賦禦倭清籍百姓至今稱之始蒞任止竹篚遠遷司封以去惟增贈言數紙猶然輕囊也官至順天府尹邑西郭門外肖其像樹遺愛祠祀焉

歐陽一敬江西彭澤人己未進士爲令廉明威愛
人敬而懷之露跣禱雨輒應造版籍痛絕詭寄差
徭始均杖表相荅頭無狀者且下之獄其家哀請
乃釋迨
召相勞之曰先生風裁夙聞遂除兵科給事中時多
所論劾有直聲官至大理少卿
趙睿涇縣人由進士爲邑令沉靜溫厚每以平易
近人而胷中繩墨井井不可亂在任四年事治而
民安之入爲御史按轍所至輒有聲
許承周崑山人以戊辰進士令蕭山廉敏明肅豪

奸屛跡築北海塘遏潮嚙鳳儀諸鄉賴之陳僉事

成甫齋

萬壽表自江西歸餘姚經蕭山索儲傳窘卒史幾死許哀之遂索其僕且示枉道指被誣奏稽表文當事者嫉之罷去衆咸稱屈云

王一乾字元卿江西泰和人由進士知蕭山誠心愛民務以寧靜不擾爲主如糧里併役申革本山竹木稅輪入埠船裝防春卒等類皆民所傳頌者公庭無事皂甲散爲負販有古循良之風焉擢刑部主事邑人爲之立去思碑

黎清江西安吉人洪武中任邑丞清慎寡慾勤於
政事在任三年纖無瑕玷民多愛戴
熊以淵靖安人洪武中任邑丞勤謹明察民不敢
犯陞杭州府通判轉陞泰安知州
阮璉南陵人由監生任邑丞居官有守清操著聞
三載如一上下稱重之陞祁州判官
王嘉賓沛縣人由選貢爲邑丞體貌俊雅文辭敏
給嘗署篆遇事刃解操守甚潔不畏強禦未及兩
期撫臺以才薦遷鹽津令
蔣思澤全州人由掾史尉蕭恥刀筆直欲以廉慈

浣之却常例不私受訟牒即剖訟不聞鞭朴聲後
入覲以詿誤去仍來任所辭文廟別士民以明素
志人至今稱其粹白云

陳顏仍廬陵人由鄉舉任邑教諭學行勤敏訓誨
諸生雖寒暑不廢

劉寬泰和人由鄉舉任邑教諭言行動靜皆可為
法

王翕如臯人由歲貢任邑訓導資禀純粹學業勤
敏

蔚楷合肥人以歲貢司訓蕭山端方廉慎不苟取

不濫交士之貧者即以其贄歸之代巡舒公汀行部曰方今司教向上者唯此一人薦擢絳州學正去途遠而囊空貸數十金爲行資三年而計息不遠萬里遣人來償人以是益高之

岑子原南海人永樂初任錢淸北壩官廉潔有爲夫後畏服

流寓

蕭都吳越之會舟車帶縮形勝融結雖非僑郡而寓公實托跡焉即久暫殊稱乃後先輝映矣夫江許秦羅片言斷簡至今膾炙人口蓋以人存之也

否則流離之夫有類桃梗君子奚取焉

漢　朱儁

朱儁字公偉上虞人漢靈帝時爲交阯刺史擊斬反賊梁龍命討潁川南陽黄巾連破平之爲河南尹董卓稱兵爲逆欲遷都關中表儁爲巴副儁不受後卓入關留儁守洛陽儁遂移書州郡徵兵討卓卓誅徵爲太僕後拜右車騎將軍封錢塘侯初平中以病還寓蕭山卒子孫遂家焉祀府鄉賢祠

晋　許詢

許詢字玄度高陽人父皈爲會稽内史因家焉詢

有才藻善屬文能清言與太原孫綽齊名隱於永興山中每致四方諸侯之遺或謂許曰嘗謂箕山人飲不爾耳許曰筐篚苞苴故當輕於天下之寶耳丹陽尹劉惔嘗曰清風明月恨無玄度後終于剡山

齊　江淹

江淹字文通考城人少有文名位至金紫光禄大夫後寓居永興今江寺其故宅也

唐　秦系　羅隱　徐鴻

秦系字公緒有詩名唐天寶間藩鎮舉辟皆不就

嘗隱居於幹山之陽今西倉衕秦君巷是也

羅隱字昭諫杭州新城人有能詩名嘗說錢鏐舉兵討朱温曰縱無成功亦可退保杭越奈何交臂事賊爲終古之羞乎唐光啓中鏐表爲錢塘令歷給事中遷發運使後寓居蕭山卒墓在許賢鄉

徐鴻金華人唐兵部尚書咸通間錢鏐破黄巢於黄嶺命鴻出鎮其子君綏有武畧襲充長山鎮遏使因定居焉

宋　羅從彦　韓膺胄

羅從彦字仲素南劍人初爲博羅主簿聞楊時得

程氏之學慨然慕之時爲蕭山令從彥徒步往從
見時三日即驚汗浹背曰不至是幾虚度一生矣
久之卒業學者稱爲豫章先生
韓膺胄字勉夫累仕至朝請大夫左司員外郎直
秘閣知饒州高宗時扈駕南渡致政東還定居蕭
山之峽山下

元

戴時才
戴時才字仲文鄱陽人丰度清雅喜賓客好施與
至正間任兩淮帥府知事退居蕭山湘湖濱徜徉
山水自號南坡老人子正字伯貞性廉慤任山陰

丞隨武夫後授福建行省檢校咸頌其德政云

國朝　劉基　高啓　高明　蘇伯衡　王禕

劉基字伯温青田人封誠意伯元季避亂居蕭山嘗館穀于邑儒戴宗魯任長者家遺翰尚存凡邑中山川景物及名人文士家題咏甚多

高啓字季迪姑蘇人爲吳下詩宗元季避地蕭山後還姑蘇仕至戸部侍郎其詩文有缶鳴集太史等集

高明字則誠永嘉人博學善詩文元季流寓蕭山與邑儒戴宗魯爲莫逆交任原禮延置于家累年

詞翰多存今樂府琵琶記則在原禮家時所編也

蘇伯衡字平仲金華人流寓蕭山仕至翰林學士

王禕字子充元季僑寓蕭山與任原禮交最厚後爲翰林待制奉使雲南不屈而死贈學士謚忠文

鄉賢

傳曰賢者識其大不賢者識其小莫不有文武之道焉由此觀之識大者賢也識小者非賢乎小大兼述爾美不稱惡志之體宜爾矣

明興逾二百年蕭之鴻卿鉅公暨文學論議之臣閭巷砥行之士即賢有大小其於先民均稱典刑焉

是用次其世數揭著於篇

吳　鍾離牧　鍾離徇

鍾離牧字子幹會稽山陰人漢魯相意七世孫少與同郡謝贊吳郡顧譚齊名爰居永興躬自墾田稻熟縣民有冐認者牧遂以與民縣長聞之召民繫獄牧爲之請長爲釋之民慙懼率妻子舂稻得米送還牧牧閉門不受輸置道旁莫有取者從郎中補太子輔義都尉遷南海太守後以前將軍假節領武陵太守卒家無餘財士民思之始與太守羊衜與太常滕胄書曰鍾離子幹吾昔知之不熟近

見其在南海恩威智勇部伍分明加操行清純有
古人之風其見貴如此
鍾離徇牧之子也拜偏將軍戍西陵與監軍唐盛
論地形勢謂宜城信陵爲建平援不然敵將先入
盛以建平將施績有智畧而不言信陵當城弗從
徇討後晋果修信陵城建平遂危及吴亡徇領水
軍臨陣督戰死

宋　孫處

孫處字季高會稽永興人以字行武帝征孫恩季
高樂從及平建鄴封新番縣五等侯盧循之難武

帝謂季高曰此賊行破非卿不能傾其巢窟季高率衆三千汎海襲番禺拔之父蝦長史孫建之等輕舟奔始興季高分遣振武將軍沈田子等討平始興及南康臨賀始安嶺表諸郡循於左里奔還襲廣州季高又破走之卒追贈南海太守封侯官縣侯武帝念季高功表稱所贈未優重贈交州刺史

齊 戴僧靜

戴僧靜少有膂力便弓馬累遷廬陵王中軍司馬高平太守謚壯侯宋昇明時袁劉舉兵蕭道成遣

僧靜助蘇烈攻袁粲粲下城僧靜踰城獨進其子最勇以身衛粲僧靜直前斫之遂父子俱死至齊永明五年桓天生引北魏兵寇泚陽將軍陳顯達遣僧靜與戰於深橋大破之後荊州刺史巴東王子響殺長史司馬齊主欲遣僧靜討之僧靜曰巴東年少長史執之太急忿不思難故耳天子兒過誤殺人有何大罪忽遣軍西上人情惶懼僧靜不敢奉敕齊主不答而心善之時巴東之亂世祖謂群臣曰子響遂反僧靜曰諸王都自應反豈惟巴東上問其故對曰大王無事而一時被囚取一杯

漿亦諮讖帥讖帥不在則竟日忍渴諸州惟聞有讖帥不聞有刺史何得不反及蕭鸞誅諸王皆令典籤殺之無能拒者識者以僧靜爲至言

唐　賀知章　夏香

賀知章字季真永興人性曠夷善譚説族姑子陸象先嘗謂人曰季真清談風流吾一日不見則鄙吝生矣證聖初擢進士累遷禮部侍郎兼集賢院學士玄宗自爲賛賜之肅宗爲太子知章遷賓客授秘書監知章晚節尤誕放遨嬉里巷自號四明狂客及秘書外監每醉輒屬辭筆不停書咸有可

觀善草隸好事者具筆硯從之纔數十字世傳以爲寶天寶初病夢遊帝居數日寤乃請爲道士還鄉里詔許之以宅爲千秋觀又求鏡湖數頃爲放生池詔賜鏡湖剡川一曲旣行帝賜詩皇太子百官餞送卒年八十六贈禮部尚書

夏香字曼卿年十五縣長葛君會客飲宴時郡遭大旱問香以旱故答曰昔湯遭旱七年以六事自責而雨澤應澍周成王悔過而偃禾復起自古先聖畏懼天異必思變以濟民命今始罹天災縣界獨甚未聞明達崇殷周之德飲宴獨懽百姓枯瘁

神祇有靈必不享也百姓不足君孰與足長曰是誠在我即罷會身捐俸祿以贍民饑衆服其格言後歷任邑長聲譽四聞

宋 王綵 沈衡 顧沂 張孝伯 張即之 張飛卿 張叔椿 張稱孫

王綵字敬素真宗時舉進士任興國軍司理辨重辟十有一人郡稱神明秩滿除台州軍事判官州少井人病之綵淘土爲筒引山泉入城每五里一穴以濟行者旋判衢州有惠政外臺移領婺州衢州人爭於境上曰吾州一鑑何爲見奪至婺雪民

顧沂志載嘉祐六年進士其子彥成自係北宋時人所捐書堂爲學基並不載明所捐歲月實在何地亦無確據乾隆志詳辨其非見人物門

寃抑民德之以紫檀肖像而祀之拜侍御史安撫湖南終尚書兵部員外郎子霽震露並歷顯職狀元馮京其壻也同年范文正公誌其墓今存碑牌嶺

沈衡字公持先世不仕從外兄王繇學登進士自校書郎遷職方郎中爲人嚴整精於吏事民憚其察不敢有犯

顧沂生三歲與諸兄育於伯父迨長奮志於學伯父奇之登進士至朝散大夫轉光祿大夫父務德贈中順大夫子彥成承蔭朝散大夫兩浙運使以

書堂爲學基田三十六頃爲學田中書舍人薛昂
誌其墓
張孝伯歷陽人父寺丞來寓蕭山因家焉登進士仕至華文閣待制學士知隆興府又知鎮江府召同知樞密院事嘉泰四年參大政尋罷時權臣韓侂胄謂道學爲僞黨禁甚嚴貶斥正人殆無虛日公謂侂胄曰不弛黨禁恐後不免報復之禍侂胄然之自是黨禁寖解貶斥者漸還故職正人始有所容
張即之字溫夫參政孝伯子也以父郊恩授承務

郎官至司農丞告老特除直秘閣致仕翰墨之妙著聞天下

張飛卿少聰敏詩書子史涉獵如流登進士授婺州觀察推官在任執法未幾有論其非者降授崑山簿治跡著聞尋陞通直郎

張叔椿字景韶由進士拜殿中侍御史紹熙中請帝朝重華宮又兩劾留正擅去相位直言不避斧鉞一時權貴皆憚之出守建寧三衢皆有廉能聲累官叅知政事觀文殿大學士子復務尚理宗姑長興縣主封永國公　祀鄉賢祠

張稱孫字秋顔求國公之次子紹興中歷樞密院都承旨理宗時除寶章閣待制兼端明殿大學士至嘉禧間督視江淮兵馬拜太師平章軍國重事進封祈國公性鯁介不附權貴與賈似道有隙遂謝事歸以泮宮在片沂橋者非吉壤市邑西地遷焉仍捨田若干以供學廩未幾上悟復召以丁母長興縣主憂不赴寶祐間詔爲滎陽郡王詣闕辭爵稱旨復平章事三日一朝入中書視事如故及甍上震悼輟朝贈靖王謚忠獻祀鄉賢祠

國朝 顧觀 魏希哲 姚友直 張經

朱仲安 魏驥 殷旦 何善

張貴 盛瀧 翁文 黄憚

翁五倫 來汝賢

顧觀八歳時詣外祖蘇氏家得百將傳一覽輒不忘及十二通五經善屬文年十六適洪武開科之始遂以書領鄉薦第一明年成進士

太祖甚愛之日侍左右遇有咨訪呼曰小翰林

太祖嘗訪天下利病對曰法徒罪以上悉廷審臣民皆苦其煩臣欲自死罪外皆從各省徑決

上允之遂爲一代定制尋擢大理評事每審獄必令

唱名卒于官年纔二十有四魏文靖公驥嘗從之學惜其無嗣爲設主祀之終其身詞翰多所遺落僅存處士趙彦和墓志草書法文體直翰苑名筆也祀鄉賢祠

魏希哲字原明性剛方明春秋元末游都下遭亂從海道歸遇盜已貲悉刼惟存他人所附金後還其家人稱其義洪武丁丑當道薦以老成任江西上高知縣民俗多刁奸鋤强培弱德威並著致仕年八十卒于家二子長騏登進士次驥歷官吏部尚書

姚友直洪武中進士授中書舍人改翰林侍書永樂初蘄獻王滕王皆以王孫年少未之國

上以爲輔導宜用正人拜司經局洗馬進左春坊左庶子授二王經匡扶以禮不激不阿兩府皆敬重之

仁宗即位滕王始建國雲南

上欲使終相王遂以爲其國布政司右參政領滕府長史事

宣宗即位將郊祀召爲太常卿歷事四朝剛介廉慎沐恩寵最優方期大用以疾卒于京

賜塋祭如制少傅楊文定公志其墓祀鄉賢祠

張經字孔升洪武中以明經舉累官國子助教靖難師入城將棄官歸時事出倉卒夜半縋城而下幅巾野服絶口不言時事人亦鮮知其心者博學多才爲一時儒宗同邑魏文靖公敔曾二御史姚太卿諸暨王編脩鈺皆其門人也晩年以棋隱吏號橘樂年八十餘而終有詩文若干卷行於世

朱仲安漢太尉寯之裔以詩中洪武庚午鄉試授河南鞏縣學訓導因言事遷武進縣簿民疏吾政

太祖遣行人齎幣帛旌之有正己帥物廉能愛民之

語尋陞知是縣永樂初擢福建道御史扈
駕北征有功陞湖廣憲副改交趾坐逮降山東御史
奉勑考察會都御史缺　上命署院事巡按貴州
河南時有朱某居官廉重臨事必存大體之稱以
學行見知于
仁宗一日嘗顧侍臣曰朱仲安御史中之翹楚者也
朕甚重之錫勑命
欽賜寶楮爲道里費使歸焚黃
宣宗識其材特陞河南憲使入覲課爲十三道風紀
之最進通議大夫卒于官　周王重其爲人賜詩

誄悼之遺儀賓錢欽致祭今府縣鄉祠皆祀之

魏驥字仲房上高令希哲子也出後上高之兄伯雅永樂三年中乙榜授松江府學訓導每夜分潛往號房聽諸生有讀者供之以茶文往尚有讀者供之以粥諸生感奮學業大進而公之名亦起典試江西凡再往榜首陳循尹鳳岐皆所識拔厥後朝省右地如劉學士定之輩多江右人率公兩試時所取士也自松江入爲太常博士自博士歷官太常少卿與修永樂大典累舉同考會試正統初進吏部侍郎畿甸蝗奉　命往視悉殄之尋調南

京吏部尚書己巳之變條陳討胡之策多見施行景泰初四乞骸骨始得歸時年七十有三矣家居二十餘年布袍素食不別治生唯率鄉人計修湘湖以防水患成化七年公齡九十有八

上遣使存問賜以羊酒粟帛未及拜　命而卒先是有大星隕其隣王文政庭中公知之忽就枕口占云平生不作虧心事一點靈光直上行儵然而逝其子完以遺命辭免營塟詔從之賜謚文靖陪祀德惠祠以公與楊文靖公均有功於湘湖也公爲人端慎簡默清苦自勵好別白君子小人事其兄

主事騏老而彌恭蒞官所至崇正抑邪務存大體山川壇獲白兎圻内升瑞麥皆却弗奏所著有南齊集松江志水利切要理學正義諸書 祀鄉賢祠

殷旦永樂初進士爲監察御史敢言自任不避權勢錦衣衛都指揮紀綱怙寵奢僭旦劾其奸惡數十事綱遂棄市自是貴幸歛戢當時有殷旦入朝百官失色之語拜交趾按察司副使黎利叛安南復沒于交趾悉逐

朝廷命吏易以所親獨留旦欲用之旦不屈自經死交人義之具棺衾送其妻子出界上 祀鄉賢祠

何善由進士任監察御史洪熙初勅遣廵行南北直隸幷浙江鈔法鄉郡吏民一無所私威望大振至今稱之

張嵿字時峻以進士知上饒奏課吏部考第一遷南京工部主事性鯁介不畏強禦故事有内降至南都主事手録之以呈守備太監嵿不顧尚書趣之嵿曰主事非書手何録爲竟亦無他歷刑部郎中時隆平侯張祐無嗣弟姪爭襲賄逆瑾致囑嵿持正不阿出知興化瑾又陰使莆田探花戴大賓出其妻而妻以兄子復囑嵿亦拒不許瑾乃矯旨

罷歸瑾誅起知南雄南雄當廣貨出入之區前守多以汚敗賁一無所滓名大起歷江西布政使時宸濠潜蓄異謀懼賁掣其肘爲之賂改南光祿卿轉副都御史巡撫保定值武廟北巡與佞幸錢寧江彬輩相抗志不行卽引疾歸寧彬誅復以薦起鎮守兩廣擒巨寇黃鏐等有功尋入掌南臺改南京工部尚書以老致仕年七十四而卒賜祭塟上饒南雄並祠祀之子允江西都司經歷恪守清白爲能世其家云 祀鄉賢祠

盛瀧字源之登進士初知臨淮終南寧守爲政嚴

由芹沂橋遷今址在南宋紹興後係張稱孫市地經理

明一毫無所染以直忤當道解官歸行李蕭然既抵家唯杜門讀書不入城府臨淮人久而思之有御史以巡鹺按浙知其饘粥不繼延之入省飲款甚洽然終無所言一巨商敗法當戍携千金因瀧子以請子秉間謂曰父忍坐視兒輩饑寒以死耶瀧曰吾誓不以饑寒易晚節子悟遂還商人金相與甘困不悔越中稱清白吏必曰盛南寧云

翁文字本道性頴悟歷九舉弗第由歲貢授河南府學訓導開明經學分俸給貧居鄉請建滀澤園收掩遺骼海塘潮决呈舉修築鄉人感其惠所著

有縣志補遺北遊南還咏史等集祀鄉賢祠

黄懌字德和由舉人知安溪惠政碑頌入祀名宦判常州益著聲績家居禮讓非公事不見邑令質行可表鄉閭子九皐舉進士居鄉嘗上書議築西江塘至今賴之

翁五倫字大經文之孫也幼孤頴異髫穉能文登嘉靖乙未進士初令饒平化行夷俗交薦於朝擢御史巡山海關時朶顔擾邊請增貢數倫宣示威德邉境獲寧再按真定妖人以白蓮幻術倡亂倫與廵撫協謀殄其渠魁全活者萬計三按雲南爲

權奸所忌出守福州考績歸寧五疏終養性克孝友母蕭苦節嚴厲倫先意承志每跪受教與人處不設城府坦夷可親惠施宗黨各中所欲若懇請賑䘏力疏築城題排年收糧之法創度平田賦之議四者大有功於蕭祀鄉賢祠

來汝賢字子禹號非泉自幼聰慧絕人能日誦數萬言過目不忘博極群書嘉靖乙酉壬辰兩試皆魁多士初授奉新知縣改丹陽入爲禮部主事以疾請告而卒所著統藝及鄉會墨卷至今猶爲人所膾炙云後十餘年而有孫學古詩文翰墨皆精

鈔登甲辰進士爲東莞令丙午己酉廣東鄉試程文多出其手其所交好結會者張燭張誼黄世科王仲山皆登科甲以文名海内云

孝義

余觀傳中所列孝行多卓犖奇節孝本庸德顧安用奇節爲哉夫所謂奇節者必非人子之幸也當其不幸而槩以庸德棄之將任其倫斁法潰而後可耶世風日降矣操彤管者又不得不畧庸德而張奇節也乃若富而好行其施義孰大焉故合而傳之曰孝義

魏　朱朗

朱朗字恭明性至孝父爲烏傷長陳頵所殺朗志在報讐未幾頵死往其家刺殺頵子魏聞其勇擢爲揚武將軍

晉　夏方　夏統

夏方字文正年十四家遭疫癘父母伯叔群從死者十三人方夜則號哭晝則負土凡十七年而葬畢因廬于墓鳥獸馴擾其旁吳時拜仁義都尉遷五官中郎將朝會未嘗乘車行必讓路入晉除高山令百姓有罪方向之涕泣而不加杖大小莫敢

祀焉祀鄉賢祠

夏統字仲御幼孤養親以孝聞睦于兄弟宗族勸之仕統作色曰視我乃至此乎嘗以母病市藥會三月上巳王公以下並至浮橋士女車服屬路統在船中曝藥並不之顧太尉賈充怪而問之統答曰會稽夏仲御也因問會稽風俗統曰其人循循猶有大禹之遺風太伯之義讓嚴陵之抗志黃公之高節充勸之仕俛而不答充耀以文武鹵簿鼓吹車乘又使妓舟繞匝其舟統危坐如故若無所聞充曰此吳兒木人石心也又按郡志充問夏統曰

卿頗能作卿土地間曲乎統曰先公惟寓稽山朝會萬國授化鄙邦崩殂而葬恩澤雲布聖化猶存百姓感德遂作慕歌孝如曹娥年甫十四貞順之德過越梁宋其父墮江不得屍娥仰天哀號中流悲嘆便投水而死父子喪屍後乃俱出國人哀其孝義爲歌河女之章伍子胥諫吳王言不納用見戮投海國人痛其忠烈爲作小海唱今欲歌之僉曰善於是以足叩船引聲喉囀清激慷慨大風應至含水漱天雲雨嚮集叱咤讙呼雷電晝冥集氣長嘯沙塵烟起王公以下皆恐止之乃已

南宋　郭世通按南史本世通舊志誤作世道　郭原平

郭世通生而失母，父更娶，世通事父及後母甚孝。年十四，父又亡，居喪過哀。家貧，傭力以養後母。母亡，負土成墳。親戚或共賻助，微有所受，葬畢，傭賃還直。仁孝之風及鄉黨，人皆不忍呼其名。嘗與人共於山陰市貨物，誤得一千錢，追還本主，主驚嘆，以半與之，世通委之去。元嘉四年，散騎常侍袁愉表其至行，詔旌其門，改所居獨楓里爲孝行里。

郭原平字長泰，世通子也。傭作養親，義不獨飽。父篤疾彌年，原平未嘗安寢。父亡，慟絶方蘇，躬自營墓喪終遂不復肉又自構祠堂每歲節常哀思不食高陽許瑆之自建安歸以綿一觔遺之不受瑆之往謂曰今歲過寒而建安綿好故以奉尊親爾原平乃拜而受之及母亡毀瘠彌甚既葬墓前有田數十畝不屬原平耕者每裸袒褻其墳墓原平輒往哭之乃竭貲貰買其田農月必束帶垂泣以耕宋文帝崩原平號慟日食麥餅一枚如此五日人曰誰非王臣何獨如此原平泣曰吾家見異先朝不能報恩私心感慟爾太守蔡興宗嘗以俸米百斛餉之原平不受興宗復表其殊行舉爲太學

博士會興宗卒不果　祀鄉賢祠

唐　許伯會　戴恭　俞僅

許伯會詢十三世孫舉孝廉爲衡陽博士遭父喪負土成墳不御絮帛不嘗滋味野火將逮塋樹悲號於天俄而大雨火滅歲旱泉湧廬前靈芝瑞獸生于墓側　祀鄉賢祠

戴恭字玄敬居母喪廬墓十年芝草嘉禾生其側

俞僅一門四代兄弟十五人老幼八十餘口並經術貞廉僅遭親喪哀毁骨立爲鄉里所稱觀察使孟簡書于圖經以勵風俗

按唐孝友傳敘曰唐以孝弟名通朝廷者多閭巷刺草之民皆得書于史官蕭山李渭許伯會戴恭俞僅皆事親居喪著行者天子皆旌表門閭賜粟帛州縣存問復租稅有授以官者今志僅存三人而李竟湮沒不稱豈非有幸有不幸哉

宋

孫寶著　於琳　徐端臣

孫寶著字天休少孤事母孝母寢疾思梅及鴆秋月不可得仰天祈號得青梅於樹鴆自飛墮取以奉母大觀初行部使者以聞賜進士第任杭衢二州教授改宣教郎

於琳爲本州防城保甲建炎初陳通叛琳從浙東安撫討賊戰敗被執賊欲刺面强降之琳罵不屈

賊殺攢射矢着如蝟罵不絕口死之越帥翟汝文束藁招魂哭而祭之

徐端臣字正卿幼穎悟事祖父母恪著孝行歲歉出粟平價賑貧創社倉餘賢宇濟病以藥贈死以棺行宣遐邇浙東提舉朱熹行部至縣特造其閭後以子昉貴恩補登仕郎轉宣義郎致仕卒年八十三勅贈銀青榮祿大夫寧國郡公賜觀額慶孝免田一百畝奉祀

元

金松一　任榮孫原禮附

金松一安養鄉民至正間以家貧傭工養母凡遇

魚肉必持歸以奉母一日母病篤思魚時天大寒江水亦凍計無所出乃往漁浦渡口扣拜祈天須臾鷗自西來墮雙鯉于前持歸供母病卽愈

任榮字子仁凡處已待人一盡其誠時㓙亂推食解衣恤人饑寒不能塟者塟之無所依者育之勇於爲義如此賢士大夫尤加厚焉人多稱爲長者若誠意伯劉公未遇時常館穀其家多遺翰墨眉山蘇伯衡誌其墓孫原禮有祖風其所從遊盡當世名公如浦江宋濂義烏王禕永嘉高明姑蘇高啓皆有詩贈答元季徵聘不起人稱隱君云

國朝　朱訓　何競　張珵　楊容

朱訓憲使仲安之孫也性惇篤孝友家貧好學不倦善詩文正統間嘗於錢清道上得遺金一褁拾以俟諸道傍後亡金者號哭而至遂悉還之人咸敬羡所著有樗軒集

何競字邦直邑庠生父舜賓舉成化己丑進士爲南道御史時秦淮河故蹟多爲勢家所侵没舜賓清理復之忤權貴坐事謫戍慶遠後以赦歸邑之湘湖私佔者多舜賓以興復爲己任言諸當道私者深憾焉會當塗鄒魯亦以御史謫蕭山令性鷙

悍無忌舜賓嘗有小忤曾御之憾者陰構曾詭言舜賓赦歸無驗械送戍所屬觧者屏其飲食侵辱之至餘干夜掩殺於昌國寺且欲捕競競逃匿蘇州父友王參政璟家痛憤迫切終夜不寢嚙臂以誓復讐父之喪遷山西僉事競潛歸募死士數十扼之途窘辱萬狀眇其雙目縛送憲司累奏於

朝兩遣官即訊坐曾死以競復讐之孝止擬徒

朝議以唐梁悅例編戍福寧正德改元赦還閩志紀其孝曰復讐編成云

張珏字良甒博習經史嗣世孝義成化間歲值大

侵發粟千餘石以賑之復以銀百錠代輸歲課劉

巡撫　奏旌授郎秩祖仲義目盲躬餂復明母朱

氏被火冒燄抱出致爛頭額父直叟喪即哀毀而

卒大傅屠滽題曰承事郎義愍張孝子之墓大學

士商輅爲之傳載　皇明文衡

楊容性孝友幼失怙事母嚴氏備至母疾危刲股

和藥療之尋愈嘉靖初知縣伍希周奏記巡按以

聞詔旌其門

列女

余觀幽娃淑媛往往率其天良或拮据勞勤紀綱

邦家或從一而終不更其志或之死靡他不緇其守雖烈丈夫胡以加焉彼析珪乗組或無當於人國之緩急累至而行不明宛至而節不見幾何不以珪組爲巾幗耶余故明徵陰教所以輔翼陽德也

宋　丁氏

丁氏吳翼之母少喪夫不再行年荒分食以貽饑者同里左僑家露四喪無以塟丁爲辦塚壙以仁愛著稱長婦王氏亦早寡執志一如其姑州郡上言詔旌表其門

元　吴氏　竇氏　李氏　王氏　余氏

吴氏桃源吴安叔之女丁京妻也當元季兵亂哨騎四出臨境土吴携女仁奴倉皇逃避遇兵於塗執而將侮之義不辱厲聲大罵兵殺之又將侮其女亦不屈復殺之時吴年四十九歲女年一十八夫京各竄不知所向里人聞而異之稱爲雙烈許孝鄉猶存其祠

竇氏吴世澄繼室也至正間世澄爲兩浙運司廣盈庫大使時竇氏年方二十八止生一子而世澄卒竇氏守節不移撫育前妻子如巳出朝廷旌表

其門子隼仕至兵部主事即實氏所生也

李氏張鯨妻李文定公七世孫女也幼閑姆訓能詩歸于張生四子而寡居時年二十二家貧克勵教子俱底成立至正甲午縣尹衛應昂以節上聞後以兵亂道梗朝命不下壽八十六子孫衆多鄉里咸曰勤苦之報也

王氏西興人楊伯遠妻也性聰敏善事夫至正間鹹水灌腐田禾其夫充里正縣差築堰江潮衝激不能就官督其慢日就楚責王氏痛之遂割股投于水沙漲得成因曰股堰鄉里異之堰至今存

何元

余氏名守玄顧應法妻也幼讀書史二十而嫁未五載而夫疾革謂守玄曰我死子女幼汝能以節義自厲乎守玄嚙指誓曰君不幸妾志不他異請以未亡年育君俶子成見汝地下也夫卒殯祭一如禮至正三年邑令趙鐙嘉其行上其事於朝表其門復之壽八十四而卒金華蘇太史有詩

國朝　汪氏　魏氏　徐氏　張氏　孫氏

洪氏　沃氏　李氏　何氏　胡氏

蕭氏　李氏　金氏　陳氏　黃氏

陳氏　徐氏

汪氏名嗣貞大義里丁岳妻也年二十八而夫卒
盡去華飾戴竹木服縞素以終身非父母兄弟未
嘗得見其面母兄憐其少寡欲諷使自擇見其苦
節莫敢發言訓遺孤慈比於嚴奉先祖祀必誠必
敬恒勤紡績每至夜半教子易產皆以布帛鄉人
舉重其節呼其家云丁節婦家
魏氏名德盛文靖公子完之女也幼有志操頗涉
書史及笄父母擇配得儒士鄭璽贅於家夫還忽
遘暴疾德盛聞之欲往執湯藥祖母與之俱至則
夫已瞑目矣德盛驚殞良久方蘇至夕以帕自縊

於尸側祖母解之及歸數欲死家人閉之斷髮爪面嚙無名指出血不止風中其患處而死其在幼時嘗以父患劇疾醫藥弗效日夕禱天願以身代父疾竟愈有司聞於朝旌表其門曰孝烈

徐氏名靖端年十八適毛京京嬰瘵疾斃時年十九傷痛屢絕而聞者酸鼻服喪三年親族憐其年少無出勸之再醮則泣而拒之曰禽獸之行敗倫傷化豈人道所爲遂寢守節八十餘年氷蘗之操始終不渝成化辛丑邑令陳瑤上其事

張氏陳曙妻也聘後陳日寠落不能娶父欲改字

張曰通名納采即陳婦也寧死不願更即引刀割項流血母力奪之得不死後歸陳未幾而夫卒即去服御首飾哭曰我夫先去不久當見與姑同寢一旦白姑曰天氣甚熱且宜獨宿姑聽之是夕即自縊于床距夫亡未三月也邑令朱栻上其事

孫氏名淑清許字葉棋未幾棋遘篤疾淑清潛製歛具一日方績而棋訃至淑清色變取歛具囑父母納其棺尋自盡時年十七也夫家迎其喪與棋合葬初鄰有沈氏女許聘汪鑑既納采鑑病卒聞訃哭之慟欲往歛父母不從將自經乃許泣告父

母請終三年喪淑清聞之曰差矣父母問其故曰只死方好至是果踐其言太守浮梁戴冀公躬臨其家以旌異之

洪氏名福貞張惟寬妻也年二十四而寡族人以其年少家貧欲諷使嫁洪應之曰如欲再嫁只有一死自是無敢道者不間寒暑紡績織紝以爲奉舅姑教子讀書之資操守清苦了無瑕疵年八十三而卒

沃氏名淑度王茂妻也年十八歸茂甫四月而茂卒服喪過哀持節守義誓不再適母憐其少而無

子欲奪其志沃泣不已即潛自縊於寢室家人覺而救之得甦躬自紡績孝養公姑年八旬始終無玷有司上其事

李氏徐黼繼室也黼任晉江學訓導携妻周及其子偕往周卒就彼娶李指揮女未期黼卒于官李年十九父憐其少戒勿隨行答曰我當即死隨夫地下柰遺孤無所恃若有再我罪安逃父曰爾毋在盡告別誘之歸集諸姑嫂姊妹懇切留之乃圖自盡父母遂縱之扶櫬歸壟毀容荊布訓子成立已而子死則撫孫又撫曾孫凡婚娶周旋之者歷

三世而不怠正德間知縣伍希周奬以節婦扁復
其家嘉靖辛卯知縣張選上其事旌表其門
何氏來志妻年十八適來嘉靖二年九月夫溺於
江何哀慟欲往尋屍因沈于江姑攜知之止曰津
人撈之不得汝將何爲不果號泣不已繼以血絶
口不飲食時暴寒尚衣葛姑勸加衣曰夫在江尤
寒也距夫亡六日沐浴更衣縊於床而死邑人皆
義之縣幕鄒仲和爲文酹之有錢塘江比曹娥險
烈婦名同孝女香之句
胡氏儒士王渭妻年十九歲歸渭甫半載渭卒胡

哀毁骨立泣謂人曰我分即死賴有遺腹幸得生男當與撫養否則不敢求生未幾生子坤舅氏以嘔血繼歿相距七日家業零替或勸其易志胡峻拒之曰夫亡男逝幸有遺孤吾忍爲一身計而不爲王氏後嗣慮乎遂勵志葬夫育孤抵於成立甫生三孫而坤又卒胡率婦守節以育其孫平居足不履外戸亦未嘗修飾簪髻雖遇婚嫁不服華彩年八十餘猶勤紡績邑令施堯臣上其事

蕭氏生員翁堯妻也歸堯時年甫十六逾三歲而堯卒遺一子一女堯臨終謂蕭曰吾父產業盡讓

於諸昆家道貧甚汝年尚幼能守志以撫遺孤拓
先業吾瞑目矣蕭號泣以死自誓斷髮垢面日夜
紡績以膳舅姑又擇明師遣其子五倫從學五倫
登進士第授饒平宰蕭誡之曰吾數載勤苦以教
汝故能至此當無負吾教繼爾祖父清白風以報
朝廷仍紡績如故時挑野菜搗虀鹽以自贍雖受褒
封而治家甚嚴不改勤苦始終冰蘗之節人無間
言卒年六十有九邑令施堯臣上其事

李氏徐堯卿妻也年二十夫遘危疾晨夕籲天祈
禱弗愈卒一子尚在襁褓李哀慟曰我當即死從

夫柰子幼何聊强爲生耳制終父母憐其少欲奪其志即囓指斷髮自誓愈迫愈堅服素茹淡紡績訓子始終一致鄉里稱之邑令施堯臣上其事

金氏名玉秀西陵來仲康妻也年十九歸仲康甫十載而仲康卒强宗逼其改嫁金氏囓臂矢天引繩自經姑覺得不死時遺孤在襁褓姑老在堂家徒四壁立金氏惟晝夜紡績奉姑撫孤鬻其二豎於成一時賢士大夫多爲詩文美其事萬曆十六年令劉會上其事於　巡按御史傅好禮奏

聞旌表建坊於里門提學僉事蘇濬傳云余拜　命視學兩浙行當佐觀風使者採

蔡朝

閭閻節義事上聞　殿陛迺入越得來節婦維時
部使者傅公好禮上疏言狀乞旌其門
帝俞之詔樹綽楔於里第復其家余嘉節婦賢可以
風也乃爲之傳曰節婦姓金氏蕭山來仲康妻也
嘉靖甲申歸於來時年十九執婦道惟謹逾十年
而仲康以病卒時僅二十有九一子五經在抱有
遺腹數月一姑髮種種白矣爲相依至戚也已而
子五倫生乃强宗某逼以更嫁且坐劇惟利之睥
睨而藐諸是圖危矣婦號泣籲天曰生爲來氏婦
死有爲來氏鬼耳未亡可亡志弗可奪也而猶未
置財賂隣嫗陰伺壼內因其勤女紅捬厥背佯笑
而謂曰金家孃如此好手何家不可居而自苦如
此氏變色叱而麾之颺言曰後死而樂在苦辛者
奉仲康母守仲康兒以有仲康也爾將速吾早見
仲康耶則吾誓久矣引刀見志有如此臂云嫗驚
慚退而猶未置使豪獲陰肆侵侮縱火燔其廬俾
無所容而氏戚戚以一椽自棲某曰婦何來之愛
耶徒以有二子在也門有塘俟其出而擠之無所
逃於火也夢或告曰旦日無令二孺子出外戶驚
異起而置諸膝前涕泗者三日謀遂寢而猶未置

至今頭搶地觸几案血流被足閉戶以自經幸姑覺得不死及少甦大哭曰吾非不能死獨念遺姑在更得事姑以終夫養云爾若且強何利不可見隣而嫗曰何家不可居未亡人將何日不可亡耶於是上之事姑第壁立且無僕賃乃召其同母弟金霍居隣其家朝夕可易薪米其一切井臼並由力所獨爲織紝洴澼售市以自給屬歲祲度所儲不足供常奉僅僅惟脫粟貳其饔而身當其半能老稚無恒饑歡如也未幾而姑死殯之如其夫曰更得一效力於夫之所生者足矣朝夕提諸孤而誨之曰五經其讀古人書無敗若度五倫其治家人產毋荒于嬉各再拜而籍之五倫以未舉子故置貳室及門曰夫病無柰以身爲湯藥貲淚潸潸下有子呱呱無相見也氏亦泫然言與涙俱令五倫亟歸之完其節而不責其舊所市價五經既治博士家爲掌故士之從遊者日廣藉其脯束以供匕箸則命五經剏建宗祠春秋脩其孝饗凡諸昭穆彬彬稱禮讓矣余校士是邦嘗詢行誼則群然推五經賢及課諸文藝則得行志已而得行學得行德皆若家千里駒也因嘆曰世之茹荼槿闑萬

蔡元刊

宛間關者類不乏人然汩汩蓬蒿間不能自見者有矣即幸而自見而其子若孫或賁其家聲者有矣若節婦者不惟今文學同聲

天子動容而且昌厥後代有聞人是不惟食報於朝而且食報於天茲其可以風哉

知縣劉會傳嘗讀令甲每歲

天子詔御史按行郡國凡孝悌節義著民間者許具實以聞已又令曰節婦年踰五十弗五十者弗如制余嘆曰是可以風矣仕而不營此以副上意非仕也比令蕭山質諸生行誼衆稱來生五經可覈其狀謂母金氏節經生事之孝乃採輿議得學士大夫諸長老言甚具咸謂金氏賢宜旌且年踰制旌格尤宜余狀上當道疏請得

旨事下縣表其廬余奉令唯謹出帑錢爲樹綽楔以揚

天子休命颺言曰惟

天子能不遺來母之節惟臺使能不廢僚采之言惟來母能無負平生于

天子之寵澤一事而具三善激世勵俗道何隆焉曰

私怪漢黃覇當爲相時課州邑計吏有以孝節廣
上者最其考張敞心獨非之謂國家釆實不釆名
此適滋僞無益世教二公者何見之懸也豈其時
着貧賤排死節史氏有是言也與抑節難信於人
尤難彼其誓志於窮廬草野之間微而不自表見
於世則抑非抑抑矣其或奪於衆議什百而異同焉
則阻斯二者皆弊敞之言未爲非當也今來母之
節堅操不貳立孤與死孰難之義儕如日星雖自
矢靡他嘗以夏侯令女見志然烈烈而生卒兒於
毀形裂性之慘於今女抑又幸焉此其真誠質鬼
神貫金石無論中外上下信之藉令孔聖獲筆釆
諸毛卓繫之麟經當與共姜伯姬同名共傳夫誰
不然若余長吏雖未敢期漢相黃公之最而張之
非廢免也夫縉紳先生高其事侈諸頌述言人人
殊總其旨皆詳母完節無愧令名即傳記所稱何
加焉余言恐無以當諸先生既如今乃卜日戒書
幣拜母於華門之下進五經等語之曰惟若來邑
稱著姓詩書禮義士論推轂惟若母能節能孝能
督諸孤有成可爲郡母爲婷母爲令伯王母惟汝
五經汝行志行學汝行德朝夕視聽無形不違孝

養彼其所以報母者猶未已也惟
天子崇節又崇所生無曰華母以門披晃翟霞之佩且華其躬無曰隆母之名安淑恭宜之贈且隆其諡此皆不匱之孝惟時題而請者當自有主固不必令之郡國如余長吏所云也

陳氏儒士丁露妻師宗州知州陳殷女也年十七歸露朞年而露卒誓不改適遺腹生一子隨夭亡舅姑欲奪其志陳氏泣曰今爲未亡人以舅姑在耳我昔誓謂何乃不諒若是孀居八十餘年至九十九歲而卒氷蘗之操人無間言嘉靖初知縣秦鎬表其閭

黃氏名淑貞張誼妻也誼舉進士黃之京而誼已

病亟矣籲天請代卒不起黄時二十六郎欲以死從左右以孤孩無倚苦勸之稍進饘粥扶柩抵家足不離閾言不妄發事舅姑以孝處宗族以禮捐膏沐謝宴會苦節清操四十年無間言邑令歐陽一敬上其事按院歲給粟帛屢旌其門復其家

陳氏長巷沈炳秀妻也陳氏父遘疾贅秀於家時秀年十五陳氏年十四甫四月秀病瘵而死陳氏髮尚未長悲號慟絶殆不欲生父母憐其年少欲令改嫁使人以精巧百花裙試之揮去不顧曰我何用此物爲年二十有富翁倩舉人爲媒其父令

厨人治具陳氏問其故叔母以告陳氏慟哭且哭且罵曰禽獸之言何至吾耳卽持涵水往濺媒氏媒氏惶恐走自是辭父母歸夫家立夫兄之子爲嗣母子相守煢然一室夫族人罕見其面惟清明展墓則偕妯娌以往哭必盡哀聞者酸鼻清節無玷老而益堅

徐氏名清源儒士周大器妻也年十九歸大器閱七年而夫亡哭殯不食幾絶者再其母故餓其兒啼于前乃甦抱兒泣曰吾爲夫骨肉延一日耳垄卽竝穿其壙矢志不二蓬垢蔬敝若鞠遺孤手寫

夫象懸于室每事必泣告無論諱日哭奠盡哀凡遇婚嫁慶節必痛夫不與淚潸潸下宗人咸爲傷感課子成樹後爲母壽輒恚且泣曰吾意無息不與亡者俱何壽爲寢不解衣足不踰閾即兒女燕見未嘗少假言笑孀操凛然至今四十餘年如一日鄉人稱爲周節婦云撫按屢旌其門

蕭山縣志卷之五 終

蕭山縣志卷之六

知縣事溫陵劉會　重修

戴文明

邑庠生張諒　編校

蔡大績

雜志

遺文　寺庵　仙釋　方技　災異

遺文

蕭山縣科甲題名記　欽惟

聖朝取人之目不一而惟科甲爲至重是何也蓋英俊之士遊學庠校者本之以智仁聖義中和以植其惠敦之以孝友睦婣任恤以篤其行博之以禮樂射御書數以弘其義凡此皆六經聖賢垂教後

世之明訓也六經以還自漢晉唐宋歷代治亂興衰之跡與夫王公將相牧守政治之賢否得失備載諸史皆可考見學者於此稽之於經以明其體參之於史以適其用雖前代有賢良孝弟博學宏詞等科皆不外乎是矣而法律刑名簿書期會不足道也此科甲所以重於他科有由然哉我

國家自洪武永樂以迄于今九十餘年賢才之出東南者紹興居多而蕭山尤彬彬然也蓋蕭山爲紹興名邑襟江帶海文有卧龍會稽秦望諸山環拖于其前乾坤清淑之氣盤礴欝積鍾其秀於山水山水之秀又會聚英華鍾其靈於賢才鍾山水之英華蒙　朝廷之化育故出而拜黄甲擢御史位六卿職藩臬之長貳與郡縣守令庠校文學之官布列中外其碩德雅望英聲儁列表表在人耳目者前後相望也何其盛哉夫士之登名科甲固已散見於歷科之紀録矣曷若刻於石列名於一堂之上爲尤愈也且散見者不能通知而會刻之則一舉目而盡得之矣此邑令朱王所以有題名碑記之請也夫守令之職學校爲首王於既往之科甲猶必惓惓焉圖爲不朽如此則於今日訓

勵之方其用心可知也又推用心於民事亦可知矣然則王之爲令於蕭山也豈非賢哉夫士君子懷瑜握瑾固皆有志於奮發然亦必資於激勸鼓舞而作興之焉是故豐廪餼蠲徭役廣科額以進用之此　朝廷激勸之恩嚴教條督課程勤講說此爲師者激勸之方也時科試第優劣公賞罰懲怠惰此邑長貳激勸之法也其教養之方可謂至矣今又舉茲盛典以爲學校之光榮蓋非以誑既往也所以勸於將來焉俾在肄諸生日覩爲冢宰爲太常卿爲憲使憲副爲監察御史皆得以光昭金石乃曰彼人也吾亦人也吾何爲而獨不然哉於是莫不感發興起益勵厥志以期增光於前人此王皷舞作興又其激勸之大者也予謂王爲邑之賢令誠不忝矣礱石既具王乃遣庠生請予言志之王亦予徒也不可以辭遂書此爲之記祭酒四明陳敬宗撰　永樂二十年

蕭山縣志序

洪惟
聖朝運隆祚盛一統華夷疆宇之大制度之宏超越千古故昔之圖志有不足以當其記載者猗歟盛

哉乃者永樂十六年夏四月遣使天下重訂志書務在文簡而當事核而詳昔之失實者正之今之當入者增之乃命府縣通文理官一員總其事而儒士爲之采輯焉蕭山實浙藩紹興之支邑也予時忝宰是邑愧以非才恭承　明命乃與儒學訓導南昌祝以中儒士邑人樓觀戴汝東張子俊靡間晝夜本之舊志益以新得考往証今採摭裨補靡不備具旣繕寫　上進矣適儒士樓觀將以副墨鋟諸梓以備一邑之觀覽請予序冠其端夫蕭山古吳越之區爲浙東之上游山川之明麗民物之阜繁可記可書不一而足者惜其無前志其爲缺典也久矣間有事實附於郡志以今觀之漏萬掛一識者不能無憾況歷年彌遠因革不同愈傳愈失其眞將久不幾以成書爲失實乎幸逢
聖朝肇新斯典其爲天下萬世之幸固大而爲斯邑素缺典者幸爲尤大也是志八卷其凡例一遵
聖朝之所頒降其間事實旣詳已備予也雖不敢自謂然於一邑山川人物之類開卷則未必不盡在目中焉觀邑之故家有學有守采輯之勞功實倍之茲又不私將鋟梓以傳故併書之俾觀之者[illegible]

知所自云

令張崇撰

宣德三年縣志序

予宰蕭山之明年，邑之儒士樓觀以前令張公崇所修舊志示予，且曰：斯志之修也，本乎舊志，雖上承　朝命，然非邑令之賢，慎重提董，同志之士採摭裨補，以成一代之盛典，不幾有缺漏失實之誚矣乎？暨乎書成，將欲板行，而令以秩滿去任，弗克遂厥志，副墨雖渝，未免有亥豕魯魚之患，而吾邑之志終不可得爲成書矣。譬若掘井九仞而不及泉，猶爲廢井也，深可慨焉。後二年，予以貢賦抵　京師，獲與中書公張子俊氏語之，而亦以是爲憮，故拳拳焉欲以斯志刻梓爲勸。予惟斯志也，所以志夫邑治之沿革、山川之勝、人物之盛、風俗所尚、土地所宜，不一而足者，既皆錄而　上進，將以昭示于天下後世，豈特爲一邑之私哉？予承乏斯邑，詎可不任其責，以成其美乎？洎歸，遂偕邑庠教諭陳顔仍伯齊重加考訂，用鋟諸梓，以永其傳，俾後之覽者井然有條，絫然明白，雖數千百載之下，目之猶一日也。如此，則不惟前令之功不泯，中書公之言不負，而予之任責亦庶乎其可塞矣。於是乎序。

令吳汝方撰

弘治二年蕭

山縣志序秋官副郎永興曾公膺簡擢出知紹興府蒞任之明年政通人和慨然有志於興舉廢典每閱府志恒病其載述不備用啚修續適　朝廷纂修

憲宗純皇帝實録禮部擬故事奏行天下有司選通文學正官督屬採集事跡以進公實任之遵行如制事既舉乃曰志書之修斯其機也遂檄八縣命正佐官及選庠校生於今纂修所採事跡之外有關於治理風俗者悉録送上將類編成志時蕭山長吏員缺餘當視篆奉命惟謹因訪得舊志閱之見其間所載有未備者有當畧者不能無增損之宜與同事庠生黄萃朱珙相與謀諸鄉邑搢紳得前所遺亡之實從而增之有不急於志者去之次第成編亦因舊而爲之也嗚呼今之志即古之禹貢職方大而一省次而一郡又次而一邑則凡山川之險易風俗之淳漓與夫物產賦稅之登耗户口人物之盛衰可以資考質爲監戒於治道有關者悉於此焉備在有司不可一日無此志誠爲政之先務也惜知之者寡若蕭山亦浙東名邑古志罔存始修於永樂壬寅再續於宣德丁未詎今六

十餘年時非不久變故非不多一縣之內政務民風於志之所宜增益者悉皆缺畧將久而無傳非小失也孰之責歟果甚難而不之爲抑視之不急而然也吁其可慨也已幸我賢守爲此盛舉夫豈偶哉顧鋹雖愚陋茲忝是責亦知所務信不敢私於去取以獲咎於公論然耳目有所不逮遺亡失實誠弗能免尚俟大手筆以足其未備庶幾爲全書姑僭引其端蓋不泯其所修之有自云邑丞何鋹序

重輯蕭山縣志序

蕭山爲紹興屬邑居東浙上游江海之襟帶湖山之奇勝風物之阜厚名人才士之懿望自昔甲於諸邑惜圖志未詳考見無據久爲邑之缺典宣德間雖有刻本顧其所載事蹟多舛詩文泛襍不足傳示爲木之災者六十餘年弗克正之迨弘治戊申值朝廷纂修實録事既竣府因檄屬縣重修志書特廷獻朱先生在邑庠爲衆推委實任其事採擇筆削之勞居多書雖甫成而詩文未備況其中或有傳疑襲訛之失蓋亦成於匆遽而旁考未遐也予因不揣蕪陋鉛槧之餘輒取而輯録之妄以所聞增其未備而詳其所畧正其失次而去其所贅姑

以便已觀覽庶幾不意邑之故實而已茲幸遇我邑侯莆陽朱君居正以名進士小試于邑賢明而有爲鳴琴之暇即詢及是書適命錄取于私本據以爲綿蕞而主議修纂仍屬于校正之嗚呼志非史有史之法也非具三長安可以與此況一邑之公書非一人之私見所能就而或考究不精去取不當則不足以昭公論傳實錄而垂信於後矣顧予膚淺末學佔畢碌碌安敢犯是不韙哉第懼失今不爲歷年既遠遺亡益甚後人將無自以考見一邑事蹟之全矣然則斯志之修誠今日之急務而爲吾邑之光者不既多乎今既賴我賢侯作興是舉尚冀同志君子正其訛失補其遺缺相與成一邑之全書則凡山川之險易人才之盛衰物産之豐嗇風俗之淳漓政治之得失古今之事變一邑之内不出戶庭而可知千載之間一展卷而可見自足以傳示四方而垂信後世矣寧非吾邑曠古之盛典也哉錄既終敢僭書編末以識歲月云弘治十八年邑人田惟祜撰

正德二年

蕭山縣志序

正德改元之初蕭山縣奉命纂修

孝廟實録録成僉謂所採宜收縣志以備考實邑大夫朱侯居正乃率予簡儒生黄懿丁洪朱乳毓相與編集永樂以前則取前令張侯崇所輯舊志宣德以後則取今鮮元田君惟裕所輯新稿仍遵國朝頒降凡例參諸周禮太司徒掌土地之圖小史掌邦國之志先之以圖繼之以志始於沿革終於題詠卷分爲四條總二十有五可筆則筆可削則削閲數月而僅成書乃命邑士張雲緒爲壽梓事竣宜撮大要爲來者告按蕭山古會稽名邑上應斗牛下屬楊州在昔吳越偕據恃爲險隘今隷紹興獨當西北要衝去杭州止隔錢塘又近省繁劇之所東抵錢清南盡勞嶺西至莊亭北限海門四圍皆江海之大中間廣袤三百餘里其山如北幹霧樓西山千巖萬壑不減於蓬島之麗其川如湘湖漁浦諸水雖西湖鑑湖之形勝何以踰之山川之秀鍾而爲人物如鍾離牧操行青絶有古人風張孝伯參謀大政能解黨禁朱憲使獨持風裁而魏文靖德望尊重如此者實多高名美譽至今膾炙人口人物之盛習而爲風俗男女有别而耕織惟勤絃誦相聞而文風益振矧宦游如楊龜山

以道化倡於前游定夫以德教闡於後羅豫章講
道既去而李延平復來延平之去未久而朱夫子
提舉浙東又至南渡以還諸貴家大族之子孫世
守宗祧於此則人才風俗之造就良亦有所自矣
迨我
聖朝甄陶百餘年來學校人文車書貢賦之屬益隆
於昔而是志所載其能免於掛一漏萬之誚乎昔
江淹嘗言修史之難無出於志陳壽號善叙述李
延壽亦稱究意舊事然所著史傳甚詳而獨不克
作志顧予何人而敢爲此後之君子惜其舛訛損
益訂正不止可備考實亦將可以勸懲乎後來此
先師尼父所以因魯史而作春秋先賢晦翁所以
因通鑑而作綱目無非爲世道計也况我　先帝
神功聖德所被尤足以垂憲萬世則今日纂修之
意豈直爲目前典故謀哉邑侯之
心豈亦切有望焉訓導李遇春撰嘉靖二十二年

蕭山縣志序

林侯來治蕭山既敷政于民周覧其
國之故則越王城在焉喟然而歎以
爲句踐之伯也黽黽焉生聚教訓且二十年意其
所以撫循百姓必有條畫可爲後法而世遠漫不

可考見豈非其圖籍散軼之故哉及攷近世吏於茲土者則自楊龜山游廣平而下得若干人其規措興革尚彷彿可見而吾後之人爲吏者猶得師之以治然又竊念以勾踐之勳其震耀當時者爲何如而湮没已若此則夫所謂近世良吏之治可考見者使更數百年又安知其不盡湮没若此乎此昔人所以致嘆於文獻也夫師其治不若明著其迹以示後之人之爲可久則纂爲志若干卷凡其吏治之汚隆風俗之上下大畧皆具書成則以請於予使序之予讀是書而有感於風俗之係乎所導也蓋昔者禹之君臨天下其會諸侯乃不憚千萬里而遠至於會稽吾意蕭山之在斯時其親睹于禹衣裳玉帛之所莅也而其被化也必深其爲萬國之所聚而觀望也其風俗必甚美及勾踐一變其俗則翹然有秦楚富强爭戰之習雖其爲禹之苗裔而禹之遺化且無復存矣今其規爲撫循雖不可考見即使可考見亦利機伯術君子所羞道若楊游兩君子得伊洛之傳以上泝於禹或者庶幾能以禹之治民者治禹之民乎雖然游楊之學或謂其不純於程氏而循若疑似於二氏之

間則其於姚姒精一之傳計亦不能無辨於毫厘者而其所以導民之路亦當與祇台德先者或少愧焉不知其在當時所以挽圖蕭山之俗於尙之舊能乎否也夫精一之學根於吾心性命之不容已而措之於民是爲恒政稍過則流而爲二氏稍不及則流而爲伯功此其端甚微欲以禹之道洎禹之民者宜慎所取衷矣此林侯今日之責而亦侯之所以纂是書之意也予爲之提其要以告職風教者云山陰兵部郎中王畿撰

嘉靖三十六年蕭山縣志序蕭山

原有志王亭張子燭承丹峯林侯策之委而摘萃成編僅十四年何待于續耶續非得已也誌成之後海邦多事有沿革有興舉前志所未及者可弗續耶

皇威殄海東南底寧城守肇嚴兵防整輯田土清理賦役均平華江施侯峴山魏侯後先協心終始相成皆志後之新政論者謂宜錄以備遺魏侯公竣講學兵暇采風諸所未備者搜擇以求實去取以求公如不得已焉續城建所以固封守也續兵防所以慎武備也續倉庾所以紀斂運也續清理所

以覈土田也續賦役所以示均平也貤封以章家教節義以勸風俗𢚩敘以表世德例貢制科悉著任使以章報効蕭居浙東王化之所首及省治之所屏翰法制在有司教化在人才德澤在民心則夫紀述新政賛揚盛美不容不續續焉不能不詳其詳不敢不覈由是政有所資俗有所考後來繼起有所承循魏侯其用心哉魏侯名堂字汝高襄陽之世冑

興都之巨儒也宰蕭有治行續志有史才筮仕而發於此君子蓋深有望於石渠金匱之用邑人工部主事黄九臯撰

嘉靖十一年黄冊畧引

此吾蕭山新冊畧也冊載丁糧土田備矣奚取於畧取其畧而易見撒不離總也夫舊冊之於丁糧土田總不總撒不撒掛一而漏二詭僻而不可稽吾甚病焉故不得已而爲畧也何言乎畧約縣總覈之區約區總覈之里里覈諸甲甲覈諸戸漏使盈詭使正而舊昔損之益之而爲實在積戸爲甲積甲爲里積里爲區積區爲縣求之原額無爽也而新冊定矣以新冊之實在戸分之甲合之里聚區別而縣統之録以爲編而畧成矣

然則惡乎鋟鋟之本俾邑人遍摹而藏之不變也冀同志者守而行之不變也又冀夫嗣而新之者不變也雖然畧豈易言哉一戶之實在不覈則一甲之總訛甲訛則里訛區與縣從可知矣是弊而又弊也畧豈易言哉

令張選撰

嘉靖二十一年黃冊要畧引

天下之患莫大於官執其牘而民不及知下滋其弊而上不及察夫不及知則愚之者至矣不及察則玩之者至矣玩上愚民是故其弊將至於莫之禁以尋於無窮已茲患也惟黃冊爲特甚夫冊籍土田生齒將以覈實也其登耗貿易句歲之間戶人人殊故制如期必更新之俾無失實耳彼猾之徒緣而變易增益那移飛灑其弊也合戶而求之至甲必差合甲而求之至里必外區與縣又甚矣老吏積書莫能致詰蚩蚩小民力不能請檢之官牘抱恨莫之控以覈矣是可不爲之慨乎嘉靖辛卯歲舊令無錫張公選編爲冊畧自縣而區而里而甲而戶有總有撒積戶爲甲積甲爲里積里爲區爲縣瓜分縷析無毫髮爽其帙僅四而闔邑登耗之實具在故畧所由名也夫畧約而易見覈而不爽上可以

無不及察之患矣樺而遍布之家喻戶曉下可以無不及知之患矣二患去雖善役猾亦無所售其智而冊始爲信書故今蕭之民利之不衰茲歲予適贊造事竣因舊而嗣之更名要畧覈實加張公而制加潤焉蓋無敢掠公之美與忘民之利也樺既成摹使邑人藏之謹書其槩以告諸同志之嗣者其無廢茲畧焉今林策撰　嘉靖三十一年

清量冊畧引

冊以載丁產覈徵科固欲其詳也而何以畧蓋上以防奸欲其備舉而下以自考取其易見此畧之所由作也畧之在天下不多見而惟蕭山有之蕭山亦始於無錫靜思張公公病夫飛詭者之莫能致詰而賠納者之無以自明也乃爲是以授之人持一紙可以自輸於官而莫之或欺民甚便也繼之以漳南丹峯林公亦因之而不變非不變也不敢變也然皆謂之黃冊畧而冊畧之名則自今始名之以冊畧者何蓋蕭山舊多堋江無挨而江村沈大府深病焉因民之請通一縣而丈量之出其墾田以補堋江均其則耗以實貫無挨而賦役因以稱平然與黃冊之額異矣乃爲實徵文冊陞任而議尚未定也嗣以

宛溪梅太府斷然舉而行之而民心始安是二翁之所以利益乎蕭民者至矣余選時已聞蕭有良法但人咸曰不能奉行爲恐余嘆曰豈有作法於智而顧不能制於愚哉故履任即遂攢造而此法則昔所奉行者也時勘合之

命未下其撞出田耗則又不敢增入册內乃爲黃册以遵舊額復爲實徵以奉二翁之法而民所輸之數則實徵是也故畧從實徵因名之曰册畧而其實則二翁之美意也余敢攘之爲已功哉至於補其消乏均其里役軍匠分田而不分丁桃源田出都而不入都冨竈之分户寄庄之串役則是畧之所以少變於前者也而其實則未嘗變也是亦不可變者也噫此張公志也亦蕭之士民志也爲蕭令者幸無得罪於張公亦無得罪於蕭之士民令施堯臣撰

萬曆元年清量册畧引

蕭山舊無册畧有之自静思張公始丁糧土田核實可睹雖窮鄉僻壤户曉家喻積書黠吏不得妄有變易所謂官執其牘而下及知下滋其弊而上及察誠有藉於兹畧也中更二三君子相與守之不變顧其間隨時損益變通宜民是所論

於法之外而非拘泥者所與知矣故軍匠分田而不分戶桃源田出都而不入都富灶分戶寄庄串役是華江施公之畧少異於丹峰者也禁灶匠之詭冒裁客附之影射均里甲之撥畧遠近之次是栢庵歐公之畧少異於華江者也二畧雖有不同而宜民則一易曰窮則變變則通不其然哉余莅茲土適屆大造深惟戶口

國命攸基矢心惟慎故方開會而審畫也按畫先後示之以期寬之以日緩朴和顏廣詢詳斷如越里而願就近者悉聽復大家戶頭若賠累者則分立之其人果貧而戶有新收則里長之詭寄也務令之改正其戶殷實而丁反虧損是奸民之漏差也必責之報補灶戶絕詭民之宿弊單丁去即名之重科歷周歲而事始竣余誠不敏民亦安吾之拙斯又余之自効其愚而少異於栢庵者非好異也隨時變通之道也使歐公而當今日吾知必有然矣嗚呼蕭之戶口非不息以蕃也土田非不墾且闢也而額數不加於舊者不忍以藺緜之累貽吾民也以六事按余余亦何辭令王一乾撰

萬曆十年清量冊畧引

國家區寓黎元

之廣戶口土田悉入版圖納諸天府矣
制令天下州縣歷十年則一大造黃冊以清之維我
蕭山前政黃冊之外又爲清量冊畧備在案牘以
便稽查出徭賦而防欺弊蓋始自静思張公以暨
華江施公栢菴歐公養初王公咸遵承之其間稍
有斟酌損益要亦與時消息通變宜民之方自不
嫌其爲貳也余受命茲土適當造冊取所爲冊畧各
觀之歎曰勤矣美矣前人之心乎民也以富姓則
析戶以寄庄則串役以詭冒則禁以影射則裁以
里甲則均又或察民之情而爲順之詰民之僞而
爲釐之其制周其防曲吾可守此以靖吾職乎會
今
朝廷責天下民收重新丈量田土督報甚嚴余乃殫
厥心力戴星出入徧履四境之遠邇以從事則見
夫斯境壤土肥瘠迥別而歎瘠土之民之有病于
賦役矣吁利害之不均茲其一歟又入其山而步
之山有生息者是名花山且多寛乘其賦則五十
畝以當一丁納兵餉銀兩其巉巖削确濯濯者是
名光山賦止納鈔然今花山獨虧原額何哉奸民
避重就輕那移脫漏攙花於光積負使然也吁隱蠹

之未剔又其一歟去治最遠曰桃源十三十四都先冊以卜一都之啚分里遞鈌也芟桃源之丁田聚爲一里以充之催徵者苦蔦越稱不便吁民情之齟齬茲又其一歟俯躬以思治邑之政良不易哉余非奉丈量之役遍涉土境亦惡能知此迺就開會審啚之際於肥瘠處所則别其糧需而俾偏累者平焉於花息山場則準勒丈數而俾寛漏者實焉於桃源兩都所芟者則歸之以便催徵而十一都啚所鈌則另撥各都人戸之所便查補焉至若舊冊僧戸混雜於民今亦另以僧戸聚之爲一啚凡此數者撥其不便以歸于便余惡能有加於前特因前人耳目偶未之逮而補之也是亦前政之緒也余何敢勤而曰有知乎哉冊竣事因書以引其端云令馬朝錫撰

蕭山三政或問

或問蕭山三政何謂也黄山人曰第一江村沈都伯清理田糧案驗第二華江施邑侯均平里役申文第三施侯申請該催排年代糧長徵運本啚稅糧原稿三政切蕭山民瘼而紀之也或問蕭山之政止于三乎山人曰蕭山名宦所及聞者朱侯栻阮丞璉王侯聘張侯選林侯策後先相望留

神蓄慮灌注醇醲于邑之士民善政典則奚止三
哉然非可比而同也或問所紀何以切蕭民之瘼
山人曰蕭山地當水陸之衝民力官逋日益可憫
竭力耕作而不能給其家者全區糧長之累甚酷
也無籍之該催排年外縣之官家寄籍爲糧長
之蚩蚩而水頭折閱亦果有之加以地遠商生發
依撥制徵收愆期供費浩繁焉得而不賠累哉是
必該催徵糧之便民也蕭民久欲援他縣之例該
催帶徵未得如其所請蓋因黃冊相沿排年世守
里役之後排該催糧富者少而貧者多山野貧民
一籌不展鄉市無藉百計侵漁焉可任錢糧之寄
哉是必均平里役之便民也識者欲均里役則富
家之田不掛戶而受寄之戶非其田田土之糧不
隨人而垛糧之戶全無產匿膏腴而目之爲堋江
有開除而不歸于實在買閑者以討脫爲幸攬役
者以招收爲能雖欲均之而不得其實是必清理
田糧之便民也否極當泰天理復明江村沈郡伯
清理田糧而各歸本戶則戶有恒產矣華江施邑
侯均平里甲而析撥如數則役有定式矣輪該推
糧之年僉認糧運所收止于本啚則彼此互役而

不欺排役各有年分則賦役適均而不偏二公宜不同時而爲民之心長慮却顧錯綜斟酌務求當可向非沈公孰清其源非有施侯孰慮之當心源相授始末相成三政備之矣或問三者何以謂之政乎山人曰政者正也所以正人之不正也今刻案驗申稿歷歷所指悉中肯綮自非正色臨之悉心體之則狡且富者日恣肆而朴茂之民日受抑矣三政之出宿弊一洗貧富安業詭詐息滅愚不受欺是正已而物正民均而無貧焉得不謂之政乎或問沈公以受謗去而子以正已歸之何也山人曰沈公修政復古清查田土爲貧民也勢豪何利焉蘇子瞻所謂恩德已厚怨讟易生者勢所必至而蕭民設主私祀比屋去思惜士者猶未酬其望世固有不相易者爲民而勞心爲民而受謗民自知之公自安之得失何損益哉遇不遇數也吾子撮理論事而數不與焉或問咸則三壤斟合糧長[illegible]制也山陰以爲擾民而蕭山以爲善政可乎山人曰則壤成賦以土均之法辯十有二壤之名物以教稼穡古制也但魚鱗圖籍久而散佚矣推收不常畦畛數易移坵換隴漫不省識積弊日久

未流滋蔓大抵大穫之田開下則而上則之田未
必稔珊江之田不濱水而新墾之田不自實大戶
寄田於富灶而鹽丁影免則雖數十頃而無力差
之煩奸豪洒糧于下戶而貧老賠累則雖數十年
而無敗露之日指膏腴爲珊江則糧差可得而飛
洒也徵貧老之賠逋則富家可得而坐笑也摘茅
簷爲里長則華屋可得而買閑也擠中戶爲糧長
則里老市儈可得而脅詐也灶丁受寄以免差起
家無籍攬田以認役覔利民僞日茲名實乖戾則
壞之法廢土均無可辯也清查其容緩哉山陰事
體所未知者要非得利者未便則慮事者未精也
若讓量出之田于重則寬步方之數于水鄉山陰
亦自心服豈可以彼而泥此哉至于勘合糧長之
制畿郡州縣亦該催帶徵本府新昌尚書何公奏
准該催收運免僉糧長數十年來民甚稱便蕭民久
欲比例而不可得今覩施侯申稿言目慮遠竊欲
求爲永例未審
天命從否若宼勘合之制畿輔亦該併運繳而況下
邑耶若宼則壞之制揚之下下近乃爲全賦之入
青之上下近容有不耕之田要之治道因時者也

塔山在縣南二十五里屬崇化鄉縣學向之名文筆峯頂舊有塔其南坳如舟名石船塢明趙縉夢登文筆峯詩文峯千仞費攀援崩石顛崖駭夢魂桂殿月中秋有影蓬山雲際海無痕逍遥人物天台洞古朴衣冠甪里村覺後烟霞隨步失半窓紅日閉閑門

木尖山在塔山東南

黄竹山在塔山西南竹色微黄狀如刀削云是范蠡遺鞭所生

峽山在塔山南二山相夾前曰前峽山後曰後峽山

壽山在峽山西

鏖烏山在縣西南十五里東方朔神異記謂亞父斷蕭山南嶺將鏖於烏江蓋江東以擲爲鏖云三賦云鏖山如玦亞

父之所劃兮明方以規詩孽烏何事浮湘水度項中年憶范增英氣尚爲雲浩蕩劍峯猶記石崚層當時舉玦嗟何及此日披山誠未能千古青青將不去杖藜留與野人登

眉山在縣西南十五里　荷山在縣西南十六里　糠金山在縣西南十八里

日出如灑細金光彩灼爍

定山在縣西南三十二里湘湖中舊志所云屹立江中潮聲至此而止過此復怒者乃別一定山今屬錢塘縣

北幹山在縣北一里舊經晉許詢家於此縣八景曰北嶺烟光日北幹松風皆此明魏驥詩望邑名山聳碧霄白頭重過興偏饒千村環堵高低屋一帶長江早晚潮玄度跡存猶可吊子胥魂遠若爲招登臨莫起興亡嘆且醉浮生一酒瓢邑人富玹詩北山升絶嶺眼界入林坰飛鳥投丹嶂輕烟鎖翠屏草生三島秀花發四時馨萬竹深涵緑千峯遠送青

員詹環祖等及標等將情呈縣申允行縣即將知縣黃憚箋日具禮送入名宦崇祀標等仍思本官既播祀典但未施於金石聘請晋江縣御史陳見吾撰文建去思碑以彰盛德今將刻過碑文抄謄呈乞移文蕭山縣知會等情據此案照先爲崇祀賢哲以勵風俗事申府蒙批看得追崇前哲所以激勵後人崇祀名宦有關風教據呈本官人品政績已協輿論去思久而不忘遐修睦而彌著似兹盛美宜速表章但係一方典禮所宜慎重合行覆覈以觀人心之向慕誠服何如也仰縣掌印官再加詳訪仍行該學結報依蒙備申廵按監察御史徐　批提學道副使田　查勘本官行績昭著揆之輿論允協備由呈詳蒙批據呈先任知縣黃憚政績可稱覆覈無異依擬送入名宦祠未世崇祀表勵風教遵將本官箋日具主以禮送入名宦祠崇祀去後今呈前因看得崇祀任中止彰名宦移文故里可表鄉賢除將刻石碑文抄謄知會外合再移文知會爲此合關貴縣煩將本官崇祀鄉賢血食激勵風教施行須至關者

○安溪縣遺思碑畧云公丙戌出宰安溪承劇寇殘傷之後因之

以饑饉公帑如懸公深憂之迺緩刑薄征令境内富室能貸饑者一鍾孰特官爲倍償富室感公之義全活甚衆邑皆崇山窮壑民朴愿尚巫公悉蠲無稽之祀爲小學廣黌舍以居才士與習正心誠意之學由是人士益彬彬遜志時敏矣安溪産美葛閩鎮峻索無休迺令民毋織絺市不得鬻後遂無索者先時同安驛借助安溪不貲公持義辯請竟罷百年無名之征當時賴之此其章章較著者也晋江御史陳讓撰

詩

唐玄宗送賀知章還鄉詩

遺榮期入道辭老竟抽簪豈不惜賢達其如高尚心寰中得秘要方外散幽襟獨有青門餞群寮悵别深

賀知章回鄉偶書

少小離鄉老大回鄉音無改鬢毛衰兒童相見不相識笑問客從何處來離别家鄉歲月多近來人事半消磨唯有門前鏡湖水春風不改舊時波

李白憶賀監

欲何江東去定將誰舉杯稽山無賀

老却棹酒船回

釋皎然送劉司法

蕭蕭鳴夜角驅馬背城濠雨後寒流急秋來朔吹高三山期海望八月欲觀濤幾日西陵路應逢謝法曹

韓君平送友人遊江南

遠別悠悠白髮新江潭何處是通津潮聲偏懼初來客海味惟甘久住人漠漠烟光漁浦晚青青草色定山春汀洲更有南來鴈亂起聯翩北向秦

宋王安石送蕭山錢著作

才高諸彥故無嫌兄弟同時舉孝廉東觀外除方墨綬西州相見已蒼髯靈胥引水青穿市神禹分山翠入簾好去絃歌聊自慰郡人誰敢慢陶潛

王十朋夜泊蕭山

候屆星躔午夜涼更堪停棹水中央短篷破處漏明月歸夢斷時思故鄉客裏未忘詩酒趣老來厭逐利名場明朝又向錢塘去十里西風桂子香

張子徵送顧景繁詩

墻頭飛花如雪委墻根老柳絲垂地春正濃昔君不留山路曉風鳴馬箠江濤入眼浪千尺想見吳儂問行李田園久荒慢檢校親舊相逢半悲喜行朝諸公訪人材故人新賜尚

書履袖中有策則可陳君亦因行聊爾耳

國朝高啓送任原禮 鳳凰臺下一帆歸秋雨秋風滿客衣黄菊到家應落盡西陵斜日閉園扉

蘇伯衡題顧節婦 落葉不返枝水逝無還時妾心一寸鐵百煉剛不移篝燈夜紡績將書教兒習了此未亡身終期死同穴

題丁節婦母子 自從烽火起山阿王碎珠沉柰爾何母志不㶊唐賓氏子心寧負漢曹娥荒祠月落溪流咽宰樹雲寒野鶴過太史合妝歸汗簡高風千古激頹波

張宜憶蕭山 西陵官渡晚潮生坐倚船窗待月明今日虎乍城裏見清光無限故鄉情王粲哀傷怕倚樓倚樓無限故鄉愁清秋慢有蓴鱸興幾欲歸來不自由

錢復亨憶蕭山 西風吹雨暗春旁毋憶蕭山別意長馬駐西陵秋樹晚詩吟東浙夜窓涼石嵓巖畫壁花空好江寺春晴酒自香何日南來重有約騫驢馱醉過錢塘

王陽明

登獅子山 殘暑須還一雨清高峯極目快新晴海門潮落江聲急吳苑秋深樹腳明烽火

正防胡騎入羽書愁見朔雲横百年未有消埃報白髮今朝有幾莖

孫大初登鎮海樓

樓上輕陰散女陴樓前狂客獨支顛江當夕照半添色詩與秋山兩鬬奇木葉無言時序暮塵寰多事杖藜知只因又被漁郎笑雨細風斜歸去遲

高臺題望夫石

海天萬里渺無窮秋草春花揷髻紅自送夫君出門去一生長立月明中

徐渭登望湖亭

亭上望湖水晶光瀉不流鏡寬萬影落玉湛一磯浮寒入沙蘆斷烟生野鷺投若從湖上望翻羡此亭幽

梁有譽送施欽甫宰蕭山

羨君墨綬去翩翩茂邑風流此日傳綠樹人家漁浦外白雲官舍鳳山前琴彈單父庭稀訟花發河陽賦幾篇共是鄭莊門下客報恩應擬在何年

又

看花上苑春同醉折柳都門意不勝帆帶夕陽過北固鴈隨秋色入西陵中朝共愛才華逸百里還聞歌頌興莫謂徒勞寡奇思知君心有至壺氷

宗臣送施明府之蕭山

馬上秋風吹客纓送君千里越中行芙蓉落日憑誰語楊柳寒江非世情群盜羽書仍北向頻年將相議南征白雲裝茂宰今看

徐宇

汝莫問飛息上帝京

前令許承周留別蕭山士民

吾愧蕭人士殷勤惜去官縉紳多問遺父老但悲嘆心擬來時白顏稱別後舟豈知歸谷口無意夢邯鄲

張子俊

遊螺山寺

樹暗春歸後鳥啼山自幽溪風清洗耳林靄翠凝裘僧劫乾坤老人非歲月流平生霄漢志翻惜利名浮

沈環石巖秋望

欲縱登高目遊車此暫停雨來湘水黑雲破越山青鴈落蘆邉渚鷗眠柳外汀未能窮勝覽斜日下林坰

何舜賓追和誠意伯登覧江樓韻

一掃乾坤萬古愁春風拂袖倚危樓沙塲尚牧平胡馬海國還來入貢舟日月于今非晉宋烟霞終古笑巢由龍飛人物如雲會公道誰當第一流

蔡璧挽何孝子邦直

北幹俄銷貫日虹春秋經掩縹囊空生前不愧稱男子泉下何慚見若翁芳草和烟愁結翠野花泣露淚流紅英魂知化爲啼鳥猶怨凄凉夜雨中

楊涇登望海樓

千尺紅塵欲破難海樓一上思漫漫西遊麋鹿暮春雲冷南何鷓鴣秋雨殘三島有芝聞客採六陵無

樹待人看蕭蕭江渚閑鷗鳥日伴潮聲過畫欄張燭寄懷璁琴僧木落天高日欲黃出門尚怯馬頭霜秪今鳴珮趨金馬何似聽琴到寶坊魏直登山閣山閣雨來涼意生梧桐將葉做秋聲泥金小扇忘收拾一枕溪風午夢清童瑞宿漁浦村舍初經漁浦渡一宿野人村山氣寒侵榻潮聲夜到門欲炊方乞火倦飲復開尊明發錢塘路江皐月未昏

東歸晚渡西陵西陵烟樹望中賒憶别江鄉幾歲華落日歸人爭晚渡寒空啼鳥下平沙湖邊賀老初分席隴上麗公亦有家便喜衡門生事足每因隣叟話桑麻孫學思越王城吊古越嶠迢迢舊有城越王曾此駐行兵當年霸氣全消歇此日龕燈復更明敵國謾論嘗膽事野臺還著卧薪名至今月黒千峯夜似有排空戰馬聲

寺菴

余觀緇黄之流乃能浚民之有餘以崇飾其宫粧

嚴其像安坐而衣食於其中此豈其初教使然哉民生之愚非一日矣舉術序之訓馴之弗信提士師之法懼之弗信驅以要質鬼神則咋揩慄股惟恐靈之罪已也故二氏之說能令嗇者施悍者慴而佛老之廬安得不久存於世乎記曰有其舉之莫可廢也姑存以列方外

邑之禪寺及庵通凡五十有二其爲叢林者十有三其歸併者三十有九曰祇園寺去縣西一百步東晋咸和六年許詢捨宅建寺號曰崇化唐會昌中廢宋建隆元年重建寺有閣藏仁宗御書後歸寶文閣治平三年改賜祇園寺元至元三年本寺僧道拳重建佛殿舊有寶塔四座　國朝遇

天壽聖節正旦冬至慶賀俱于本寺習儀

感應塔記　沈仁粟撰

昔者瞿曇氏之化天竺也將弘妙法式振辯才既演暢於崛山俄湧現於靈塔乆居多寶契乎宿因純化之瑞斯可見矣洎無憂王之治閻洲也宜捜舍利遐搆佛陁括囊於八國之中經營於一日之内被乎世界㸌若星羅鬼國之憂斯可見矣由是教傳東國法仰西方伊擀廟之聿興遂支提而浸廣微諸善者可得言之晉義熈二年隱士許詢字玄度佛衣俗態脫屣浮名捨第宅兩區建伽藍二所其一則營于鏡水號曰祗洹其一則立彼蕭山目之崇化適於餘衍樹以浮圖唯乏之相輪未全香刹旋於中夜忽爾飛來既道俗而式瞻且規矩而暗合未幾有胡僧邂逅繞塔踟躕或問其來非非無所以乃言國爲天竺寺實菩提遷失相輪遍捜印度遂杖錫跋履尋光現真衆復詰之奚以爲證許以七寶營搆諒非五金作爲驗之不誣信矣何爽玄度載發弘願當冀來生果克爲王重建是塔浮世空嗟於閱水舍根有若於移山逮夫梁武受圖蕭氏命族至嶽陽王詧除會稽郡守將欲理棹訪于志公歷彼川塗訣之休咎乃曰今之

分命蓋還舊居請詢曇彥上人在彼香巖精舍無
何法眼早已經心遂約緇徒佇迎玄度數日嶽陽
適至晝隼爰來夫彼彥師已伺門首乃謂曰許玄
度來何暮昔日浮圖今如故嶽陽王應之曰弟子
姓蕭名詧豈許玄度耶彥師既知宿命未通豈造
次能喻于時延入虛室遷甃名香乃以定慧加之
於是斯須恍若豁開疑罔頓悟前生洞究因緣了
在心目俄命同載適彼蕭山爰止舊廬遂禮遺像
既現塔中舍利無騰基上神光仍於龕室之間探
出斧鑿之類且悲且喜于載于三尋率俸金別營
鴈塔不日而就與世合符稽彼感通有如影響邇
後年祀夐遠世故推遷緬層搆之冀存顧基坰之
空在累代而下一簣不留遐考厥由宜乎有待吳
越監軍節度使渤海公文武傑出忠孝間生實惟
霸王之心腹久居元舊之爵位中立無倚出言有
章多重寶綠水紅蓮得夷吾春風夏雨綵衣炳煥
棣蕚芬芳虞縛養堂莫能比興陸凱侯族未足矜
誇而能屬意真筌靈衿道樹側聞往事載動信心
遂與屬國夫人敦琴瑟之情表金石之固同發誠
願結彼勝緣務捨珍財再崇瑞相而乃磨礱文石

陶甄磚龍起自戊午年秋初訖于己未歲冬嘗甃
成雙塔並建五層其制超今其高邁古事符感徵
妙盡雕鏤東則璀璨峨峨樹嶽陽之善本西則晶
熒赫赫表玄度之良因其第一層則儼天人師列
大石像其第二層已上則湧起千佛面于四方衆
寶莊嚴五綵繪素聳鐵輪而崒嵂懸金鐸以鳴風
臺類須彌狀侔阿育晉代之高蹤不異梁朝之餘
烈重光愚切思之信可徵矣若非公讚許詢前志
應蕭督後身則何得契彼三生成茲萬善夫如是
亦何必志公復出曇彦重來舉而論之固其宜矣
樹德之盛積善攸歸雅述徽猷稱乎琥琰仁衷才
踈魯頌學媿游梁摛藻騰芳徒懷烏鳳激波飛譽
焉比魚鷗誰謂飾楊罔遺荒墜退讓弗克俛俛何
多雖銳意於枳園必貽譏於畫虎其詞曰粵靈塔
之窮崇兮聳多寶之踴現矧阿育王之鬼功兮示
閻浮之神變禮一念之勤拳闢萬善之關鍵由感
應之不誣遂祖述之斯薦有許詢之曠達樂蕭山
之葱蒨捐爽塏之華居聿莊嚴於祕殿营窣漢之
俄成憮相輪之未建忽中夜而飛來實衆目之咸
見冀後世之再逢俾真風之重扇造梁朝於帝族

封蕭詧於禹甸問所適於志公通宿命於曇彥果弘誓於疇昔襲洪因於周遍洎年代之屢遷念頹毀之誰援誕明公於海嶽列群辟於方面鼓琴瑟之克諧捨金玉之靡倦樹雙標之聳拔表三生之勇健燦燁燁之金容累層層之玉現振象教之罔細開龍華之方便輾不退之法輪正無漏之高選惟天上兮人間受豐報之弘願唐丘丹詩東晉許徵君西方彥上人生時猶定見悟後了前因靈塔多年古高僧苦行頻碑存纔記日藤老豈知春車騎歸蕭詧雲林識許詢千秋不相見悟定是吾身綦毋潛詩寶坊求往跡神理駐沿洄鴈塔酬前願王身更後來加持將暝合朗悟豁然開兩世分明見餘生復幾哉僧澤方詩問寺何名許當年捨宅基兩生玄度塔千古嶽陽祠樹老梁朝檜苔封晉代碑自嗟生太晚不識彥禪師

所併入曰

廣法寺在西興鎮後唐天成元年建名六通救苦禪院宋祥符元年改賜今額

資福寺在西興鎮周廣順元年建名妙福院宋祥符元年改賜今額

正宗庵在崇化鄉元至元間建

先照庵在石巖山上宋紹興中

建元樓立可詩峭壁高攀象緯躋遥岑疊疊浪痕齊一杯俯挹江湖窄雙彈旁挑日月低鳥背蒼烟時拂袖羊腸曲磴每交黎此來巳出巖崖上直到雲間別有梯明魏文靖公詩蘭若巖石巔凌虛倚寥泬陽烏忽東升流光每先得孰知照無私須臾徧寰極陳敬宗詩扶桑出海底山寺先得之處高地極崇草木被恩輝八座居樂丘巍然與之齊

圓通庵在西山下宋紹定中建

陸墳庵在西山宋紹興中建明邑人沈環詩鵓鴣互啼楊柳垂海棠競吐紅參差白頭老翁學年少爲花來赴花朝期琵琶新翻王連鎖醽醁滿斟金屈巵安得長繩繫西日盡懽盡醉歸遲遲

曹林庵在湘湖南宋咸淳中建明刑部尚書錢塘洪鍾詩逶迤小徑入林間野寺蕭蕭枕碧山與客登臨日乘興浮生能得幾時閒刑部員外郎邑人徐洪詩往近清湘咫尺間半生今日始登山夕陽野寺題詩去未識何時再得閒新建伯餘姚王守仁詩好山無在水雲間如此湖須如此山賸有卜居陽羨興此身爭是未能閒太常卿上虞徐子熙詩自種長廊松老獨坐閑房草深幾點白雲幽夢一

池明月禪心〔又〕因向山中行偶與山僧識相緣入精舍爲我供香積談玄日未竟扈室漸生白池月與天雲往來無遺迹〔邑人陳鼎詩〕尋幽湖上扣禪扃路逵青山入畫屏騷客有詩多刻竹老僧無事只看經青窗落翠香斷簟綠樹團陰冷越瓶賴有支郎能愛客笑談不覺日西明

中隱庵 在西興鎮宋至寶中建

曰覺苑寺 在夢筆橋北南齊建元二年江淹之子昭玄捨宅建唐會昌中毀大中二年重建賜名昭玄祥符中避國諱改今額寺有大悲閣熙寧元年沈遼爲之記又作八分書寺額四字筆意極簡古閣後壁有毘陵戚舜臣水墨畫戚以畫名家此壁尤爲識者所貴并沈遼文及書謂之三絕明嘉靖十三年寺毀於風雨二十一年僧懷璁重建大雄殿今畫壁漫滅張即之書江寺二字扁于山門亦足當之大悲閣今改爲圓通閣〔沈遼大悲閣記〕浙江南滸其地名曰蕭山往來吳越之間横流而濟望錢塘與蕭山相爲歸焉方其人蹈風波不測之虞怵生死一時之命必有動於中者於是大雄之尊能仁之道有以勝焉覺苑寺大悲閣者沙門智源之所造也

源爲其像工未半而入滅慧巖繼之嚴爲像矣以其事死非命太源王承漁乃與緣廣謀其閣焉閣未就而廣與承漁皆卒於是中廢垂三年人不敢復視而聖像委仆在地其閣爲墟矣天台教主榮上人早以其道爲人嚮鄉一日慨然將興之使門第子名中尸其事且昇工而中又不幸說者莫不以其像爲不偶而上人獨拳拳不懈决信不疑應寳元年秋八月既望遂克終事太啓法席以落其成善哉紫金之相巍巍堂堂千手應現千眼光明其崇三丈六尺重構外周寳華相鮮厥容千具於是人人知是爲吉祥善事也其始卜基迺教院之法堂而上人之道場也大衆圍繞咸稱贊曰聖像多難師既成之則是師道場傳于後以殖以熏其有能嗣師以教導人者則爲主不能嗣師者斥毋以私爲累自今爲始大衆曰善於是其徒走錢塘爲余言其始卒之致將刻之余欲以偈贊功德之盛會病未果姑叙其大方以俟他日云是歲十一月十五日錢塘沈遼記趙眞翁覺苑寺興造記

覺苑寺僧有成介其邑士張君塈來請曰師志堯上人嘗摶衣鉢之贏新作寺門矣又作圓通閣于

圯廢之餘閣成而師示寂懼無以垂戒來世請爲
之記以昭示不朽焉余受言而作曰蕭山古永興
縣邑覺苑爲江文通宅南齊建元二年文通之子
昭玄捨宅爲寺距今九百有餘歲矣迄唐及宋易
昭玄爲昭慶香火不泯治平三年再易覺苑之名
吳越錢氏嘗綱紀而興造之矣迨熙寧初可榮法
師作千手眼大悲菩薩閣錢塘沈遼爲之記一時
壯麗爲杭越往來偉觀至大德十年丙午歲寺者
舊德彌闡閣爲三楹以閣其規元統二年甲戌春
風雹大振閣竟摧仆時有榮師像寘之北麓庵內
固勢必壓焉已而視之像在閣外林下若神物擁
護之者志堯於是傾資囊市材鳩工大建傑閣邑
令崔侯慕訥聞而是之廼相其役經始于至元三
年丁丑歲十二月踰季而告成翼異跂翬飛過者洞
心駭目視舊益崇敞矣始余以公事至覺苑見堯
上人壓於淖履敦匠于門語余以興作故余喜而
復之曰勉爲之余記無難者及茲再至十又七年
矣門與閣皆歸然堯不可復見俛仰之間已爲陳
迹雖然堯不有其蓄而建永久功有成能嗣其業
又有以緒成先績皆可書已若樹塔寺西爲法衆

歸藏之所是又堯之隱行也區區得於見聞不敢以固陋辭謹爲次第之而系以銘曰伊昔文通國之善士居爲名藍可謂能子會昌中輟祥符屹起猗歟熙寧輪奐完美榮助遴筆表表愈偉德彌克拓雹沴近止不有志堯孰任經紀昔高者宏昔大者侈殫吾之羸奚有諸已入衰末歸功崇弗毁成也嗣之勿替其始斡山入簫胥濤穿市善頌無涯庸勤桑梓

邑令林策重修覺苑寺記

凡天下名川奇岫遊覽之勝必藉金仙以顯幽異其達人名士倜儻之拔必托有爲以播績用故陵谷遷變井邑改徙不知其紀而佛刹甍棟飛接金碧輝煌類數千年如一日者亦以其地與人之異相寄以成久遠耳蕭之覺苑寺南齊江文通之寓第也建元二年其子昭玄捐爲寺大中初賜名昭玄治平三年賜今額宋張即之以寺所由復扁爲江寺直前有橋號爲夢筆俱以文通而得名耳夫文通濟陽之考城人仕齊爲吳興令時往來寓此意考城治第當不下此數區今詢之已澌滅無聞獨此故迹長存使昭玄不捐爲寺能復有今否也蕭爲越之上流寺居邑之勝地文通昭玄二世相成歷唐及宋

中經吳越錢氏李宋鄉曾知源可榮諸人嗣而綱紀之有釋迦金剛殿大悲圓通閣浮圖山門載之舊記者俱足爲一時偉觀自宋而元世代推移風雨震撼嘉靖以來殿閣相繼催仆像設淋漓不蔽殘垣斷址不爲莽蓁者無幾矣寺僧懷璁崇教而知書者也志圖興復而工費浩大苦於不給於是謀諸淄衆欲先建大雄殿以崇香火餘乃漸次而理畫探衣鉢之義不足則變易私產不足則廣募緣信誕乃伐材埏土鳩工聚石徒衆協於從役邑人樂於施財展轉數年玄功突見其殿即釋迦殿之址而成之爲屋一十楹廣六丈四尺高三之二旁建江公祠祖師堂階簷垣宇煥然一新始於嘉靖壬寅二月訖于癸卯二月邑人樂觀其成也太守聽齋毛公東源田公判簿鳳橋任公咸謂茲役縻費不貲歷一年而告成璁之堅志殫力爲可嘉已爲之具狀請記予謂支遁六朝之偉士也其餘韻足起千載下茲得僧暴著真跡如是不亦稱與公侯將相之家其子姓嗣續並祖不一再傳無有肯構而堂者今浮圖託大義以承繼而能世廣基搆光拓舊業如璁者亦無愧於衣鉢矣且大雄氏

之教也以三乘四果彌綸世戒其說謂一切諸法皆由信起百福之報由莊嚴起莊嚴以起信沙門之所世守也使嗣是俱如璁焉興廢起隳則大雄之教可禪於無窮而文通之名偕之不朽矣明餘姚王守仁詩獨寺澄江濱雙刹青漢表攬衣試登陟深林鶩宿鳥老僧丘壑癯古顏冰雪好霏霏出幽談落落見孤抱雨霽江氣收天虛月色皓夜靜臥禪榻吾筆夢生草蘿石董雲贈僧懷璁詩短棹來江寺高僧見雪峯其如清入妙恨不早相逢月立泉頭鶴雲歸鉢底龍笑予參句法倚遍兩三松邑人蔡振倫詩叢林傍市塵偏遠故宅濱江跡未堙在昔詞人元假寓至今溜客自真如筆花落夢春雲杳塔影橫空夜月虛莫向登臨歎蕭瑟齊梁池館幾樵漁

所併入曰正覺寺

惠濟寺　在通闠坊東唐天成元年吳越武肅王錢鏐建名十善院宋祥符元年改賜今額

在鳳堰橋北俗謂曰竹林寺晉天福八年悟真師于古崇寺址上建名資國看經院宋太平興國七年改賜惠通院宋理宗朝賢僧淨暹有功掖庭改賜今額其術至今傳之按察使邑人來天球詩聞

說竹林宜避暑者與客登之眞可人一觴一詠動高興且眠且坐方怡神紫竹成林色弄晚黃楊蟠地陰如春淵明不作虎溪笑千載蹤跡俱成塵進士吳郡王守詩停車古寺竹林幽石壁雲霞潛素秋趺坐觀心禪榻靜紫薇花上月華浮邑人孫學古詩青山傍郭路珠宮玄巷衡橋鎖玉虹殿上欲巢雙白鶴竹間時過五花驄翻堦仙藥香風遠入座天花法雨空寒使頻過揮翰墨少陵今復遇旻公

瑞峯庵 舊如本 真宗建

明化寺 在西興鎮唐長興三年吳越王建名化度院宋景德三年改今額宋陳益公重建接待院記本院廼唐安國禪師道場隸越之蕭山西興鎮據錢塘要衝實兩浙往來一都會迅風駕濤旦夕澎湃阻未得渡者於茲憩焉接待之名遂昉于此中更兵燹化爲埃塵乾道三年雲僧德休相殿基而興之寺得不滅淳熙實老來斯宇經久是圖揮衣鉢募衆緣獲田七百餘畝以供齋粥然土壤窪瘠水澇頻仍每歲所入僅了科役繼者交病相率逃去堂寮鞠草香積無烟僧不遑安於人奚望故幢幢之徒風帆浪泊倏不相值則相顧失色無所寄足是名

爲接待賓客在哉寺之廢興利害所關抑可知已
逮我前寧肇新大化君相明良蠹弊俱餙百司庶
府興淄黄之宫在在處處易舊而新矧瓶德鄭水
朝覲所從寺之親衮繡蒙光輝者再世顧瞻夙址
恢拓經營詎容以汗漫視之嘉定十四年慈覺大
師宗明來自劍津遊會稽探禹穴偶經斯寺訊崇
興之顛末慨廢墜之繇元發慈悲心作根固力罄
己囊槖爲法棟梁增至高田餘六百畝越二年今
丞相魯國公聞之曰嘻吾志也爾能探吾膹良足
嘉尚爾其爲山主人因大出餘金俾竟其事宗明
奉命惟謹舍善念孚感人競樂輸度土裁基鳩工代
木門廊廡觀不日而成獨正殿擇方巨棟尚缺其
二凡材莫有工師旁午茫然無所措忽寺旁渾水
聞現起膚寸視之則木引而裁之二棟天成徑圍
尺度不爽毫末自非陰界神授奚以獲此吁亦大
異矣殿既崇成復建坊于寺前扁曰施水供行客
以湯茗祁寒盛暑勞者獲息渴者獲飲大慈道場
舍事具焉宗明詑于衆曰斯寺創于唐煨燼於兵
革興於休與日中又衰絶及是復新揆厥所元皆
今大丞相圖成之力也曩寺之廢實弊於征歛之

繫宗明因聞諸府自府而部自部而省朝旨既須州家奉行每歲征稅所輸絹一十二疋二丈五尺二寸紬二尺五寸綿一十二兩二錢苗米六十石五斗六升其諸科役折變敷借夫脚僧正司差撥非時騷擾及過往官吏需索一切禁止寺成而人安恣具而弊絕居者行者各適其欲文今大丞相外護之賜也此恩此德宜如何報晨香夕燈惟祝壽祺與國同休吾徒職也衆曰善請以寺爲史魯國公府功德寺接待十方雲遊僧宗正得以董正而主張之顧不偉歟求志其實余謂佛以濟人利物爲念雖捨身割肉以餧饑餓猶所不靳矧興廢植僵開方便門使人天境界莊嚴振起獨非國王大臣所爲動心乎今丞相現宰官身正法眼藏分粟布金了此一大因緣宗明心領意會慨然承當振頹綱作佛寺踵遺規而增大植勝果於將來寺成之後遂舉明化付越僧淨連畧無顧惜如孤雲出岫來非有意去亦何心善始善終可書也已

其所併入曰景福庵在由化鄉元大德中建

善化庵在新義鄉元至正中建

施水庵在西興鎮宋寶慶史惠王

捨宅建明滎國公長沙姚廣孝詩築廬臨古渡結社擬東林花雨飄閑徑香雲被遠岑蘭燈秋炯炯蓮漏夜沉沉集衆人如王經行地布金長齋神自衛深定怪難侵願我精三業從師淨一心僧玘太璞詩上人住處足幽尋精舍近開湘浦潯花落晚風苔徑滑綠肥春雨藕池深影堂無路求遺跡淨社何人解正音握手過溪成笑倒東林風致古猶今東林社散已千年精舍新開浙水邊白藕作花香冉冉夕陽懸鼓意拳拳名齊匡阜無慚德觀習台崖有正傳擾擾閻浮俱過客六時誰解共加鞭邑人貢友初詩十里江沙客路長倦來行宿遠公房秫田已足今秋雨橘圃新收昨夜霜樹裏柴門唯寂寂人間塵土正茫茫明朝不恐輕爲別如此相逢有幾場竹林庵在孝悌鄉元至正中建曰崇福寺在孝義鄉宋嘉定二年改賜今額所併入曰顯教寺在文筆峰下宋乾德二年建名崇福院治平三年改賜今額元至元間毀今洪武間重修淨惠寺在長興鄉湘湖濱晉天福八年建名妙緣院宋祥符元年改賜今額曰延慶寺在長

興鄉。宋淳祐元年建。

所併入曰興法寺　在航塢山，梁大同三年建，名大翔寺。隋大業十二年毀，晉天福八年重建，吳越改寶乘院，宋祥符元年賜今額。明邑人周郁詩：巘路盤盤出紫霞，石林深隱梵王家。樓臺勢逼層霄近，鍾鼓聲催落日斜。雲氣遶床龍在鉢，天香滿室雨飛花。松窗夜宿難成寐，明月團團照海涯。

開善寺　在航塢山，晉天福元年建，名資化院，宋祥符元年改賜今額。元末兵燹燬，今永樂初重建。

隆興寺　在金泉井東，晉將軍隆吉建，題曰隆興，後名接待院。宋乾道五年，僧請于府，乞以舊額歸焉。元至正間毀，永樂初重建，今廢。

廣恩寺　在孝悌鄉王峯山下，梁大同三年建，名安禪寺。隋大業十三年廢，晉天福七年重建，吳越改保安禪院，宋景德二年改廣惠禪院。寺多勝槩，名人皆留題。其中寺西有會景亭，宋柳永題云：分得天一角，織成山四圍。宋范仲淹詩：越中山水絕纖塵，溪口風光步步新。求取會稽藏拙去，白雲深處亦行春。葉清臣詩：雲中老樹冷蕭蕭，溪上僧歸倚畫橈。誰為秋風乘興去，松窗先聽富陽潮。元絳詩：雲外軒窗切斗牛倏然山路亦生秋青山屈曲無重數拘束溪光欵欵流錢彥達詩寺跨長溪山四圍松杉微徑盡苺苔門前潮上不須看常恐塵埃隨水來刁約過寺贈躬師舍舄真詩覓遍林泉去未能却來溪口訪巖僧爲觀遠景尤奇處更陟危亭最上層又詩雲吐前峯疑霈雨泉飛別澗旋凝冰陋容憔悴煩躬筆待結錢塘九老盟唐詢題廣慈躬上人房詩溪口相傳地最靈其間風物與人清鍾聲夜到江頭盡雲氣朝從檻外生幾幅輕綃供畫筆一林修竹寄閒情閑門終日無塵事卧看南窻日梅明

淨圓庵在夏孝鄉湘湖濱宋寶慶中建

普福庵在西興鎮宋寶慶中建今廢

冠山庵在冠山上宋咸淳中建明邑人來汝賢詩龍影方塘日正中友人高興偶相同酒生綠鬢頻看井茶映青松合座風禹穴自來留絕巘堯天何用問耳鴻放開湖海收詩袋明日潮頭勢逼空邑人來端人詩秋來山氣轉清幽極目千村翠欲流巖頂埋雲高漢接尊前落日大江浮心清仍得香泉滌地迥何妨野鹿遊世事悠悠真夢覺蒼烟白髮對虛舟

日慈雲寺在許賢鄉梁天

孫文

監十二年僧寶志于許玄度基上建名開善資寶寺唐會昌間廢晉天福三年重建宋祥符元年改賜今額**所併入****曰白墅寺**在許孝鄉梁大同二年白敏將軍捨宅建名淨上院唐會昌間毀咸通九年重建宋祥符元年改賜今額**曰六和寺**在雲峯山下宋乾祐元年號六通興福院治平三年改賜今額**所併入****曰和慶寺**在許賢鄉大洪山下唐天祐十六年丁文靖公璞捨基建名龍門院宋祥符中賜今額建炎間燬元至正間重建明邑人丁伯耕詩茅屋石田峯外峯天開萬朶青芙蓉寒鴉徧地晚風起紅葉點點山秋色濃危磴新晴通蠟屐長溪流水急村春攀蘿記得曾來處未許閒雲盡日封**曰廣福寺**在龍門山後唐同光元年建龍門護國院宋祥符元年改號廣福院建炎間毀紹興二十九年僧妙通重建**所併入****曰崇因寺**在許賢鄉漢乾祐二年名崇明院宋治平三年改賜今額**曰慶遠庵**在龍門山宋乾道中建**曰靈山寺**在孝悌鄉周顯德六年建名郭峯院宋治平三年改賜今

額外有塔一座所併入曰滋印寺在桃源鄉峽山周顯德二年建名滋華院宋治平三年改賜今額棲真寺在白鹿山漢乾祐二年建名福安院宋治平三年改賜今額元末毀今洪武初重建普慈寺在桃源鄉唐天祐二年建名華嚴院宋祥符元年改賜今額曰重興寺在鏡臺山下晉許詢建名巖下寺唐會昌間毀咸通十四年重建改今額所併入曰興教寺在佳山唐天祐二年建名靈峯院宋祥符元年改賜今額曰資教寺在螺山晉開運三年建名崇真院宋祥符元年改賜今額中書舍人邑人張子俊詩樹暗春歸後鳥啼山自幽溪風清洗耳林靄翠凝裘僧劫乾坤老人非歲月流平生霄漢志翻惜利名浮知縣邑人錢玹詩東風吹騎入禪關坐擁毘盧訪大還談有新詩留古壁何須玉帶鎮金山漁舟款乃滄茫外僧磬悠揚紫翠間杯酒生高溪上月滿庭風露竹珊珊所併入曰覺海寺在苧羅鄉浦陽江濱唐會昌元年建名正信寺五年廢晉天福四年重建宋祥符元年賜今額

濱浦庵在由化鄉元至正中建　曰真如寺在航塢山宋靖康元年建薩天錫詩縹蘿巖下卯禪扉一路盤盤遶翠微空際瀑流如電懸山頭雪擁似雲歸松風灑面來終日花雨無聲點客衣一老雙瞳秋水碧坐來談笑總忘機

所併入曰資利寺在龕山舊名白鶴接待院宋紹興十五年改今額　瓜瀝庵在航塢山宋靖康中建　曰聖果寺在靈峯山唐咸通九年建名靈峯萬壽院宋治平三年賜今額今洪武二十八年燬永樂元年重建

所併入曰廣化寺在新義鄉浦陽江濱梁大通二年建名法興寺唐會昌間毀咸通十二年重建宋治平三年賜今額　慈濟庵在長興鄉宋咸淳中建　黃山庵在長興鄉元至元中建　淨土寺在淨土山唐開寶五年即舊普名寺遺址建名彌陀院宋太平興國七年改號淨土寺後山有塔每夜令行者募油錢然燈至曉不滅江海道塗之人望以爲號紹興中塔上燈至二更忽滅寺僧疑行者乾沒油錢問之左右答曰每夜至更盡時則有如人形一群

飛自西來，啾啾呼喚，衆集塔上，燈即滅。寺僧疑其言，次夜自登塔伺之。至更餘，果見一群約千餘人來塔上，各蘸油傳磨。僧直前問之，衆叩首曰：其等乃淮上陣亡卒也，見三寶慧光，乞油傳刀箭瘡痕，即愈，便可托生。僧問：此番托生何道？衆軍作四隊爾後應答：後世當生爲富貴人。人只得此燈油，瘡痕平愈，便超度矣。僧由是多買油，更益燈滿塔上。每夜鬼衆仍集取油傳瘡，半年漸少，久之不復來矣。明末樂初，寺塔俱廢。萬曆年間，好事者於山麓創屋六楹，仍榜曰淨土寺。

貞濟寺 在縣南三十八里在　鄉。唐武德七年建，會昌間廢。晉天福六年重建。吳越文穆給與禪院額。宋太平興國七年改賜貞濟。

興善院 在錢清鎮。晉天福三年建，名新興院。宋治平三年改興善院。元大德間廢弛，至正二十四年易置搬運米倉，今改造錢清鹽課司。

巨川庵 在苧羅鄉。元至元間建，至正間燬。

仙釋

余聞關尹傳經祇園說法此仙釋之所由昉也顧其教難行而其說有不可盡廢者宇宙廣矣變幻杳冥何所不有列而書之如醫家之録單方也即非軒岐之緒而以袪外膠澄棼慮聲利之錮尚或有瘳乎

宋聖道紹興初居淨土寺日乞食於市夜隨寓而止口每吐一珠如彈丸大光奪琥珀出玩掌中人欲撲取則復吞之一日至山下指田中一穴謂從遊項姓者曰此有酒可飲項飲之甚甘列囑覆之無竊發項思飲往取之穴中皆水也忽一日乞薪市傍邸謂媼曰我將去矣叩所之不答乃於常所爇火薪自焚人即其地葬之後有見之於蜀者歸發其棺則尸解矣

武元照方在女孩母或茹葷即終日不乳及菜食乃乳母異之後長議適人女不從忽夜夢神人告曰汝本玉女坐累

暫謫塵世可絕食及覺欲不食姑强食之又夢神怒曰違吾戒也剖腹滌之因授靈寶法自是以符水療人疾一日詣數十家聚話後往其家訪之已羽化矣驗其詣之日即尸解之日在宋紹興十一年也見浙江通志

大義　徐氏子生而英特十二從釋於山陰靈隱寺凡閱梵典闢卷即悟臨終時咸聞空中有天樂之聲

大眼　宋人晝夜不寐目睛愈光因以大眼目之

法華　從君祗園寺年踰百歲門常晝掩每誦蓮經衆鳥啣花匝座有潘朗者謁之仍閉門不納留詩於門云門掩多年上綠苔想師心地自寒灰勞生擾擾休來此我是閑人尚不開

佛智端裕　禪師　邑人吳越王遠孫祝髮於大善寺得法於圜悟禪師狀貌環異鬚髮不受刀但以小剪去之不然則出血亦異事也

妙通　食菽粟爲民害即誦神呪遣之　廣福寺僧境多猿猱數百爲群

義圓　一日盡去民有疾亦以呪療之　漁浦開善寺僧釋機敏捷事見傳燈錄

千巖　董上人諱元長號無名姓董氏少慈慧從諸父曇芳學佛于富陽法門院後入武林受業於中峯禪師居

靈陽山中乃歸天龍東菴有虎日來還繞師爲說法虎拜而去由是聲光日顯乃入烏傷之伏龍山遂卓錫巖際元至正間數遣使降香賜法衣號佛慧圓監大元普濟大禪師云

方技

古之治方術者若偃師鄧輪扁鵲倉公之流妙絶倫品足以狎世機而當緩急蓋偏長曲藝固亦天之所啓也小道可觀詎虛語哉余故掇而列之使人知一伎皆可以名世較之獨稟絶界者均垂不朽焉

國朝樓公爽字全善性孝嗜學搏覽尤精於醫居玄度巖有仙巖文集二卷氣運類註四卷醫學綱目三十卷行于世樓宗望精於醫術永樂間朝廷召取問疾遣使往來迎送賜予

紗衣寶鈔甚厚

單俊良髫時遇異人授秘書長而妙悟機智絶倫國初定圖籍刱造四柱冊以獻今黃冊舊晉新收開除實在即其製也
太祖深嘉之命傳布天下永爲定式又以農夫踏車灌田之勞刱設水車以牛運輪力省功倍至今賴之

魏直字廷豹能詩以醫聞於吳越間治痘疹尤奇中嘗著博愛心鑑行於世凡小兒醫必傳誦之

祥異

古記以無凶饑爲大順以無疢疾爲大當蕭往時號稱樂土比年水旱瀕仍疫癘大作其於順當何如也傳又曰天下無害災雖有賢者亡以施其材蕭固賢者施材之地也慎毋諉諸氣數以爲固然哉

唐開元中士人韋知微選授越州蕭山令縣多山魈變幻百端無敢犯者前後官吏事之如神然終遭其害知微既至則究其窟穴廣備薪采伺候集聚因環薪縱火衆持兵刃焚殺殆盡而邑中累月蹤跡杜絶忽一日晨朝有客詣縣門車馬風塵僕馭憔悴投刺請謁曰蘭陵蕭慥知微初不疑慮即延入上座談論笑謔敏辯無雙知微甚加顧重因授館休焉客乃謂知微曰僕途經峽中收得猴雛智能可玩敬以奉貺乃出懷中小合開之而有獮猴大纔如栗跳擲宛轉識解人情知微奇之因携入

誇異于宅内獮猴於是騰躍踴駭化爲虎馬扃閉不及兵仗靡加闔門皆爲喑啞靡有孑遺

王絲發地得一石版小而甚薄上刻詩三首八分小字甚工妙詩曰擢漾越江春相將採白蘋歸時不覺晚出浦月隨人又曰乘晚南湖去參差疊浪痕前沙在何處孤恨與誰論又曰家寄征河岸征人久遠遊不如潮有信每日到沙頭蓋唐人詩也

宋淳熙七年大旱

咸淳六年海溢新林被虐爲甚岸址蕩無存者

元元統春天大雨雹壞官民廨舍

國朝洪武二十一年大風捍海塘壞潮抵于市

洪武三十二年大水

景泰七年五月大水

天順四年四月大水

成化七年風潮大作新林塘復壞

弘治初西興石塘外距江濱十里許皆阜土田園地墓相錯其間居民蓋已相忘其後海濤西嚙日復日盡淪諸江至石塘而後止前此雖父老亦不知有此塘也

弘治十八年地大震

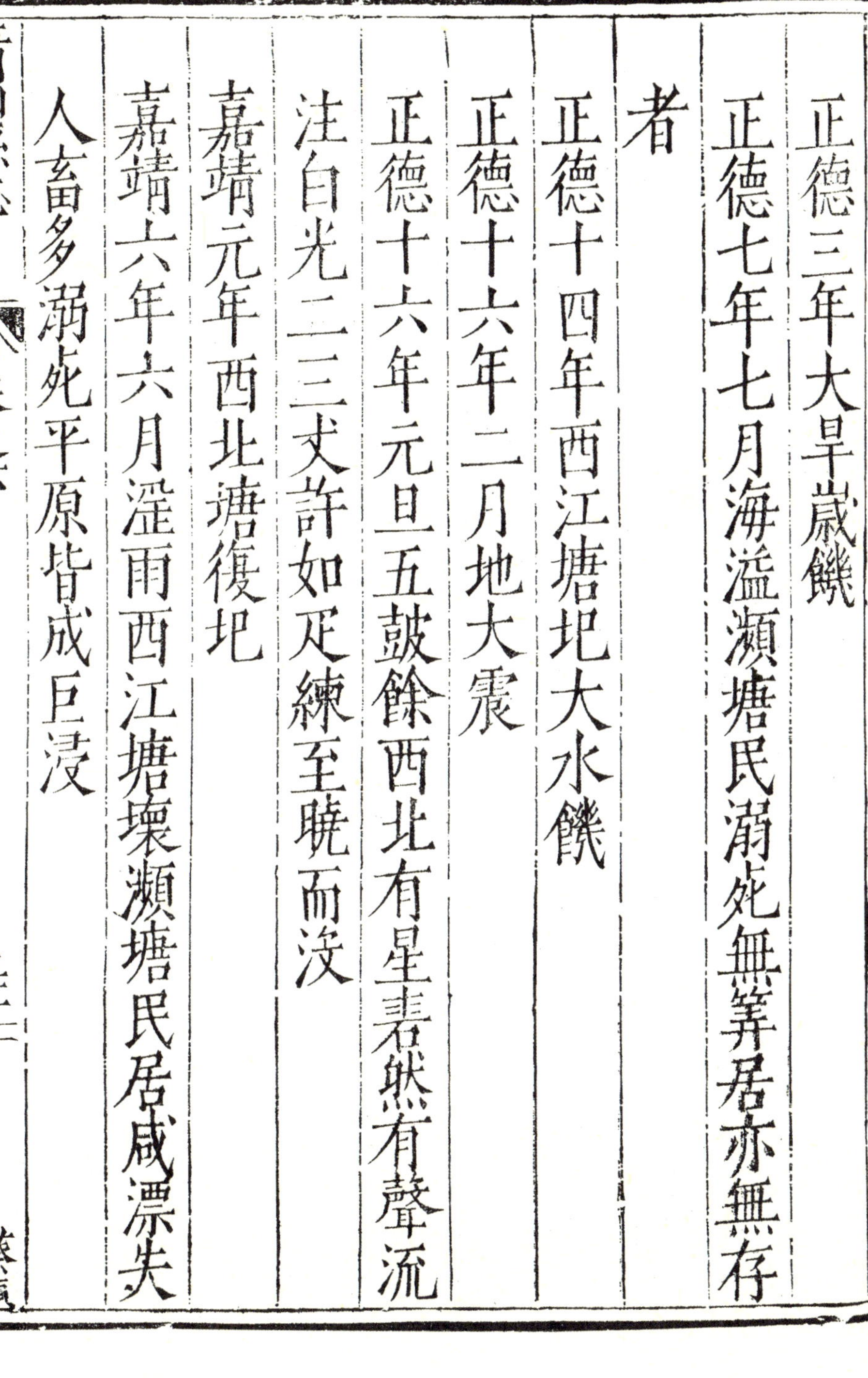

正德三年大旱歲饑
正德七年七月海溢瀕塘民溺死無筭居亦無存者
正德十四年西江塘圮大水饑
正德十六年二月地大震
正德十六年元旦五鼓餘西北有星畫然有聲流注白光二三丈許如疋練至曉而沒
嘉靖元年西北塘復圮
嘉靖六年六月淫雨西江塘壞瀕塘民居咸漂失人畜多溺死平原皆成巨浸

嘉靖八年立秋日蝗飛入境

嘉靖十八年六月六日西江塘壞縣市可駕巨舟

大饑

嘉靖二十四年大旱斗米一錢六分民多疾疫死

者盈路

嘉靖三十七年訛言馬道士至男女戒備夜不敢

寢

隆慶二年正月民間競傳　詔選宮女婚配畧盡

萬曆二年六月日正午儒學西南浜中水忽沸騰

高三丈許俄有物大如荷葉隨風旋轉直上九萬

莫究所歸

萬曆十三年五月大雨周老堰潰西江水入城市其勢不減嘉靖中

萬曆十五年八月淫雨至于十二月禾稼盡腐饑饉荐臻鹽價頓高十倍往昔

萬曆十六年自正月逮五月淫雨麥復不登米價騰踊一斗一錢八分正人死者接踵所在盜起官設粥以賑民競就食多卧于道疫痢大作十室九空

附議賑申文萬曆十六年六月蕭山縣知縣劉會

自經春初以來專理荒政將通縣饑民審係極貧者縣以內則分三等煑粥五十日食粥饑民每日計四千餘人縣以外則分鄉都煑粥四十日食粥饑民每日計一萬四千餘人其次貧不食粥者又立平糶法勸諭各大戶輸米公所知縣親爲定價監糶每日各有簿記共糶過米一萬餘石如米一斗價一錢七分者每斗量減價四分計糴者四萬餘人每人約二斗五升是一人受一錢之惠也今平糶見在尚行而煑粥者日期已滿近見青黃未接復于食粥之民再爲細訪有真不舉火者數千

人仍給米數升但本縣一百四十里無一里不荒之地無一地不饑之民據其困苦貧窮之狀恨不能鄭俠圖畫以進也家給人足有司常分顧煮粥平糶之外别無餘策且二策者今亦强弩之末矣窮民仍日紛紛博施濟衆古人病難卑職日夜所以撫心也爲此具申乞𠔌别賜鈞裁以便施行

軍門滕　批該縣荒政賑粥平糶之外信無别策兹正青黄未接勉爲一方災黎再苦心一月幸矣

繳

災荒蠲免申文萬曆十六年六月十五日蕭山縣

知縣劉會査得本縣地居濵海勢屬低窪上年霪
雨爲災田經三種後加颶風陡作禾稼一空顆粒
無收萬姓失望已經申報去後所兾者今歲蚕麥
成熟或可少延殘喘豈期入春以來雪雨連綿荳
麥以淹久而萎腐桑麻以陰多而浥爛葉一觔價
至一分二釐蠶蟲盡棄水米一斗值過一錢六分民
皆枵病鬻妻賣子仳離道路茹草掘根顛仆溝渠
知縣遍歷各鄉細審饑民舉眼皆疲癃之夫見面
盡憔瘁之形或有叫號者或有隨斃而不能號者
或有扶行者或有就斃而不能行者詢之故老謂

自有見聞以來未有若今日之災自有災害以來未有如今日之甚者也蓋往時或荒熟相半今則槩縣百四十里無一里之不荒矣往時或饑飽相半今則槩縣二十四都無一民之不饑矣雖前已奉府文而煮粥近復親縣堂而平糶然嗷嗷數十萬口尚未知其所終也災計十分蠲爲萬幸緣蒙仰縣酌議申報事理擬合申報

萬曆十六十七年疫癘大作邑無寧居死者相籍于道令劉會選醫置藥物療之捐俸金衆僧人于四郊掩骼日報致憫恤云

萬曆十七年六月初九日颶風大作海溢滷潮灌沒沿江一帶田禾四萬餘畝㧞木漂廬舍

蕭山縣志卷之六終

蕭山縣志後序

蕭山志粤古初靡按矣我

明興二百餘禩無慮六易書而惟嘉靖

辛丑志稱最體裁正且謹嚴也然則

曷爲而今復輯之邪策雖長不及馬

腹鸞鑑一爲塵翳不稍加拂拭則黯

暗無以自明自辛丑迄今四十餘年

往踪襃聚種種詎直一鑾鑑哉余承
乏茲土業已五閱歲矣摽刄幸不血
指且有餘閑披籍而重嘅夫人全翳四
十餘年鑑也爰璧戴生文明蔡生大
績張生諒昕夕遐訂邇搽平其衡以
拂拭勒為成書而其比類引之見所
重輕㯿事詳之便覽顛末即紀底績

示事防也不嫌於豫未事而論著以告來者亦不爲贅計而其凡例一準諸嘉靖志云或曰嘉靖志出令林公策孝廉張君燭諸生錢穀手輙有補遺譢其後令志準嘉靖儻復有是棄何余曰無之矣無之矣宜志而舊未志者增入之舊以意削者復筆之府

志畧者更攷而詳之奚遺而奚補哉
蓋有之矣或百年論定事乎譬如馳
不加於千觔驥無軼足於千里外力
所限也余安敢辭顧自脩者宜如波
斯賈珍積而照乘而好為補遺謙者
則將臭厥載矣余固頗失夫以照乘
自待吝毋以臭載自雄遂多咎馳驥

力哉是役也余自好也厝費自余不煩公帑

萬曆己丑歲夏五之望知蕭山縣事温陵劉會書